新时代乡村振兴路径研究书系

商洛乡村振兴的
实证研究

周黎／著

西南财经大学出版社

中国·成都

图书在版编目(CIP)数据

商洛乡村振兴的实证研究/周黎著.--成都:西南
财经大学出版社,2024.11.--ISBN 978-7-5504-6472-8
Ⅰ.F327.413

中国国家版本馆 CIP 数据核字第 2024GR8978 号

商洛乡村振兴的实证研究
SHANGLUO XIANGCUN ZHENXING DE SHIZHENG YANJIU
周黎 著

策划编辑:乔雷　余尧
责任编辑:乔雷
责任校对:余尧
封面设计:墨创文化　张姗姗
责任印制:朱曼丽

出版发行	西南财经大学出版社(四川省成都市光华村街 55 号)
网　　址	http://cbs.swufe.edu.cn
电子邮件	bookcj@swufe.edu.cn
邮政编码	610074
电　　话	028-87353785
照　　排	四川胜翔数码印务设计有限公司
印　　刷	成都金龙印务有限责任公司
成品尺寸	170 mm×240 mm
印　　张	12.25
字　　数	204 千字
版　　次	2024 年 11 月第 1 版
印　　次	2024 年 11 月第 1 次印刷
书　　号	ISBN 978-7-5504-6472-8
定　　价	88.00 元

前言

　　农业在国家发展中具有举足轻重的地位，解决好"三农"问题一直是我国社会稳定发展的重中之重。中国共产党历来重视"三农"问题。进入新时代以来，各行各业发展极为迅速，相对于其他产业来说农业的发展比较落后，我国"三农"问题逐渐暴露出新问题。针对这些问题，党的十九大提出乡村振兴战略，乡村振兴战略要求乡村从产业兴旺、生态宜居、乡风文明、治理有效、生活富裕五个方面实现全面振兴。在此基础上，党的二十大强调，全面推进乡村振兴，坚持农业农村优先发展，巩固拓展脱贫攻坚成果，加快建设农业强国，扎实推动乡村产业、人才、文化、生态、组织振兴，乡村振兴成为推动我国农业现代化的重要抓手。为了落实乡村振兴战略，党中央和国务院通过完善制度供给和政策设计来高效调动各种建设要素与资源。目前，我国各个省（区、市）全部建立乡村振兴战略领导机制，并搭建了乡村振兴制度框架和政策体系的"四梁八柱"，在实践层面也取得了重要的建设成果。

　　随着乡村振兴战略的全面实施，学者们从不同视角出发，试图为实现乡村振兴目标提供理论指导。就现有的研究成果来看，多数研究是对乡村振兴战略的政策性解读或方案讨论，实证性、系统性、综合性的学术成果相对较少，因此，关于乡村振兴的研究仍然存在很大推进空间。

　　本书通过理论与实证相结合的方式，将乡村振兴的相关理论与典型案例紧密结合，针对商洛市实施乡村振兴战略进行研究。全书分为七部分。第一部分为绪论，提出研究背景和意义。第二部分梳理乡村振兴的相关理论。第三部分分析国内外乡村建设的经验。第四部分总结商洛市乡村振兴的研究现状和优秀经验。第五部分阐释商洛市在乡村振兴过程中的价值选择。第六部分展示商洛市在乡村振兴过程中的创新实践及其影响。第七部分为结语。

　　本书作为商洛市乡村振兴实证研究的最新著作，适合对乡村振兴、城乡融合、生态经济等研究感兴趣的读者阅读，也可以作为地方乡村振兴管理部门和区域乡村振兴专家、学者的参考用书。当然，由于作者水平有限，书中难免出现纰漏或者不足，请各位专家学者批评指正。

周黎

2024 年 6 月于西安

目录

1 绪 论

1.1 研究背景

农为邦本，本固邦宁。党的二十大报告中指出，全面建设社会主义现代化国家，最艰巨最繁重的任务仍然在农村。党的十八大以来，习近平总书记就做好"三农"工作，特别是实施乡村振兴战略发表一系列重要讲话、作出一系列重要指示批示，深刻阐述了实施乡村振兴战略的内涵要义、方向、道路、工作布局、基本任务和原则要求，为坚定走中国特色社会主义乡村振兴道路提供了根本遵循。党的十九大报告第一次提出"实施乡村振兴战略"，并强调"农业农村农民问题是关系国计民生的根本性问题，必须始终把解决好'三农'问题作为全党工作重中之重"①。2022 年10 月 16 日，党的二十大报告重申"全面推进乡村振兴"，对全面推进乡村振兴作出了新部署，吹响了实现农业农村现代化的奋进号角，为做好当前及今后一个时期的"三农"工作提供了基本遵循。

民族要复兴，乡村必振兴。党的二十大擘画了以中国式现代化全面推进中华民族伟大复兴的宏伟蓝图。中国是一个农业大国，"三农"问题关系到国民素质、经济发展，关系到社会稳定、国家富强、民族复兴。中国共产党历来重视"三农"问题，重视解决"三农"问题。早在 1921 年7 月，中国共产党第一次全国代表大会通过的《中国共产党纲领》就提出了没收土地归社会公有的主张，旨在解决土地问题。1925 年 10 月，中共中央发布了《中国共产党告农民书》，指出要解除农民的痛苦，根本的办

---

① 人民日报社. 江山就是人民 人民就是江山 习近平总书记系列重要论述综述 2020—2021 [M]. 北京：人民日报出版社，2022：67.

法是实行"耕地农有"。1927 年 10 月，中国共产党在井冈山创建了第一个农村革命根据地，制定了第一部土地法——《井冈山土地法》。此后，党又陆续创立了十多个农村革命根据地，"打土豪，分田地"，消灭封建土地所有制，实行"耕者有其田"。1931 年，中共苏区中央局发布通告，明确规定了农民对土地的所有权，指出农民对土地可以租借、买卖，别人不得侵犯，从根本上解决了农民的土地所有权问题，基本上形成了一套比较完备而符合农村实际情况的土地改革方案。1937 年 8 月，中共中央在陕北洛川召开政治局扩大会议，通过了《抗日救国十大纲领》，决定将减租减息作为抗日战争时期解决农民问题的基本政策，以扶助农民，并把各种要求抗日的力量汇合起来，建立更加广泛的抗日民族统一战线，共御外敌。1947 年 7 月，中共中央工作委员会在西柏坡召开土地工作会议，制定了《中国土地法大纲》，要求解放区更加普遍深入地开展土地制度的改革运动，充分调动广大农民革命和生产的积极性，为解放战争的胜利奠定了最深厚的群众基础。1949 年，中国共产党领导中国人民通过艰苦卓绝的斗争，终于推翻帝国主义、封建主义和官僚资本主义的统治，取得新民主主义革命的胜利，成立了中华人民共和国，广大农民翻身得解放。1950 年，中央人民政府颁布了《中华人民共和国土地改革法》，明确宣布了土地改革的目的是废除地主阶级封建剥削的土地所有制，实行农民的土地所有制。这是中国历史上几千年来在土地制度上的一次最彻底的变革，极大地解放了农村的生产力，促进了农业生产的发展。1953 年 10 月，政务院发布《政务院关于实行粮食的计划收购和计划供应的命令》，规定农民应按国家规定的品种、价格、数量将余粮售予国家，对城市居民采取组织供应或凭票购买，逐步形成了一个完整的农产品统购统销制度体系。土地改革后，农村逐步出现"自愿互利、互助合作"为特征的农业生产互助组和初级农业生产合作社。在党中央的领导下，初级社逐步向高级社发展，到1957 年，全国基本实现了由农民个体所有制向集体所有制的转变，农业社会主义改造基本完成，初步建立了农村集体经济制度。1978 年，安徽凤阳小岗村等地农民大胆实行集体土地包产到户，拉开了以农村土地制度改革的序幕。1980 年，中共中央发布《关于进一步加强和完善农业生产责任制的几个问题》，由小岗村率先进行的以"包产到户"为主的农业生产责任制获得了中央最高决策层的认同，此后，全国普遍实行了家庭联产承包责任制，建立起以家庭承包经营为基础，统分结合的双层经营体制。

改革开放四十多年来的中央一号文件以"三农"为主题，其中1982年、1983年、1984年的文件由中共中央印发，此后中央一号文件由中共中央、国务院联合印发。

1982年，第一个关于"三农"问题的中央一号文件颁布，文件及时总结了1978年以来的农村改革，进一步放宽了农村政策，肯定了农村"包产到户、包干到户"的做法，鼓励发展商品生产，逐步推行合同制，改善农村商品流通，解决农产品买卖难的问题。1983年，第二个中央一号文件颁布，从理论层面上首次确认了家庭联产承包责任制的地位，并强调继续稳定和改进农业生产责任制是当时农村工作的核心任务。1984年，第三个中央一号文件出台，规定了土地承包期通常不得少于15年，并确定了当年的工作重点：在巩固和完善生产责任制的基础上，提升农业生产力，畅通产品流通，促进商品化生产。1985年，第四个中央一号文件推出了一系列旨在激活农村经济的政策，包括终止了长达30多年的农副产品统购派购制度，转而实行国家计划合同收购制度，并将农业税由实物税转变为现金税。1986年，第五个中央一号文件进一步明确了农业在国民经济中的根本性作用，提出了支持贫困地区发展的问题，并强调农村经济的发展需要科学支持、增加投资和深化改革。随着国家改革重心的转变和改革开放的不断深入，城乡居民收入差距日益扩大，在这一背景下，2004年的中央一号文件再次关注"三农"问题。此后连续20年中央一号文件聚焦"三农"问题。2004年，中央一号文件引入了一系列新的理念和方针，包括"统筹城乡经济发展"和"多予、少取、放活"的六字原则。该文件首次强调了将解决农业、农村和农民问题作为全党工作的首要任务，要求全面开放粮食购销市场，并对种粮农民实施三项补贴政策：直接补贴、良种补贴和农机补贴。同时，文件还推动了大中城市的户籍制度改革，放宽了农民进城就业和定居的限制，通过多渠道提高农民收入，以期尽快逆转城乡收入差距持续扩大的趋势。2005年，中央一号文件集中关注提升农业的综合生产能力，强调通过改善土壤肥力、加强农田水利和生态工程、提高农业科技水平和劳动力素质，以及完善农村基础设施等措施，增强农业发展潜力。文件还要求加大"两减免、三补贴"政策的执行力度，推广免征农业税试点，并首次提出加强农业基础设施建设的任务。2005年10月发布的"十一五"规划明确将建设社会主义新农村作为重大历史任务。2006年，中央一号文件对新农村建设进行了全面的规划，确立了"生产发展、生活宽裕、乡风文明、村容整洁、管理民主"的二十字指导方针，并彻底取消了农业税，结束了中国长达数千年的农业税制度。该文件还首次提出建立工业支持农业、城市带动乡村的长效机制。2007 年，中央一号文件则将焦点放在现代农业上，强调发展现代农业是新农村建设的核心任务，并首次提出设立农村最低生活保障制度，同时将国家基础设施建设和公共事业发展的重点转向农村。2008 年，中央一号文件回顾了党的十六大以来的农村工作，并指出未来农业和农村工作的方向是"遵循城乡经济社会发展一体化的新格局要求，……稳步推进社会主义新农村建设"。该文件首次提出探讨城乡一体化发展的体制和机制，以及建立农村养老保险制度的可能性。该文件的亮点包括加强支农惠农政策、强调农业基础设施建设、提升农村基本公共服务水平等。2009 年，中央一号文件再次将焦点放在了"农民增收"上，并提出了"三个坚定不移"的原则。为了缓解国际金融危机对农业和农村发展的影响，文件要求大幅增加农业补贴和投入、提升政府粮食最低收购价、稳定农业生产、解决农民工就业问题。文件特别强调了从七个方面推动城乡经济社会发展一体化，包括农村社会事业、基础设施、劳动力就业、综合改革、县域经济、农村市场和扶贫，并首次引入了家庭农场的概念。2010 年，中央一号文件关注城乡发展的统筹，强调这是实现全面小康社会的关键，发展现代农业是转变经济发展方式的重要任务，建设新农村和推进城镇化是经济稳定快速发展的动力。文件首次提出加快农村集体土地和宅基地使用权的确权登记，推动城镇化发展的制度创新，同时研究农业转移人口进城后出现的新问题。2011 年，中央一号文件专注于"水利改革发展"，全面阐述了水利建设在现代农业中的重要性，并要求在 5 到 10 年内从根本上改变水利建设滞后的状况。2012 年，中央一号文件聚焦于农业科技创新，指出科技是实现农业持续发展和确保农产品供给的根本途径。

2012 年 11 月 8 日，党的十八大召开。2013 年 1 月 31 日，中央一号文件指出，伴随着工业化、城镇化深入推进，我国农业农村发展正在进入新的阶段，呈现出农业综合生产成本上升、农产品供求结构性矛盾突出、农村社会结构加速转型、城乡发展加快融合的态势。文件对"加快发展现代农业、进一步增强农村发展活力"作出全面部署，要求必须顺应阶段变化，遵循发展规律，增强忧患意识，举全党全国之力持之以恒强化农业、惠及农村、富裕农民。文件还要求，按照保供增收惠民生、改革创新添活力的工作目标，加大农村改革力度、政策扶持力度、科技驱动力度。

2014年的中央一号文件指出，全面深化农村改革，要坚持社会主义市场经济改革方向，处理好政府和市场的关系，激发农村经济社会活力；要鼓励探索创新，在明确底线的前提下，支持地方先行先试，尊重农民群众实践创造；要因地制宜、循序渐进，不搞"一刀切"、不追求一步到位，允许采取差异性、过渡性的制度和政策安排；要城乡统筹联动，赋予农民更多财产权利，推进城乡要素平等交换和公共资源均衡配置，让农民平等参与现代化进程、共同分享现代化成果。

2015年的中央一号文件指出，当前我国经济发展进入新常态，正从高速增长转向中高速增长，如何在经济增速放缓背景下继续强化农业基础地位、促进农民持续增收，是必须破解的一个重大课题。文件深入分析了当前我国农业面临的矛盾和问题，说明了依靠拼资源、拼消耗的传统农业发展方式已难以为继，要主动适应经济发展新常态，按照稳粮增收、提质增效、创新驱动的总要求，继续全面深化农村改革，全面推进农村法治建设，推动新型工业化、信息化、城镇化和农业现代化同步发展，努力在提高粮食生产能力上挖掘新潜力，在优化农业结构上开辟新途径，在转变农业发展方式上寻求新突破，在促进农民增收上获得新成效，在建设新农村上迈出新步伐，为经济社会持续健康发展提供有力支撑。

2016年的中央一号文件要求，各地区各部门要牢固树立和深入贯彻落实创新、协调、绿色、开放、共享的新发展理念，大力推进农业现代化，确保亿万农民与全国人民一道迈入全面小康社会。文件提出，用发展新理念破解"三农"新难题，厚植农业农村发展优势，加大创新驱动力度，推进农业供给侧结构性改革，加快转变农业发展方式，保持农业稳定发展和农民持续增收。

2017年的中央一号文件指出，要把深入推进农业供给侧结构性改革作为当前和今后一个时期"三农"工作的主线。经过多年不懈努力，我国农业农村发展不断迈上新台阶，已进入新的历史阶段。农业的主要矛盾由总量不足转变为结构性矛盾，突出表现为阶段性供过于求和供给不足并存，矛盾的主要方面在供给侧。必须顺应新形势新要求，坚持问题导向，调整工作重心，深入推进农业供给侧结构性改革，加快培育农业农村发展新动能。文件指出，推进农业供给侧结构性改革，要在确保国家粮食安全的基础上，紧紧围绕市场需求变化，以增加农民收入、保障有效供给为主要目标，以提高农业供给质量为主攻方向，以体制改革和机制创新为根本途径。推进农业供给侧结构性改革是一个长期过程，必须直面困难和挑战，尽力降低改革成本，积极防范改革风险。

2018 年的中央一号文件在历年中央一号文件中字数最多，围绕实施好乡村振兴战略进行顶层设计，谋划了一系列重大举措，确立乡村振兴战略的"四梁八柱"。文件有两个重要特点：一是管全面。文件按照党的十九大提出的关于乡村振兴的 20 个字 5 个方面的总要求，对统筹推进农村经济、政治、文化、社会、生态文明和党的建设，都作出了全面部署。二是管长远。文件按照党的十九大提出的决胜全面建成小康社会、分两个阶段实现第二个百年奋斗目标的战略安排，按照"远粗近细"的原则，对实施乡村振兴战略的 3 个阶段性目标任务作了部署。

2019 年的中央一号文件对"三农"工作从八个方面进行了部署。2020年的中央一号文件对"三农"工作作出了全面部署，确保农村同步全面建成小康社会。2021 年的中央一号文件是 21 世纪以来第 18 个指导"三农"工作的中央一号文件，文件内容包括：四项政策助力实现巩固拓展脱贫攻坚成果同乡村振兴有效衔接，七个方面促农业现代化，八大措施强建设，五项举措强领导。2022 年的中央一号文件部署全面推进乡村振兴重点工作，明确了两条底线任务：保障国家粮食安全和不发生规模性返贫；三方面重点工作：乡村发展、乡村建设、乡村治理；推动实现"两新"：乡村振兴取得新进展、农业农村现代化迈出新步伐。

2023 年的中央一号文件的核心要点是全面推进乡村振兴，加快建设农业强国，提升农业农村现代化水平。2023 年的中央一号工作文件的重点包括确保粮食安全、加强农业基础设施建设、推动农业科技和装备升级、巩固脱贫攻坚成果、促进乡村产业高质量发展、拓宽农民增收致富渠道、建设宜居宜业和美乡村、完善乡村治理体系，以及强化政策保障和体制机制创新。

2024 年的中央一号文件主要聚焦中国乡村的全面振兴。文件重点强调了确保国家粮食安全和重要农产品供给、防止规模性返贫、提升乡村产业发展水平、改善乡村建设和治理水平、强化科技和改革双轮驱动以及农民增收等方面，以推动中国乡村的全面振兴和现代化进程。

梳理改革开放以来历年中央一号文件的内容，笔者发现了党和国家对"三农"问题的持续关注，也明确了党和国家在推动农业和农村发展方面的战略方向和政策重点。其中，乡村振兴战略是党和政府为了解决农村发展不平衡不充分的问题，实现农业农村现代化而提出的重要战略。乡村振兴包括产业兴旺、生态宜居、乡风文明、治理有效、生活富裕。为了实现乡村振兴，国家提出了一系列政策措施，包括加大财政投入，完善农村基础设施，推动农业科技创新，深化农村改革，加强农村环境保护，提升农村公共服务水平等。这些措施旨在实现农业强、农村美、农民富的目标，推动我国农村的全面振兴。

　　陕西省是中华文明的重要发祥地之一，也是华夏农耕文化的重要发祥地之一，有着悠久的文化历史和农耕历史，在中国西部大开发中发挥着重要作用。2009—2023年，习近平总书记多次来陕考察作重要讲话重要指示，对陕西省情的认识分析深刻透彻、对陕西的发展定位高屋建瓴。无论是在陕南的秦岭，还是在陕北的高原，习近平总书记都十分关心当地农业发展问题，深入农村进行调研，并对农业发展及乡村振兴作出重要指示，强调全面推进乡村振兴，把富民政策一项一项落实好；扎实推进农业现代化建设，要因地制宜找准产业发展方向；坚持不懈开展生态文明建设、与时俱进发展农村事业，要深入贯彻绿水青山就是金山银山的理念，把生态治理和发展特色产业有机结合起来，走出一条生态和经济协调发展、人与自然和谐共生之路。习近平总书记重要讲话重要指示是新时代陕西乡村振兴工作的根本遵循。近年来，陕西省凝心聚力加快农业农村现代化步伐，推进乡村全面振兴，有效促进农业高质高效、乡村宜居宜业、农民富裕富足。

　　商洛市位于中国陕西省东南部，秦岭南麓，鄂豫两省交界处，截至2022年年底，商洛市辖1个市辖区、6个县，商洛市的总面积为19 292平方千米，占陕西省总面积的9.36%，耕地面积为177.20万亩（1亩≈667平方米），常住人口为202.06万人，农村人口的数量大约为101.07万人。由于地理条件复杂、山区地形、资源分布不均以及基础设施薄弱等原因，曾经的商洛市贫困问题十分严重，贫困人口数量庞大，贫困程度深，是全国14个集中连片特困地区之一，也是陕西西唯一的集中连片特困地区。改革开放以来，在党和国家各项农业发展理念和政策的引导下，商洛市实施了多种促进农业发展、农村建设、农民增收的措施，取得了很大的成绩。尤其是在 2020 年脱贫攻坚战中，商洛市取得了显著成效，全市 7 个区（县）全部实现了脱贫摘帽，贫困人口发生率大幅降低，贫困村全部退出贫困序列。这些成就不仅改善了当地居民的生活条件，也为商洛市的长期可持续发展奠定了基础。

2020 年 4 月 20 日，习近平总书记来到陕西商洛柞水县秦岭牛背梁国家级自然保护区考察时强调，秦岭和合南北、泽被天下，是我国的中央水塔，是中华民族的祖脉和中华文化的重要象征，要把秦岭生态环境保护和修复工作摆上重要位置，当好秦岭生态卫士。之后，习近平总书记到商洛柞水县小岭镇金米村察看村容村貌，了解当地木耳产业的具体情况，夸奖他们把小木耳办成了大产业，同时指出，巩固扶贫成果重在群众受益，要做好乡村振兴这篇大文章，推动乡村产业、人才、文化、生态、组织等全面振兴。本书在巩固拓展脱贫攻坚成果同乡村振兴有效衔接的大背景下，针对商洛市巩固拓展脱贫攻坚成果、防止返贫致贫，同步全面推进乡村振兴战略，加快农业农村现代化建设问题展开实证研究。

1.2 研究现状

1.2.1 期刊文献

自党的十九大提出实施乡村振兴战略以来，乡村振兴一词已经成为社会各界关注的热点，相关理论研究成果丰硕，且呈现出不断发展的趋势。笔者于 2024 年 5 月 1 日，在中国知网以乡村振兴为主题词对 2014 年 1 月 1 日至 2024 年 4 月 30 日（下文简称"这一时期"）之间收录的相关成果进行搜索和梳理，运用计量方法对这些研究成果进行分析，从文献来源、发表年度、研究主题、学科分布、研究层次、基金项目等方面进行归纳，对当前乡村振兴研究的基本特征、主要内容和发展趋势形成整体性认识，旨在对这一领域的研究现状进行整体性掌握，为本书提供可靠依据和参考。

笔者在中国知网数据库进行检索，共检索到 206 653 篇这一时期的相关文献，其中，期刊文章 134 602 篇；学术论文 22 891 篇（包括博士论文 741 篇）；会议文章 3 221 篇；报纸文献 32 107 篇。由此可见，期刊文章是主要载体，能反映比较有代表性的理论研究特点和趋势，因此，笔者先对期刊的研究成果进行分析。

第一，从期刊文献发表时间来看，乡村振兴从 2014 年开始被学界关注，投入其中的学者到 2017 年有一个明显的增加，2017 年发文量为 611 篇，到 2018 年出现了井喷式增加，2018 年发文量为 1.21 万篇，之后保持增加的趋势，到 2021 年又出现了一个发文高潮，一直持续到 2023 年。以乡村振兴为主题的期刊文献发表年度分布见图 1-1。

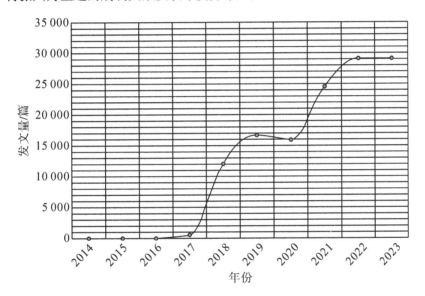

图 1-1 以乡村振兴为主题的期刊文献发表年度分布

第二，从文献来源的分布情况来看，这一时期，中国社会科学引文索引（CSSCI）期刊共发表 11 961 篇，占总发文的 30.89%，北大核心期刊共发表 16 781 篇，占总发文的 43.33%，AMI 综合评价核心期刊共发表 9 856 篇，占总发文的 25.45%。2014—2024 年乡村振兴期刊来源类别见图 1-2。

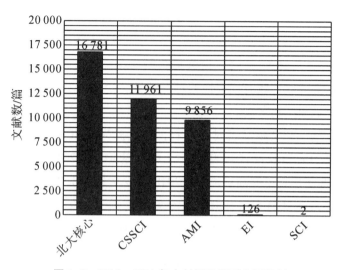

图 1-2　2014—2024 年乡村振兴期刊来源类别

第三，从学科分布来看，这一时期的文献分布在多个学科，农业经济7.80 万篇，政党及群众组织 1.84 万篇，旅游 7 999 篇，金融 7 492 篇，中国共产党 6 476 篇，文化 6 067 篇，建筑科学与工程 4 997 篇，贸易经济4 678 篇，宏观经济管理与可持续发展 4 627 篇，高等教育 4 138 篇，中国政治与国际政治 3 735 篇，环境科学与资源利用 3 435 篇，信息经济与邮政经济 3 176 篇，职业教育 3 167 篇，人才学与劳动科学 2 871 篇，工业经济2 834 篇，经济体制改革 2 802 篇，农业基础科学 2 791 篇，新闻与传媒2 436 篇，行政学及国家行政管理 2 342 篇。基于检索的文献资料进行分析，社会各界对乡村振兴的研究呈现出比较广泛的状态，学者们针对乡村振兴开展了多视角的研究，取得了丰硕的研究成果。

第四，从研究主题的角度来看，排在第一位的主题是乡村振兴，文献数为 55 689 篇，其内容包括乡村发展的各个方面，如经济、社会、文化和环境的综合振兴策略。第二位的主题是乡村振兴战略，数量为 15 926 篇。这个主题的成果从多角度解读乡村振兴战略，旨在加深对乡村振兴战略的理解。第三位的主题是高质量发展，文献数量为 2 909 篇。这个主题聚焦于乡村振兴高质量的发展，包括乡村资源的开发、乡村经济市场的拓展等。第四位的主题是乡村旅游，文献数量为 2 503 篇。这个主题聚焦于乡村旅游的发展，包括旅游资源的开发、旅游市场的营销，以及旅游对乡村社会经济的影响等。第五位的主题是乡村治理，文献数量为 1 719 篇，这一主题的成果主要关注乡村地区的管理和治理机制，包括政策制定、社区参与、法律框架等方面。第六位的主题是发展路径，这个主题涉及乡村基础设施的建设、乡村规划，以及乡村居住环境改善等方面。研究主题分布见图1-3。

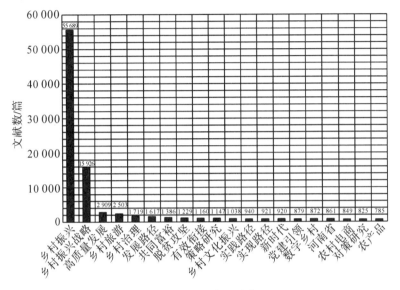

图 1-3　研究主题分布

不难发现，乡村振兴研究总主题下的各个子研究主题之间存在着密切的关联性，它们相互促进、相辅相成，共同构成了乡村振兴研究的完整体系。乡村振兴作为总主题，涵盖了乡村发展的各个方面，包括产业振兴、人才振兴、文化振兴、生态振兴和组织振兴等。乡村产业发展是乡村振兴的基础和关键，通过发展特色产业、促进农业现代化等方式，可以为农村经济注入活力，带动农民增收致富。子主题则围绕如何推进乡村振兴事业全面展开。例如，乡村治理的研究表明，良好的乡村治理是乡村振兴的重要保障，通过加强基层党组织建设、完善村规民约、提升村民自治能力等手段，可以营造和谐有序的乡村环境。乡风文明是乡村振兴的精神支柱，通过传承中华优秀传统文化、弘扬社会主义核心价值观、开展移风易俗活动等方式，可以引导农民树立正确的世界观、人生观、价值观。乡村建设的相关研究表明，优美的生态环境是乡村振兴的吸引力所在，通过改善农村基础设施条件、推进美丽乡村建设、加强生态环境保护等措施，可以让乡村成为人们向往的美丽家园。组织振兴的研究表明了加强农村基层组织建设的重要性，只有发挥共产党员的先锋模范作用，带领广大农民群众共同参与乡村振兴事业，才能形成强大合力。这些子主题的研究为落实乡村振兴战略提供了科学的具体建议，同时，研究本身也表明无论是学术研究还是乡村振兴实践都需要统筹兼顾、整体推进。

第五，从基金项目来源的角度来看，中国乡村振兴的研究得到了国家社科基金的大力支持。国家社科基金资助乡村振兴的项目共 9 106 项，国家自然科学基金等科研基金对中国乡村振兴研究的支持力度也比较大，基金项目来源分布见图 1-4。

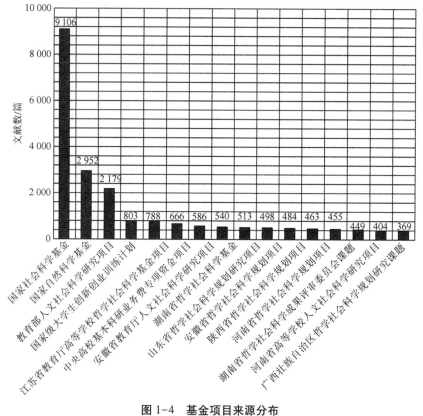

图 1-4　基金项目来源分布

各级各类基金项目在乡村振兴研究中扮演着至关重要的角色，它们为研究提供了资金支持，有助于项目成员开展深入的研究和实地调查。科研项目鼓励学者和研究人员探索新的理论和方法，这种知识创新有助于提高解决乡村振兴过程中的实际问题的针对性和有效性。同时，科研项目往往需要将研究成果转化为实际应用，这有助于将理论知识转化为乡村振兴的具体措施；可以为政策制定者提供依据，帮助他们制定更加科学合理的政策，推动乡村社会经济的发展；可以揭示乡村振兴过程中面临的社会问题，促进社会公平和包容性发展。可见，科研项目在乡村振兴研究中从资金支持到知识创新，再到实践应用和人才培养都发挥着重要作用，是推动乡村振兴战略研究和实践不可或缺的部分。

1.2.2 图书

乡村振兴实证研究的图书文献数量相对不足。这一时期乡村振兴的图书共有154部，其中所涉专业农业经济，共57部；政党及群众组织，共16部；农村文化建设，共12部；农村经济体制改革，共11部；旅游，共8部；行政法及地方法治，共7部；宏观经济管理与可持续发展，共6部；中国政治与国际政治，共5部；建筑科学与工程，共4部；农业基础科学，共4部；中国共产党，共4部；中国文学，共4部；地理，共3部；教育理论与教育管理，中国民族与地方史志，市场研究与信息，新闻与传媒，法理、法史，工业经济，各2部；生物学，1部。乡村振兴主题图书学科分布见图1-5。

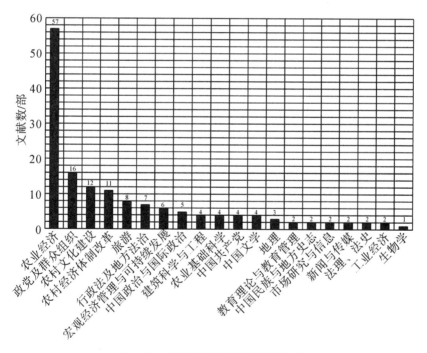

图1-5　乡村振兴主题图书学科分布

在这 154 部图书中，农业经济领域的图书最多，占总数量的 59.74%，这反映出学界对乡村振兴的研究与乡村振兴战略的内涵相契合。这些图书对乡村振兴的研究具有理论构建、实践指导、政策参考、启发创新等多重作用，对于推动乡村振兴的学术研究和实践发展具有重要意义。

首先，这些图书通过深入的理论分析和实证研究，提供了对乡村振兴的多维度理解，构建和深化了乡村振兴的理论框架的著作。比较有代表性的陈高威、温铁军所著《破局乡村振兴 中国式农业农村现代化的 11 个思考》，该书对乡村振兴这一命题从"三农"问题的重要性、生态价值转化、生态文明战略在乡村的落实、新型城镇化对乡村振兴的支撑、农村经济繁荣途径、"新六产"的贡献、疫情防控对乡村治理的影响、城乡融合的关键要素、乡村振兴与中华农耕文明的关系、乡村振兴在实现共同富裕中的作用，以及新型农村集体经济的运营模式等方面进行了多维度深入探讨。王玉斌所著《中国乡村振兴——理论与实践探索》主要围绕乡村振兴战略和新时代"三农"工作的特点，涵盖了"五大振兴"（产业振兴、人才振兴、生态振兴、文化振兴、组织振兴）以及农业农村优先发展和质量兴农战略，探讨了产业融合与农民增收、农业保险的作用、普惠金融对农村发展的推动、劳动力外出务工的影响、农村空心化、生态治理、文化传承、农民合作社的角色等多个话题。陆超所著《读懂乡村振兴战略与实践》从粮食安全与国家安全、劳动力蓄水池与现代化稳定器、最大的存量内需、传统的农耕文明和文化复兴、美丽中国和生态文明这五个维度，向人们介绍中国乡村发展历程、城乡社会发展变化，展示未来乡村振兴的发展前景，本书对大众了解乡村振兴有积极作用。陈润羊、田万慧、张永凯合著的《城乡融合发展视角下的乡村振兴》从城乡融合的空间视角出发，构建乡村振兴的理论框架和动力模型，识别乡村振兴的限制因素，揭示乡村振兴的动力机制，进而提出乡村振兴的实现路径。在现实实践上，该书以中国发展很不充分的西北地区为重点，从学理层面探寻各地乡村振兴鲜活经验的行动逻辑，基于动力差异刻画不同区域类型的乡村振兴模式。

其次，这些图书揭示了乡村振兴过程中的关键问题和矛盾，提出了针对性的政策建议和解决方案，为政策制定者提供了决策参考，有助于实践者跳出传统思维框架，探索创新的乡村振兴路径和方法。例如，刘同君所著的《农民权利发展——新时代乡村振兴战略背景下的时代命题》，阐明了农民权利发展与农村治理现代化的辩证关系，从农村法律文化根基、法律文化构造、法律文化路径等层面剖析农民权利发展的法律文化底蕴，从农村农民权利发展的实践考察，提出了农民权利发展实现机制的建构路径。房绍坤在《承包地"三权分置"的法律表达与实效考察》一书中对2018年中央一号文件着重提出深化农村土地制度改革予以理论回应，在认识到"农村承包地'三权分置'是实施乡村振兴战略的重要方式和手段，是一项关乎国计民生的重要工作"的基础上提出"三权分置"思想，即形成所有权、承包权、经营权三权分置，经营权流转的格局，建议加快修改和完善有关法律。刘恒科所著《农地经营收益分配法律制度研究》对农村土地经营收益分配的理论基础、价值目标和基本原则等关键问题进行了深入的分析和探讨。在此基础上，本书进一步针对我国农村土地经营的不同模式，包括土地家庭经营、流转经营、集体经营、农民专业合作社经营以及农地企业化经营，对农地收益分配问题进行了专题研究。通过深入剖析现行土地收益分配制度的实际状况，本书揭示了其中存在的问题，并针对这些问题提出了完善相关制度的策略。本书构建了研究农村土地经营收益分配制度的基本框架，为后续的深入研究提供了系统的理论支持和知识基础。

最后，这些图书通过实地调研和案例研究为乡村振兴的具体实践提供指导。例如，王刚主编的《数字技术赋能乡村振兴》系统地讨论了数字技术在乡村振兴中的作用，强调数字技术对乡村振兴的提质增效作用，介绍了典型数字技术的原理、特征及其应用场景。伍聪所著《电子商务发展与乡村振兴战略——以西藏地区为例》一书，从新时代我国的重要发展战略出发，选取西藏作为典型地区，对电子商务发展促进农民收入提高、生产结构优化、乡村治理创新等实践进行分析，提出了构建西藏农村电商农村、农业、农民三大支撑体系等系统。王西琴、陈秋红合著的《红色火种：湖南省永州市"党建+产业技术扶贫"实践》一书，以湖南省永州市为例，分析和总结了永州市的"党建+产业技术扶贫"模式，详细介绍了永州市的成功经验，对推动乡村振兴具有重要的参考价值和推广意义。金丹、侯媛媛、吴羌等所著的《海南乡村振兴之路》一书深入探讨了海南乡村产业高质量发展的实践经验、城乡融合的实践模式、农村集体经济的运营模式、乡村治理的模式与经验、乡村人才振兴的经验与做法等多个方面。同时，它还梳理了海南乡村产业发展的现状、成效和问题，并分析了海南城乡融合的综合发展水平、乡村振兴示范村镇的创建进展。此外，该书还总结了海南乡村治理、乡村人才振兴、农村集体经济的典型模式与经验，并针对发现的问题提出了相应的对策与建议，旨在为海南乡村振兴工作提供理论支持和实践指导。《乡村振兴的维度》一书是基于李小云教授在云南、重庆等地长期开展乡村建设的实践经验而著的思考和随笔集。这本书主要聚焦于中国乡村振兴的多个方面，探讨了乡村脱贫后的持续振兴问题、新乡村时代的发展困境以及乡村建设的策略多样性。李小云教授在书中对小农经济的可持续性、乡村经营策略的创新以及集体经济和"乡村CEO"的塑造进行了系统讨论。此外，李小云教授还揭示了乡村振兴过程中面临的政治、经济、社会和文化的复杂性，并展示了乡村建设所遭遇的困难与挑战。这本书不仅提供了理论上的深度洞察，还在实践层面为政策制定者、学者和乡村发展的实践者提供了具有启发性的多维视角和参考。

这一时期的图书对乡村振兴的理论研究逐步深入，也有了实践成果的总结，但缺乏对区域性乡村振兴的系统总结，有必要丰富具体的实证性研究。

1.2.3 报纸文献

在理论研究领域，报纸文献占有一定比例。经过笔者进行数据比对后发现，报纸文献资源发文量占这一期间文献资源总量的 15.5%，仅次于期刊文章数量。乡村振兴主题报纸文献发文量趋势见图 1-6。

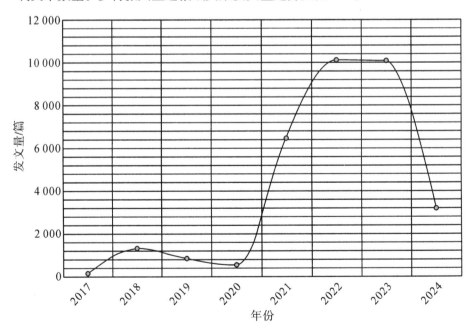

图 1-6　乡村振兴主题报纸文献发文量趋势

报纸文献研究成果呈现出规模性特点，所涉学科丰富，但较为集中的是农村经济。

乡村振兴引起了社会各界的广泛关注，是社会发展领域的热点话题，关于乡村振兴宣传类型的研究成果比较多，但其重在宣传，理论性、学术性不强。

总体来看，当前乡村振兴研究呈现出研究成果多、研究内容广、研究机构和学科分布不平衡、研究层次浅、应用性和技术性研究多、基础性和政策性研究少等特点，乡村振兴实证性研究滞后于乡村振兴的实践发展。

1.3　研究内容及研究思路

本书针对商洛市的乡村振兴战略进行研究，主要以商洛市实施乡村振兴战略的背景和现状为基础，分析商洛市实施乡村振兴战略的区域优势和发展特点，深入剖析商洛市乡村振兴战略的具体实现路径。本书内容主要由七章构成，可分为七部分，具体内容如下：

第一部分，绪论。这一部分在乡村振兴背景下提出区域性乡村振兴的研究价值，具体提出商洛市发展乡村振兴面临的问题，并对问题背景与意义进行简要介绍，阐述乡村振兴对中国"三农"问题及全面建设小康社会的重要意义，主要包括研究背景、理论意义和现实意义、研究思路、研究内容以及重难点。

第二部分，乡村振兴的相关理论。这一部分对经典作家关于乡村振兴的理论、中华优秀传统文化关于乡村振兴的重要思想进行详细梳理，为本书的实证研究提供可靠且详细的理论支持。

第三部分，国内外乡村建设的经验。这一部分梳理国内外不同时期乡村建设的经验，分析各个国家进行乡村建设的思路、特色做法，为本书的研究提供借鉴。

第四部分，商洛市落实乡村振兴战略的现状特征。这一部分针对商洛市乡村振兴的现状，梳理商洛市在落实乡村振兴战略过程中积极探索的各类成果，总结商洛市乡村振兴的优秀经验，基于商洛市的实际情况，合理运用这些经验确定商洛市未来乡村振兴发展的总体目标。

第五部分，商洛市在落实乡村振兴战略过程中的价值选择。价值选择在落实乡村振兴战略过程中具有重要意义，直接影响决策，以及对社会、文化和生态价值的考量。这一部分从理论角度探讨价值选择的多个维度，目的是从理论层面阐释价值选择的多元性；从实践角度分析商洛乡村振兴的具体案例来分析价值选择的过程和结果，目的是展示价值选择在实践中的多样性和复杂性。基于当前的研究和案例，这一部分对商洛市乡村振兴中的价值选择和未来趋势进行展望，提出一些具有前瞻性的观点和建议。

第六部分，商洛市在落实乡村振兴战略过程中的创新实践。这一部分通过具体的案例来展示商洛乡村振兴中的创新实践及应用。这一部分重点分析推动创新实践的主要因素，如政策支持、市场需求、社会文化背景等。深入探讨创新实践对商洛市乡村振兴的影响，包括经济、社会、文化和生态等方面的成效。同时，这一部分提出评估创新实践效果的方法和指标，对商洛市乡村振兴中的创新实践提出针对性的建议和策略。

第七部分，结语。这一部分对全书的主要章节和关键内容进行简要回顾，强调重点章节的核心观点和研究发现，总结本书的研究发现对于商洛市乡村振兴的启示和更加广泛的乡村振兴研究的贡献。

1.4　研究方法

本书主要采用以下研究方法：

文献研究法。笔者通过图书馆、数据库、互联网等资源广泛搜索与本书所研究问题和相关性合适的文献，从选定的文献中提取关键信息、数据和论点，了解本领域的当前状态、研究趋势和关键问题；分析和比较文献中的信息，明确本书所涉及理论的基本框架，为本书提供科学的理论依据；分析政策，为本书研究提供政策背景和影响；识别现有研究的差异和缺口，为本书的研究提供更加有针对性的研究方向和对象，提升研究成果的实践价值。

比较研究法。本书运用比较研究法，通过选取乡村振兴研究中涉及的对象、方法等，从纵向、横向、内部、外部、类似性和差异性进行比较，以揭示不同地区实施乡村振兴战略的共同之处，以及彼此之间的差异，从而深化对商洛市乡村振兴工作的理解，清晰识别商洛市实施乡村振兴的特点，利于对商洛市乡村振兴基本模式和趋势的把握。

多学科交叉研究法。乡村振兴的研究是一个多维度、跨学科的研究领域，涉及经济、社会、文化、环境和政治等多个方面，适合运用多学科交叉研究法。本书将来自不同学科的理论结合起来，针对商洛市落实乡村振兴战略的具体问题进行研究，旨在跨越传统的学科界限，提出创新的解决方案。

1.5　重点难点

第一，要加强乡村振兴与巩固拓展脱贫攻坚成果之间的联动问题的研究。目前我国已经取得了脱贫攻坚的胜利，同时也正处于乡村振兴蓬勃发展的阶段。乡村振兴战略与巩固拓展脱贫攻坚成果之间有必要建立联动机制，这一联动机制如何建立是本书要研究的重要问题之一。因此，本书将这一重要问题放置于商洛市这一具体的场域进行研究，旨在从实践层面找到具体的回答，并提炼总结形成有效经验提供给其他地区。

第二，面对目前乡村振兴研究缺少对深度贫困地区等重点区域的研究，本书选择商洛市实施乡村振兴战略的现状作为研究对象，旨在为这一类地区的建设提供有效建议。商洛市位于陕西省秦岭南麓，是一个地理环境复杂多样的地区。长期以来，商洛市因其山地多、耕地少、基础设施薄弱等原因，经济发展缓慢，生态保护同经济发展之间的矛盾较为突出，成为全国 14 个集中连片特困地区之一。可想而知，商洛市实施乡村振兴战略过程中面临着极大挑战。本书将深入调查研究，为商洛市实施乡村振兴战略把脉开方。

2 基本理论

2.1 理论依据

理论是本书研究的基础，为研究提供特定视野和概念框架。本书坚持以习近平新时代中国特色社会主义思想和习近平总书记来陕考察重要讲话重要指示为指引，系统梳理马克思、恩格斯和中国共产党推进乡村振兴的理论和实践，旨在构建促进商洛市全面乡村振兴的理论路径。

2.1.1 经典作家为乡村振兴提供了理论基础

2.1.1.1 经典作家关于农业生产基础地位的思想

马克思和恩格斯认为，人类获得生存和发展的首要前提是获得最基本的生活资料——食物，"食物的生产是直接生产者的生存和一切生产的首要的条件"[①]，是个体生存和人类社会发展的基础，人们只有在保障了"吃、喝、住、穿，然后才能从事政治、科学、艺术、宗教等"[②]。因此，马克思、恩格斯便有了"人们为了能够'创造历史'，必须能够生活"[③] 的总结概括。人们为了生活首先要确保吃喝住穿以及其他一些基础物质，"因此第一个历史活动就是生产满足这些需要的资料，即生产物质生活本

---

① 马克思，恩格斯. 马克思恩格斯选集：第二卷 [M]. 中共中央编译局，译. 北京：人民出版社，1995：544.

② 马克思，恩格斯. 马克思恩格斯选集：第三卷 [M]. 中共中央编译局，译. 北京：人民出版社，1995：776.

③ 马克思，恩格斯. 马克思恩格斯选集：第一卷 [M]. 中共中央编译局，译. 北京：人民出版社，1995：79.

身"①。列宁也指出，"粮食问题是一切问题的基础"②，只有解决了粮食问题，"我们才能在这个社会主义的基础上建立起富丽堂皇的社会主义大厦来"③。马克思、恩格斯以及列宁都强调了农业生产对于人们的生存生活与社会建设所起的基础性作用。

随着农业生产效率的大幅提高，农业的经济地位明显下降。但是，马克思和恩格斯认为，农业经济地位的下降并不意味着农业失去了基础性地位。例如恩格斯所说，"农业是整个古代世界的决定性的生产部门，现在它更是这样了"④。事实也确实如此，随着工业规模日益扩大，城市人口越来越多，农村及农业要为整个国家经济和社会的发展提供赖以生存的生产和生活资料，还要充分发挥农业的生态涵养作用，保护和改善生态环境。

2.1.1.2 马克思、恩格斯关于城乡融合的理论

乡村振兴战略的理论逻辑是马克思主义城乡融合理论。基于马克思主义理论，生产力决定生产关系，生产力的发展决定了城乡关系产生、变化的整个过程。马克思指出："一个民族内部的分工，首先引起工商业劳动同农业劳动的分离，从而也引起城乡的分离和城乡利益的对立。"⑤ 这意味着，工业化城市的产生是生产力不断发展的必然结果，工业化城市迅速崛起也必然产生城乡差异。但马克思和恩格斯认为，"城乡之间的对立只有在私有制的范围内才能存在"⑥，资本主义工业化和城镇化的结果是，"城市已经表明了人口、生产工具、资本、享受和需求的集中这个事实；而在乡村则是完全相反的情况：隔绝和分散"⑦。由此可见，私有制下的生产力发展决定了"物质劳动"和"精神劳动"的"社会分工"，社会分工引起

---

① 马克思，恩格斯. 马克思恩格斯选集：第一卷［M］. 中共中央编译局，译. 北京：人民出版社，1995：79.

② 列宁. 列宁全集：第三十七卷［M］. 中共中央编译局，译. 北京：人民出版社，2017：353.

③ 列宁. 列宁全集：第三十七卷［M］. 中共中央编译局，译. 北京：人民出版社，2017：353.

④ 马克思，恩格斯. 马克思恩格斯选集：第四卷［M］. 中共中央编译局，译. 北京：人民出版社，1995：149.

⑤ 马克思，恩格斯. 马克思恩格斯选集：第一卷［M］. 中共中央编译局，译. 北京：人民出版社，1995：68.

⑥ 马克思，恩格斯. 马克思恩格斯选集：第一卷［M］. 中共中央编译局，译. 北京：人民出版社，1995：104.

⑦ 马克思，恩格斯. 马克思恩格斯选集：第一卷［M］. 中共中央编译局，译. 北京：人民出版社，1995：104.

城乡分离，城市的出现导致阶级的产生，故而，城乡的分离、对立是"私有制"下"社会分工"的必然结果。反之，要实现城乡融合发展需要满足两个条件：一是消灭资本主义私有制，破除城乡对立的社会条件和制度根源；二是社会生产力的高度发展。正如马克思和恩格斯指出的那样："把农业和工业结合起来，促使城乡对立逐步消灭。"①

2.1.1.3 "人的自由全面发展"思想要求城乡融合

马克思和恩格斯认为，"每个人的自由发展是一切人的自由发展的条件"②。人的发展程度由社会生产力决定，社会生产力的发展也势必会使城乡对立发展到城乡融合，"人们只有在消除城乡对立后才能从他们以往历史所铸造的枷锁中完全解放出来"③，个人需要超越畸形、片面的发展，走向自由而全面的发展，这样，真正的进步才能实现。人不再被区分为城市居民和农村居民，所有的人口以及工业和农业等一切生产部门都将按照自身发展的需要在世界范围内均衡地分布。因此，"通过城乡的融合，使社会全体成员的才能得到全面发展"④。

列宁在苏联社会主义建设过程中继承马克思、恩格斯的上述思想，实践了社会主义国家全体成员全面发展的思想，进而形成了关于农业农村农民的系列思想。列宁认为，农业是国民经济的基础，农村经济建设举足轻重，同时还要重视农村政治建设，"农民有可能用读写本领来改进自己的经营和改善自己国家的状况"⑤。这些思想将人的全面发展思想实践化，也重申了农业农村农民发展的必要性和现实性。

2.1.2 中华优秀传统文化为乡村振兴提供了理论支持

我国农耕文明源远流长、博大精深，是中华优秀传统文化的根脉。中国传统社会基于人与自然、人与人以及人与社会之间的关系，形成了从旱

① 马克思，恩格斯. 马克思恩格斯选集：第一卷 [M]. 中共中央编译局，译. 北京：人民出版社，1995：294.

② 马克思，恩格斯. 马克思恩格斯选集：第一卷 [M]. 中共中央编译局，译. 北京：人民出版社，1995：294.

③ 马克思，恩格斯. 马克思恩格斯选集：第三卷 [M]. 中共中央编译局，译. 北京：人民出版社，1995：215.

④ 马克思，恩格斯. 马克思恩格斯选集：第一卷 [M]. 中共中央编译局，译. 北京：人民出版社，1995：243.

⑤ 列宁. 列宁全集：第四十二卷 [M]. 中共中央编译局，译. 北京：人民出版社，2017：207.

作梯田、稻鱼共生的耕作实践，到庭院民宅、古村深巷的乡村景观；从"取之有度，用之有节"的生态理念，到耕读为本、邻里守望的村规民约，几千年的传承发展形成了丰厚的乡土文化。优秀的文化不仅孕育出农民的精神家园，也塑造了中华民族的精神世界和情感归宿。中华优秀传统文化中包含的农耕理念、社会乡村治理文化为新时代乡村振兴提供了丰富的理论支持。

第一，中国优秀传统文化中包含的"天人合一"等观念为我国乡村振兴提供了人与自然和谐共生的思想。"万物各得其和以生，各得其养以成"，人与自然是生命共同体，人和自然处于一种有机的关系之中，自然对人的活动进行规范并为人的存在提供了价值归属，而人的存在和发展依赖自然并以自然的存在为前提。新时代中国社会发展条件的变化已经使我们不必也不能以牺牲环境的方式发展经济，正如习近平总书记所说"生态环境没有替代品，用之不觉，失之难存"，实现人与自然的和谐共生、和谐发展才是社会生产进步的现实条件。因此，"要像保护眼睛一样保护生态环境，像对待生命一样对待生态环境"①，保持山水生态的原真性和完整性，保护生物多样性，构筑多元共生的生态系统，提升生态系统稳定性和可持续性。

第二，中华优秀传统文化为乡村振兴提供了良性运转的文化基础。乡村文化是中华文明的重要组成部分，它的内容无比深厚，因为它凝结着农民几千年来辛勤劳动所创造的智慧②。中国乡村数千年的村落文化累积孕育，形成了许多优秀的传统文化，包含伦理道德、价值追求、处世态度、行为规范等。这些内容不仅是乡村文化价值理念的体现，更是几千年来乡村社会得以良性运转与和谐发展的文化基础。从理论渊源层面来看，这些优秀传统文化是人们在长期的生产生活实践中，逐渐形成、发展、完善并积累起来，是人们对实践经验的科学总结和提炼。这些优秀传统文化不但能反映人们对社会认知的模式，而且能通过人们具体的为人处世得到巩固和改善。从实践层面来看，这些优秀传统文化以乡规民约、公序良俗的形式规范人们的行为，还以家风民风的形式潜移默化地塑造着人们的思想和感情，成为支撑农村延续发展的基石。

① 习近平. 习近平谈治国理政：第三卷 [M]. 北京：外文出版社，2020：360.
② 刘展鹏. "两个结合"视域下新时代乡村文化振兴研究 [J]. 现代商贸工业，2024，45 (12)：18-20.

新时代背景下，我们需要深入挖掘农村优秀传统文化资源，吸取和弘扬中华民族传统文化精华，用以构建适应乡村振兴需求的文化基础。乡村振兴是一个系统工程，以"两个结合"为方法论，要求我们将中华优秀传统文化的传承活化，使之成为乡村振兴的灵魂内核。首先，依托中华优秀传统文化发展乡村特色产业。我们需要深入挖掘中华优秀传统文化中的现代价值，将其融入乡村产业发展，使之成为具有本土特色的乡村产业，将乡村的文化软实力创造性转化为经济硬实力，充分激发出乡村文化的潜力。其次，挖掘中华优秀传统文化，培育乡村本土人才。乡村的青少年是推进乡村振兴的关键力量，要在这个群体中播种、传承、发展以乡村文化为核心的中华优秀传统文化的种子。我们还要下大力气加强乡村家风建设，形成家庭和学校联合的培养模式，通过家校联合来培养"懂农爱农"的新时代新青年。再次，坚持中华优秀传统文化，建立乡村绿色生态。中华优秀传统文化主张"天人合一"，认为人与自然之间是相互联系、相互依存、相互作用的，二者是共生共存的关系。在乡村振兴中必须注重人与自然的和谐共生，建立绿色发展的乡村生态。乡村振兴不能片面地追求经济发展，要坚持可持续发展理念，提升村民环保意识，按照乡村的自然资源禀赋有选择性地进行开发利用，打造乡村绿色经济发展模式。同时，还要加大对乡村公共基础设施的投入，在乡村规划以及景观设计等举措中，注重利用乡村传统文化遗产，形成天人合一、生态宜居的和谐发展格局。最后，弘扬中华优秀传统文化，夯实组织保障。传统村落靠以家族血缘为核心的农耕文化作为纽带来维系，其蕴含着"仁义礼智信"的中华优秀传统文化精华，是中华文化的"根"。发挥基层党组织的保障作用就要以中华优秀传统文化为抓手，加强农村基层组织工作，健全自治、法治、德治相结合的乡村治理体系。同时，加强党对乡村文化振兴工作的领导，弘扬社会主义核心价值观，继承优秀乡村文化并运用其丰富内涵浸润组织建设。

第三，中华优秀传统文化为乡村振兴提供了内生动力。唯物辩证法认为外因是变化的条件，内因是变化的根据，外因通过内因而起作用。激活农村发展活力和激发农民发展能力，探索乡村内生动力才是乡村振兴的根本。"农村是我国传统文化的发源地，乡土文化的根不能断"①，中华优秀

---

① 中共中央党史和文献研究院. 全面建成小康社会重要文献选编（下）[M]. 北京：外文出版社，2020：794.

传统文化是中华民族代代相传的文化记忆，是连通过去和未来的桥梁，是连接乡村与村民的纽带。中华优秀传统文化代代相传，成为家国情怀，为乡村振兴建设提供原动力。此外，习近平总书记强调"优秀乡村文化能够提振农村精气神，增强农民凝聚力，孕育社会好风尚。乡村振兴，既要塑形，也要铸魂，要形成文明乡风、良好家风、淳朴民风，焕发文明新气象。"① 随着现代化和城市化的不断发展，现代农民的内心世界、价值判断、文化选择等受到双重冲击，优秀道德规范、公序良俗失效，中华优秀传统文化的价值观念被排挤倾轧甚至抛弃，使优秀乡村文化被边缘化，乡村秩序被打破，乡村文化失去了生机，导致一些村庄"形虽在，神已散"。因此，"深入挖掘、继承、创新优秀传统乡土文化，把保护传承和开发利用有机结合起来，把我国农耕文明优秀遗产和现代文明要素结合起来，赋予新的时代内涵，让我国历史悠久的农耕文明在新时代展现其魅力和风采"②，可以为全面推进乡村振兴战略提供文化支撑和动力源泉。

2.2 政策解读

党和政府发布了一系列关于全面推进乡村振兴的重要政策文件，涉及乡村振兴的各个方面，这些政策文件的主要内容包括：第一，强调保障国家粮食安全。在乡村振兴战略中，粮食和农业生产是核心组成部分，确保国家粮食安全是我国的基本国策之一，这涉及减少对进口粮食的依赖，通过提高国内粮食产量和质量来满足国内需求。粮食安全不仅关系国家的经济稳定，还直接影响社会稳定和人民的生活水平。提高农业综合生产能力，更有效地利用土地和其他农业资源，包括提高单位面积产量、提高农产品质量、增加农产品种类等，从而增加农民收入，促进农村经济发展。加强农田设施建设，包括改善灌溉系统、提高农田水利设施的标准、建设高标准农田等，有助于提高农业生产效率，减少自然灾害的影响，并有助于农业可持续发展。推进农业科技创新是提高农业生产效率和产品质量的

---

① 习近平. 论把握新发展阶段、贯彻新发展理念、构建新发展格局 [M]. 北京：中央文献出版社，2021：228.

② 中共中央党史和文献研究院. 习近平关于社会主义精神文明建设论述摘编 [M]. 北京：中央文献出版社，2022：224.

关键，涉及改良种子、推广现代农业技术、提高农业机械化水平、发展智慧农业等多个方面。通过科技创新，可以有效地提高农产品的产量和质量，同时降低生产成本。这些措施旨在通过综合手段提高农业的效率和产量，确保国家粮食安全，同时促进农村经济的持续发展。这不仅关系到食品安全和农民的生计，也是实现乡村振兴战略的基础和关键。

第二，制定农民增收的相关政策是乡村振兴的重要保障。农民增收的政策是中国乡村振兴战略的重要组成部分，其核心目的是通过多种措施提高农民的收入水平和生活质量。具体的举措包括监测帮扶落实、发展动力培育、帮扶政策完善等。监测帮扶落实，涉及对农民收入状况的持续监测，以及针对低收入农民的精准帮扶。通过数据监测和分析，政府可以更好地理解农民收入的变化趋势，从而制定更有效的帮扶政策。发展动力培育是指通过支持农村产业升级、发展现代农业、推动农村电商等措施，激发农村经济的内在增长动力。例如，支持农民发展特色农产品、乡村旅游等，可以增加农民的非农收入来源。帮扶政策完善包括完善农业补贴政策、加强农民职业技能培训、改善农村金融服务等。通过这些政策，可以提高农民的生产能力和市场竞争力，从而增加他们的收入。产业振兴作为乡村振兴的重中之重，依托农业农村特色资源，将乡村资源优势转化为产品优势、产业优势，从而带动农民增收。就业支持是政府鼓励和支持农村劳动力转移就业，提供就业服务，如职业介绍、技能培训等，帮助农民在城镇就业或创业，增加收入来源。土地政策改革则通过土地制度改革，如土地流转、土地入股等，使农民能够从土地中获得更多收益。社会保障和福利，旨在改善农村社会保障体系，提高农村居民的社会福利水平，减少因病、老等因素导致的贫困。这些政策和措施的目的是通过多方面的支持和改革，促进农民收入的持续增长，实现农民的全面发展和农村的全面进步。

第三，国家将产业振兴作为乡村振兴的重中之重，促进农民增收致富的重要支撑，重点在于依托农业农村特色资源，将乡村资源优势转化为产品优势、产业优势。2018年，农业部发布关于大力实施乡村振兴战略加快推进农业转型升级的意见，主要内容包括：一是品牌强农，打造一批国家级农产品区域公用品牌、全国知名企业品牌、大宗农产品品牌和特色农产品品牌，保护地理标志农产品；二是智慧农业，大力发展数字农业，编制中长期发展规划，开展建设试点，推进物联网试验示范和遥感技术应用；

三是示范区建设，推动农村改革试验区向多领域综合改革转变，深入推进国家现代农业示范区建设，推进农业可持续发展试验示范区、农业绿色发展先行区建设。

随着"三农"工作的推进，国家出台相关产业振兴的政策。产业振兴的核心在于发展特色产业、优化产业结构、提升产业竞争力，以实现农村经济的高质量发展。产业振兴的重要性在于它直接关乎增加农民收入的问题，产业振兴通过发展特色产业、延长产业链等方式，为农民提供更多的就业机会和增收渠道，提高农民的经济收入和生活水平。产业振兴有助于促进农村经济发展，优化农村产业结构，推动农村经济多元化发展，提高农村经济的整体竞争力和抗风险能力。产业振兴倡导绿色发展理念，改善农村生态环境，推动农业从传统农业向绿色农业转变，实现农业可持续发展，保护农村生态环境。产业振兴有助于推动城乡融合发展，促进农村与城市的经济、文化、人才等方面的交流与合作，实现城乡要素的自由流动和平等交换，推动城乡融合发展。产业振兴的实施有利于发展特色产业，促使各地根据资源禀赋和区位优势，发展具有地方特色的农产品加工业、乡村旅游、休闲农业等产业。

因此，产业振兴是乡村振兴战略的重要内容，通过发展特色产业、优化产业结构、提升产业竞争力等策略，可以促进农村经济的高质量发展，实现乡村全面振兴。

基于国家落实乡村振兴战略的部署，2023 年 5 月 31 日，陕西省第十四届人民代表大会常务委员会通过了《陕西省乡村振兴促进条例》（下文简称《条例》），自 2023 年 6 月 1 日起施行。《陕西省乡村振兴促进条例》是一部为了全面实施乡村振兴战略，加快农业农村现代化建设而制定的地方性法规。

《条例》强调了县级以上人民政府及其有关部门在乡村振兴过程中的职责和方向，明确指出乡村振兴的出发点和落脚点应该是农民，这意味着在乡村振兴的各个环节中，都应该充分尊重和发挥农民的主体作用，确保农民能够积极参与并从中受益。这一原则体现了以人为本的发展理念，确保乡村振兴工作符合农民的利益和期望。

《条例》强调乡村振兴要坚持规划先行，加强乡村规划体系建设，确保乡村振兴战略的有序推进。例如，《条例》第十五条第一款规定："乡（镇）人民政府应当按照尊重农民意愿、方便群众生产生活、保持乡村功能和特色的原则，依法组织编制村庄规划。"《条例》还强调在乡村振兴过程中必须规划在先，在乡（镇）人民政府编制村庄规划时必须充分考虑和吸纳农民的意见和需求。村庄规划应着眼于提高农民的生产效率和改善生活条件，应考虑到如何通过改善基础设施、优化公共服务等措施，使农民的生产生活更加便利和舒适。《条例》第十五条第二款规定："村庄规划应当包括发展定位与目标、村域空间布局、产业发展、住房布局、基础设施和公共服务设施、村庄安全和防灾减灾、历史文化及特色风貌保护、耕地与永久基本农田保护、人居环境整治等内容。"这说明村庄规划要保护和强化乡村的传统功能和特色，包括农业生产的主体地位、乡村的自然景观、文化遗产等。这有助于维护乡村的多样性和独特性，防止乡村振兴过程中乡村的同质化和城市化。

《条例》体现了陕西省在乡村振兴方面的战略规划和政策导向，旨在通过多元化的手段和策略，推动农业和农村经济的全面发展，实现乡村振兴的目标。首先，乡村振兴应基于乡村自身的资源和特色，如自然资源、文化遗产、特色产业等，以此来推动乡村的可持续发展。《条例》提倡不仅要重视农业的经济价值，还要关注农业的社会、文化、生态等多方面价值，推动农业的全面发展。其次，通过政策支持和引导，打破传统的产业界限，促进农业与第二产业（如加工业）、第三产业（如服务业）的融合发展，形成更加完整和高效的产业链。《条例》要求根据不同地区的实际情况和条件，支持和引导发展适合当地的农业相关产业，如现代种业、养殖业、农产品加工等。再次，鼓励创新，支持发展新兴产业、新业态、新模式，以及家庭农场、农民合作社等新型农业经营主体，提升农业的现代化水平。《条例》要求通过将农业与文化、旅游、健康养生等产业相结合，开发新的旅游产品和服务，提升农业的附加值。又次，通过创建示范园区和特色小镇，展示和推广农村产业融合发展的成功模式，带动周边乡村的发展。最后，利用红色历史资源和乡村的自然风光、民俗文化等，发展旅游业，提升乡村的知名度和吸引力，同时带动相关产业的发展。由此可见，陕西省明确了乡村振兴产业化发展思路，支持农村一二三产业融合发展，积极培育新型农业经营主体，推动农业产业链、价值链和利益链的升级和延伸。

这一部地方性法规，为推动陕西省乡村地区的经济、社会、文化和生态全面振兴提供了法律依据和实施框架，确保了乡村振兴工作的法治化、规范化和制度化，为推动陕西省乡村全面振兴提供了明确的方向和路径，具有重要的指导作用和现实意义。

除此之外，陕西省的具体政策中还强调保障粮食安全，确保粮食播种面积稳定在4 500万亩、产量保持在240亿斤（1斤＝0.5千克）以上。同时，陕西省的具体政策还要求推广农业新技术、新装备，提高粮食和重要农产品保障能力。

在特色现代农业发展方面，加快构建农业现代化经营体系，支持新型经营主体培育壮大，促进农业产业链的升级和集群化发展。第一，发展新型农业经营主体和服务主体，陕西省农业农村厅发布了《陕西省"十四五"新型农业经营主体和服务主体高质量发展规划》，旨在推进全省新型农业经营主体和服务主体的发展，加快构建新型农业经营体系，实现小农户和现代农业发展的有机衔接。该规划强调要发展多种形式适度规模经营，培育新型农业经营主体，并推动小农户更好地分享三产融合发展的增值收益。第二，发展重点产业。陕西省重点打造了乳制品、生猪、苹果、蔬菜、茶叶等千亿级产业链，以及肉羊、肉牛、家禽、猕猴桃、食用菌等300亿至500亿级产业链。这些措施旨在支持打造全产业链产值超百亿元、过五十亿元的典型县，聚集打造一批千亿元以上的产业集群。第三，强调农业科技的创新和应用。陕西省强调加强农业科技攻关与应用，加大农业科研投入，利用省级现代农业产业技术体系，推广应用主推技术。同时，推进农业科研院所与龙头企业深度合作，加快科技成果转化，着力在品种培优、装备研发、产品开发等薄弱环节开展联合攻关。第四，积极构建现代农业三大体系。陕西省在稳定粮食产能的基础上，加速农业产业结构调整升级，优化现代农业产业体系，推动全省农业转型发展。这包括强化粮食生产能力、优化农业产业布局、强化优势特色产业、加快三产融合发展等方面。这些政策和措施共同推动了陕西省在特色现代农业发展方面的进步，加快了农业现代化经营体系的构建，支持了新型经营主体的培育壮大，促进了农业产业链的升级和集群化发展。

在乡村建设与治理方面，陕西省制定了《农村人居环境整治提升工程推进方案》《陕西省"美丽宜居示范村"创建工作实施方案》和《农房质量安全提升工程推进方案》，推进宜居宜业和美乡村建设，强化村庄规划建设，加大乡村基础设施建设力度，加快基本公共服务能力建设。在宜居宜业和美乡村建设过程中，陕西省建立"横向联动、纵向贯通、齐抓共管"的推进机制，计划在"十四五"期间创建 100 个乡村振兴示范镇、1 000 个美丽宜居示范村、10 000 户宜居型示范农房。此外，陕西省规定，省级专项资金每年不少于 3 亿元将投向农村，优先在示范镇打造 200 个美丽宜居示范村。在传统村落保护与利用方面，陕西省响应住房城乡建设部的部署要求，开展"百村示范、百团帮扶"活动，选拔专家教授和设计单位组成帮扶团队，深入发掘历史文化资源，实现传统村落保护与利用的有机结合。与此同时，陕西省强调党组织领导乡村治理的体系建设，充分发挥农村基层党组织的战斗堡垒作用，旨在加强和改进乡村治理。上述政策和措施体现了陕西省在乡村建设与治理方面的综合性和系统性，说明了陕西省正在通过多方面的努力，提升乡村的居住环境，促进乡村的全面发展，实现宜居宜业和美的乡村目标。

在科技与创新方面，加强农业科技支撑。首先，陕西省加大了对农业科技创新的财政投入，特别是在科学育种、技术推广、平台建设和人才支撑四大领域。这包括支持良种创新研发和关键核心技术攻关，推动粮食安全核心关键技术创新攻关，以及支持组建以旱区农业陕西实验室为龙头的科研集群，加快农业科技成果的转移转化。陕西省科技厅持续支持小麦、玉米、油菜、水稻等主要粮食作物的育种，以及青贮玉米、大豆、花生、小杂粮、食用菌等农作物育种。同时，陕西省科技厅还重点围绕果业、畜禽、蔬菜等产业品种培优、品质提升、品牌打造，以及设施农业、智慧农业、农产品精深加工等领域，攻克一批"卡脖子"核心技术，形成具有自主知识产权的新品种、新成果和新装备。陕西省科技厅还通过实施部省联动专项、乡村振兴科技专项，聚合高校、科研院所、企业和新型农业经营主体的优势资源，为乡村振兴提供科技支撑。同时，陕西省还实施乡村振兴科技绿色通道专项，支持国家级、省级乡村振兴重点帮扶县，强化特色产业的技术创新和成果推广、技术升级和产业链延伸。这些政策和具体措施共同推动了陕西省在科技与创新方面对农业的支撑，加速了农业现代化的发展，为陕西省实施乡村振兴提供了坚实的科技基础。

在农民增收致富方面，多渠道促进农民增收致富。陕西省人民政府通过建设现代农业产业体系、搭建产业发展平台、培育新型农业经营主体、提高农业质量和效益、优化资源配置五个举措来促进产业振兴，进而促进农民增收。陕西省农业农村厅发布了《陕西省"十四五"乡村产业发展规划》，旨在通过深化特色产业工程、强化创新引领、培育发展新动能等措施，推动一二三产业融合发展，从而拓宽农民增收渠道。陕西省创建了多个农村产业融合发展示范园，这些园区通过产业链延伸、产业交叉融合、科技渗透等模式，实现了农业与信息、旅游、文化、康养、餐饮等产业的深度融合，有效提升了农村产业融合发展基础，拓展了现代农业功能，并带动了农民增收致富。这些政策和措施共同推动了陕西省在农民增收致富方面的进展，促进了农业和农村经济的全面发展，为陕西省实现乡村振兴提供了坚实基础。

2.3　内涵特征

乡村振兴战略的内涵丰富，特征鲜明，主要包括以下几个方面。

第一，乡村振兴是农业农村优先发展的战略。乡村振兴战略把农业农村优先发展作为战略导向，把农村经济发展作为重中之重，把增加农民收入作为核心任务，把改善农村生产生活条件作为主要目标，把深化农村改革作为根本动力，推动农业全面升级、农村全面进步、农民全面发展。

第二，乡村振兴是城乡融合发展的战略。乡村振兴战略把城乡融合发展作为战略路径，把城乡发展一体化作为战略目标，把建立健全城乡融合发展体制机制作为战略支撑，推动城乡要素自由流动、平等交换和公共资源均衡配置，形成以城带乡、以乡促城、城乡融合发展的新格局。

第三，乡村振兴是农业现代化的战略。乡村振兴战略把农业现代化作为战略核心，把提高农业综合生产能力作为战略重点，把创新农业经营体系作为战略任务，推动农业供给侧结构性改革，提高农业质量效益和竞争力，实现由农业大国向农业强国转变。

第四，乡村振兴是农村全面进步的战略。乡村振兴战略把农村全面进步作为战略目标，把农村经济发展作为基础，把农村社会事业发展作为保障，把农村生态文明建设作为支撑，推动农村经济、政治、文化、社会、生态文明全面发展，建设美丽乡村。

第五，乡村振兴是农民全面发展的战略。乡村振兴战略把农民全面发展作为战略宗旨，把增加农民收入作为首要任务，把提高农民素质作为关键举措，把保障农民权益作为基本要求，推动农民经济权益、政治权益、文化权益、社会权益、生态文明权益全面保障，实现农民全面发展。

乡村振兴的特征。①战略性。乡村振兴战略是党中央从国家发展全局出发，对新时代"三农"工作作出的重大决策部署，是全面建设社会主义现代化国家的重要内容，具有重大的战略意义。②综合性。乡村振兴战略涵盖了农村经济、政治、文化、社会、生态等多个领域，涉及农村产业发展、基础设施建设、生态环境保护、文化建设、社会事业发展、乡村治理等多个方面，具有鲜明的综合性特征。③长期性。乡村振兴战略的实施，需要长期的努力和坚持，不可能一蹴而就。乡村振兴战略的实施，需要几代人甚至几十代人的接续奋斗，具有长期性的特征。④创新性。乡村振兴战略的实施，需要创新的理念、创新的思路、创新的方法，需要不断探索适合中国特色的乡村振兴道路，具有创新性的特征。⑤人民性。乡村振兴战略的实施，需要充分发挥农民的主体作用，尊重农民的主体地位，保障农民的权益，具有鲜明的人民性特征。

乡村振兴战略的内涵丰富，特征鲜明，包括农业农村优先发展的战略、城乡融合发展的战略、农业现代化的战略、农村全面进步的战略和农民全面发展的战略。乡村振兴战略的实施，需要我们从国家发展全局出发，充分发挥农民的主体作用，创新工作思路和方法，坚持不懈地推进，为实现全面建成社会主义现代化强国的目标作出贡献。

2.4 价值意义

乡村振兴战略是新时代我国农村工作的总抓手，是全面建设社会主义现代化国家、全面深化改革、全面依法治国、全面从严治党的重要组成部分。乡村振兴战略的实施，对于促进农业农村现代化，实现全面建设社会主义现代化国家的目标，具有重大的现实意义和深远的历史意义。

实施乡村振兴战略的经济意义。①提高农业综合生产能力。乡村振兴战略以农业现代化为核心，通过加大农业科技创新力度，提高农业生产效率和产品质量，实现农业持续健康发展。②促进农村产业融合发展。乡村振兴战略以产业兴旺为抓手，推动农村一二三产业融合发展，延长农业产业链，提高农业附加值，促进农民增收致富。③优化农村经济结构。乡村振兴战略通过调整农村经济结构，发展特色优势产业，促进农村经济多元化发展，提高农村经济整体竞争力。④推动城乡融合发展。乡村振兴战略以城乡融合发展为导向，推动城乡要素自由流动、平等交换和公共资源均衡配置，形成以城带乡、以乡促城、城乡融合发展的新格局。

实施乡村振兴战略的政治价值意义。①有利于巩固党的执政地位。乡村振兴战略是党在农村工作的一项重要战略部署，实施乡村振兴战略有利于巩固党的执政地位，增强党在农村的执政基础。②有利于提高农村治理水平。乡村振兴战略以乡村治理为重要内容，通过加强农村基层党组织建设、完善村民自治制度、加强法治建设等途径，提高农村治理水平。③有利于保障国家粮食安全。乡村振兴战略把保障国家粮食安全作为重要任务，通过加大农业投入，提高农业综合生产能力，确保国家粮食安全。

实施乡村振兴战略的文化价值意义。①有利于传承发展优秀传统文化。乡村振兴战略注重挖掘和传承发展农村优秀传统文化，弘扬民族精神，增强农村文化自信。如发展乡村旅游、民俗文化等，有助于保护和弘扬农村文化，能提升农村地区的文化软实力。②有利于提高农民文化素质。乡村振兴战略通过发展农村教育事业、加强农村文化设施建设等途径，可以提高农民文化素质，培养新型农民。③有利于促进农村文化产业发展。乡村振兴战略把农村文化产业发展作为重要内容，通过政策扶持和市场引导，推动农村文化产业繁荣发展。

实施乡村振兴战略的社会价值意义。①提高农民生活水平。乡村振兴战略把提高农民生活水平作为核心任务，通过发展农村经济、完善农村基础设施、改善农村生态环境等途径，提高农民生活水平。②促进农村社会事业发展。乡村振兴战略注重农村社会事业发展，通过加大农村公共服务体系建设力度，提高农村公共服务水平，促进农村社会事业发展。③构建和谐乡村社会。乡村振兴战略以乡村社会和谐为目标，通过加强乡村治理、化解社会矛盾、维护社会稳定等途径，构建和谐乡村社会。

实施乡村振兴战略的生态价值意义。①改善农村生态环境。乡村振兴战略把农村生态环境保护作为重要任务，通过加大农村生态环境保护力度，改善农村生态环境质量。②推动农业绿色发展。乡村振兴战略倡导绿色发展理念，推动农业从传统农业向绿色农业转变，提高农业可持续发展能力。③促进人与自然和谐共生。乡村振兴战略以人与自然和谐共生为目标，通过优化农业生产方式、改善农村生态环境等途径，促进人与自然和谐共生。

　　乡村振兴战略的实施，具有重大的经济、政治、文化、社会、生态文明价值。我们要从国家发展全局出发，充分发挥农民的主体作用，创新工作思路和方法，坚持不懈地推进乡村振兴战略的实施，为实现全面建成社会主义现代化强国的目标作出贡献。

3 博采众长

3.1 国外乡村建设的有效经验

乡村建设是各国发展的重要议题，对于提高农村居民的生活质量、促进城乡一体化发展具有重要意义。随着全球经济的发展，乡村建设已经成为各国政府关注的焦点。通过分析国外乡村建设的案例，总结国外乡村建设经验，能为我国实施乡村振兴战略提供有益的启示。

3.1.1 政府主导与市场机制相结合

国外乡村建设普遍采用政府主导与市场机制相结合的方式。政府通过制定相关政策、提供财政支持、优化基础设施等方式，引导和推动乡村建设。同时，充分发挥市场机制的作用，鼓励社会资本参与乡村建设，形成政府、企业、农民等多方参与的格局。

3.1.1.1 日本的新农村运动

日本在 20 世纪 50~60 年代实施了名为"新农村运动"的乡村建设计划。该计划旨在通过政府补贴和激励措施，鼓励农民参与土地整治、水资源管理、基础设施建设等项目。在"新农村运动"中，日本政府通过提供低息贷款、补贴甚至直接投资，大力开发道路、电力等基础领域，以改善农村地区的公共基础设施。同时，日本政府通过提供贷款和税收优惠等措施，鼓励私营企业参与农村发展，如成立农业合作组织、农村银行等，挖掘或创造当地标志性产品或项目，将其迅速培育成全国乃至全世界一流的产品和项目，借此发展主导产业、建立农产品生产基地，以及发展加工工业等。日本在 20 世纪 70 年代进行了农地改革，包括调整相关法律，扩大农地流转权限，允许农地的经营权与所有权分离，放宽农村资源流转进而激活农村经济。这种政府主导与市场机制相结合的模式①，有效地推动了日本乡村的现代化和可持续发展。

3.1.1.2　韩国的乡村综合发展计划

韩国在 20 世纪 70 年代开始实施乡村综合发展计划，帮助韩国在经济结构失调的困境中找到了出路。在韩国政府主导下，这一发展计划改善农村基础设施，如道路、住房、清洁设施，以及改善农田和种子等生产资料，提升农业生产力，并促进农村地区的经济增长。韩国政府鼓励发展畜牧业、农产品加工业和特产农业。韩国政府通过提供财政补贴、低息贷款和税收优惠、乡村建设基金等方式，引导社会资本投入乡村发展等措施，鼓励农民和私营企业参与乡村建设项目，建立私营部门组织，实现政府主导向民间主导的转变。这种模式有效地促进了韩国乡村的现代化和城乡一体化发展。韩国实施乡村综合发展计划的成功归因于政府对基础设施的大力投资、乡村教育的重视、政府治理与民间自治的结合，以及制度创新和产学研的结合。这些措施不仅提高了韩国农村居民的生活水平，也为韩国经济的增长提供了新的动力。

3.1.1.3　荷兰的乡村发展计划

荷兰的乡村发展计划强调农业与乡村的可持续发展。荷兰政府通过提供财政补贴、技术支持和市场准入等政策，鼓励农民参与农业创新和环境友好型农业项目。荷兰的乡村发展强调城乡之间的互动和融合，通过工业反哺农业和城市反哺乡村，形成良性的城乡互动。荷兰的城市体系以小城镇为主，荷兰通过集约发展，推动城乡合并，为农业腾挪出更多土地，便于开展规模化种植。此外，荷兰还推动城镇之间建立特定领域的协作，形成小城镇协同发展集群。荷兰的农业产业是推动城乡互动发展的关键，通过科技赋能和农业工业化，荷兰将农业从劳动密集型向知识密集型转变，从而吸引更多资源，提升农业价值，形成具有国际竞争力的产业集群。另外，荷兰在土地整理中十分重视乡村景观规划②，从 1940 年开始，荷兰的风景园林师开始参与到乡村工程、土地改善和水管理的项目中。例如，羊角村的土地开发规划综合了农业生产、自然景观保护、旅游休闲等多个方

---

① 贾磊，刘增金，张莉侠，等. 日本农村振兴的经验及对我国的启示 [J]. 农业现代化研究，2018，39（3）：359-368.

② 张晋石. 20 世纪荷兰乡村景观发展概述 [J]. 风景园林，2013（4）：61-66.

面，使其成为荷兰乡村地区规划的经典案例。荷兰的乡村规划不仅关注农业生产，还重视生态、景观、文化等各个方面。荷兰的乡村景观兼具实用性和美观性，是居民生产、生活和区域生态的统一。荷兰的乡村规划还特别关注自然的进程，维护地区内的生物多样性，规划区域整体的生态网络。同时，荷兰政府还通过乡村发展基金等机构，引导私营企业和社会资本投入乡村建设。这种模式有效地促进了荷兰乡村的现代化和可持续发展。

3.1.1.4　英国的乡村复兴计划

英国的乡村复兴计划经历了长期的发展和变革，形成了独特的治理模式和政策框架。英国乡村复兴最早始于15世纪末的圈地运动，随后经历了农业革命和工业革命。19世纪中叶，英国已初步实现城市化，但城市化也带来了城市病和乡村资源破坏等问题。20世纪中后期，由于城市人口向农村地区的迁移，造成了乡村生态的破坏和城乡发展差距的拉大。该计划旨在保护和改善乡村环境，促进乡村地区的经济和社会福祉。英国政府通过提供财政补贴和激励措施，鼓励农民参与土地管理、生态保护、乡村景观保护等项目，采用了一种"共生型治理"的发展形态，包括四大要素：网格化的共生单元、积极的共生环境、多层级的组织界面和一体化的共生模式①。这种治理模式实现了城乡合作共治与协同发展。英国政府在乡村复兴探索中强调工业与农业的平衡，推动乡村振兴与城乡一体化发展。英国乡村复兴计划的实践路径包括自上而下的政府顶层设计、自下而上的社区行动与参与，以及上下互动的集镇发展；政策框架与实践逻辑包括政府统筹决策、地方协同管理、行业协会促进等多级管理体系。此外，英国政府还强调乡村地区集约建设、高水平规划设计引导等的重要性。英国乡村复兴的最终目标是实现城乡一体化，即"有功能差异、无经济社会差距"的状态，包括对乡村发展的认知、政策调整，以及有效的乡村行动。同时，英国政府还通过乡村发展基金等机构，引导社会资本投入乡村建设。

总体来说，英国的乡村复兴计划是一个多层面、多主体参与的过程，旨在通过政策机制的变革，实现乡村地区的互惠互动与整体性发展，有效促进英国乡村的可持续发展。

上述案例表明，政府主导与市场机制相结合的乡村建设模式，能够有

---

① 虞志淳. 英国乡村发展特色解析 [J]. 小城镇建设，2019，37（3）：12-17.

效地推动乡村的现代化和可持续发展。政府通过提供财政支持、政策激励和市场准入等措施，引导和鼓励农民和私营企业参与乡村建设项目。同时，市场机制的引入，有助于提高乡村建设的效率和质量，促进乡村地区的经济增长和社会福祉。

3.1.2 产业振兴与可持续发展

国外乡村建设注重产业振兴与可持续发展。各国政府通过发展特色产业、优化产业结构、提升产业竞争力等方式，推动乡村经济多元化发展。同时，注重生态环境保护，推动农业绿色发展，实现农业可持续发展。国外在产业振兴与可持续发展方面的成功案例有很多，值得我们进行仔细分析。

3.1.2.1 荷兰的农业产业

荷兰的农业产业以高效和创新著称。荷兰政府通过提供财政补贴和税收优惠，鼓励农民采用先进的农业技术和设备，如温室栽培、精准农业等。这些先进的农业技术和设备可以提高农业生产效率，降低生产成本，同时减少对环境的影响。此外，荷兰政府还通过农业创新基金等机构，引导私营企业和社会资本进行农业技术创新，为农业领域的研发和创新提供了资金支持，推动了农业技术的不断进步和应用。这些措施有效地推动了荷兰农业产业的发展，提高了农业的综合生产能力和国际竞争力[①]。荷兰的农业产业不仅在产量和质量上取得了显著的成果，还在全球市场上占据了重要地位。荷兰的农产品出口额在全球排名较高，其农业产业的成功也带动了相关产业的发展，如食品加工、物流等。荷兰农业产业的成功，不仅得益于政府的支持，还得益于农民的积极性和创新精神。荷兰的农民愿意尝试新的农业技术和方法，以提高农业生产效率和质量。

总之，荷兰政府通过提供财政补贴和税收优惠，鼓励农民采用先进的农业技术和设备，同时通过农业创新基金等机构，引导私营企业和社会资本投入农业技术创新。这些措施有效地推动了荷兰农业产业的高效发展，提高了农业的综合生产能力和国际竞争力，使荷兰的农业产业在全球市场上取得了显著的成功。

---

① 付晓亮. 荷兰"链战略行动计划"的基本特征、可取经验及对中国农业产业化的启示 [J]. 世界农业，2017（11）：213-217.

3.1.2.2 德国的绿色能源产业

德国的绿色能源产业在乡村建设方面取得了显著成就。首先，德国政府鼓励农民和私营企业参与风能、太阳能等可再生能源项目的开发和利用①，并通过提供财政补贴和政策予以支持。德国政府为农民和私营企业提供了财政补贴，以降低可再生能源项目的开发和利用成本，包括建设补贴、运营补贴和投资补贴等。这些补贴政策鼓励农民和私营企业积极参与可再生能源项目，如风力发电场和太阳能发电站的建设。其次，德国政府通过提供政策支持，如税收优惠、土地使用优惠和环境保护政策等，进一步鼓励了可再生能源项目的开发和利用。这些政策支持措施降低了可再生能源项目的运营成本，提高了项目的经济效益。最后，德国政府还通过绿色能源基金等机构，引导社会资本投入绿色能源产业。这些基金为可再生能源项目的研发、建设和运营提供了资金支持，推动了绿色能源技术的创新和应用。德国的风能和太阳能发电量在全球排名较高，其绿色能源产业的成功也带动了相关产业的发展，如绿色能源设备制造、绿色能源服务等。这些措施有效地推动了德国绿色能源产业的发展，减少了温室气体排放，促进了经济的可持续发展。

德国绿色能源产业的成功，不仅得益于政府的支持，还得益于社会各界的积极参与和合作。德国绿色能源产业的成功，也为全球绿色能源产业的发展提供了宝贵的经验和启示。

3.1.2.3 美国的农业产业

美国的农业产业以其规模化和现代化而著称②。美国政府通过提供农业补贴和贷款支持，鼓励农民采用先进的农业技术和设备，如自动化农机、精准农业等。同时，美国政府还通过农业研究和发展基金等机构，引导私营企业和社会资本投入农业技术创新。这些措施有效地推动了美国农业产业的发展，提高了农业的综合生产能力和国际竞争力。

美国的农业产业以其规模化和现代化而著称。美国政府通过提供农业补贴和贷款支持，鼓励农民采用先进的农业技术和设备，如自动化农机、精准农业等。这些先进的农业技术和设备可以提高农业生产效率，降低生

---

① 汪万发. 朔尔茨政府能源转型政策的全球逻辑 [J]. 德国研究，2023，38（5）：76-101，154.

② 汤成. 美国、日本和荷兰农业产业化发展特色及启示 [J]. 农村经济与科技，2024，35（4）：248-251.

产成本，同时减少对环境的影响。此外，美国政府还通过农业研究和发展基金等机构，引导私营企业和社会资本投入农业技术创新。这些机构为农业领域的研发和创新提供了资金支持，推动了农业技术的不断进步和应用。美国的农业产业不仅在产量和质量上取得了显著的成果，在全球市场上占据重要地位，其农业产业的成功也带动了相关产业的发展，如食品加工、物流等。美国农业产业的成功，一方面，得益于政府的支持，另一方面，美国的农民普遍具有较好的创新精神，他们愿意积极尝试新的农业技术和方法，以提高农业生产效率和质量。

总之，美国的农业产业以其规模化和现代化著称，政府通过提供农业补贴和贷款支持，鼓励农民采用先进的农业技术和设备，同时通过农业研究和发展基金等机构，引导私营企业和社会资本投入农业技术创新。这些措施有效地推动了美国农业产业的发展，使美国的农业产业在全球市场上取得了显著的成功。

3.1.2.4　日本的循环经济产业

日本的循环经济产业在可持续发展方面取得了显著成就。日本的循环经济产业是一个综合性的体系，旨在通过资源的有效利用和循环利用来减少浪费和环境污染①。这个体系的核心理念是"3R 原则"，即减少（reduce）、再利用（reuse）和回收（recycle）。日本政府于 1999 年首次提出了循环经济愿景，并在 2020 年发布了更新的《循环经济愿景 2020》，以应对日益紧迫的资源利用和废物处理问题。在《循环经济愿景 2020》中，日本政府强调了向更循环型的商业模式过渡的重要性，这包括制造商和服务提供商转向设计循环性和领导资源循环系统的行业，以及废物管理和回收行业的改进。此外，日本政府还鼓励自愿活动以促进循环经济。《循环经济愿景 2020》还提到了建立一个有弹性的资源循环系统的重要性，包括在日本确保回收能力和质量，以及迫切需要发展的资源循环系统领域。总体来说，日本的循环经济产业着重于通过技术创新和商业模式创新来实现资源的有效利用和循环利用，以减少对自然资源的依赖和减少环境污染。

这些案例表明了国外在产业振兴与可持续发展方面的成功经验。首先，政府通过提供财政补贴、政策支持和市场准入等措施，鼓励和引导农民和私营企业参与产业振兴和可持续发展项目。其次，政府通过农业创新

---

① 丁思成. 日本循环经济运作模式的主要特征及对中国的启示 [J]. 再生资源与循环经济，2023，16（8）：45-50.

基金、绿色能源基金和循环经济基金等机构，引导社会资本投入产业振兴和可持续发展领域。再次，政府通过加强产业基础设施建设、提供技术支持和培训等措施，提高产业振兴和可持续发展的能力。最后，政府通过加强产业监管和环境保护措施，保障产业振兴和可持续发展的质量。

这些经验为中国在产业振兴与可持续发展方面提供了有益的启示，我国应借鉴国外成功的经验，结合中国实际，加强产业振兴和可持续发展的顶层设计，推动产业振兴和可持续发展。

3.1.3 城乡一体化发展

国外乡村建设强调城乡一体化发展。政府通过推动城乡要素自由流动、平等交换和公共资源均衡配置，实现城乡融合发展。同时，政府注重农村基础设施建设，提高农村公共服务水平，缩小城乡发展差距。

3.1.3.1 英国的城乡融合项目

英国通过实施城乡融合项目，旨在推动城乡一体化发展。英国的城乡融合项目是一个长期而复杂的过程，经历了城市扩张、城市病蔓延、法治规划、乡村有序治理和城乡一体化等多个阶段。在这个过程中，英国逐渐形成了"共生型治理"的发展形态，包括网格化的共生单元、积极的共生环境、多层级的组织界面和一体化的共生模式。英国的乡村振兴实践路径遵循三条逻辑规律：一是自上而下的政府顶层设计，通过法治保障实现乡村有序治理；二是自下而上的社区行动与社区参与，通过社区赋能形成合作共治；三是上下互动的集镇发展，通过小城镇建设促进城乡互动与融合。

20世纪30年代后，英国政府正式开启乡村振兴与城乡一体化的政策探索。作为城乡一体化实践的先驱者，英国在农业开发与发展、乡村建设与生态保护以及城乡融合发展上有着丰富的经验积累。英国的乡村建设与城镇化经历了"城市扩张、城市病蔓延、法治规划、乡村有序治理、城乡一体化"的道路。在二百多年的乡村重建实践中，英国基本形成了一种"共生型治理"的发展形态。

英国的中心村建设是其城乡融合发展中的一个重要方面。英国通过建立城乡一体的规划体系，促进乡村人口、就业、居住、基础设施和服务设施向中心村聚集。英国政府注重保护乡村文化，通过立法保障和借助社会力量来保护乡村特色文化。同时，英国政府还大力保护乡村环境，对采用环境友好型生产经营方式的农民给予补贴，以此调动农民保护环境的积极性和自觉性。

综上所述，英国的城乡融合项目是一个多层面、多维度的过程，涉及政策、法律、文化、环境等多个方面，其目标是实现城乡之间的平衡发展和互动融合。英国政府通过制定相关政策，有效地促进了城乡一体化发展，缩小了城乡发展差距。

3.1.3.2 法国的乡村发展计划

法国的乡村发展计划旨在改善农村基础设施，提升农业生产力，并促进农村地区的经济增长。法国政府通过推动城乡要素自由流动、平等交换和公共资源均衡配置，实现城乡融合发展[①]。法国的乡村发展计划经历了多个阶段，从二战后快速城镇化和现代化带来的挑战，到 20 世纪 90 年代乡村的复兴，再到 21 世纪初对乡村环境的生态化治理和乡村住房条件的改善。

在二战后的快速城镇化和现代化过程中，法国乡村曾面临人口骤减、功能单一、景观衰败以及乡村文化边缘化等危机。为了应对这些挑战，法国政府实施了一系列举措，制定了《乡村整治规划》和《地区发展契约》，以科学规划指导乡村整治与保护。这些政策涵盖了物质空间、农业、经济、生态、文化等多个方面，并强调对乡村环境的保护。此外，1982 年的《关于市镇、省、大区的权利与自由法》开启了法国地方分权改革，增强了地方政府在乡村规划编制和实施中的作用。20 世纪 90 年代，法国政府提出了"卓越乡村"项目，以提升乡村人口的生活质量。法国政府还实施了《传统村落保护与复兴计划》，强调对乡村传统文化的活态化保护。法国政府制定严格的法律制度来保护古村落，提供高额补贴以支持古村落的保护，并鼓励民间社会组织积极参与乡村保护。

生态化治理乡村环境方面，法国政府从 20 世纪 60 年代开始出台了多项环境保护法律法规，设立了专门的环境保护机构，并在法律制度规定及相应的机构管理下，实现了从中央到地方的环境管控。此外，法国政府还推行了农业高额补贴和农村环境支付的激励措施，以推动生态农业和环境保护。

在住房条件方面，法国乡村住房条件的改善得益于乡村复兴计划的推

---

① 刘健. 基于城乡统筹的法国乡村开发建设及其规划管理 [J]. 国际城市规划，2010，25 (2)：4-10.

行和城镇化与现代化的快速发展。法国政府推动在符合乡村规划的前提下新建住房或提供住房租赁，以满足不同群体的需求。到 2005 年，法国乡村有超过 90%的住房为独立住宅，住房条件明显优于城市。

综上所述，法国政府通过一系列政策和措施，成功地实现了乡村的复兴和环境的改善，有效地促进了法国城乡一体化发展，缩小了城乡发展差距，使乡村成为人们向往的生活地点。

3.1.3.3 美国的城乡融合项目

美国的城乡融合项目具有独特的特点[①]和丰富的经验，这些经验对于其他国家，包括中国，在推动城乡一体化和乡村振兴方面具有重要的借鉴意义。

首先，美国的城乡融合模式非常独特，整个国家就像一个大农村，没有明显的城乡差距。大多数大学与公司总部都设在乡村小镇，这些小镇不仅具备与大都市相似的便利生活，而且避免了大城市的高房价、高拥堵和高污染。美国乡村小镇的基础设施，如水、电、网络和道路等，与城市几乎没有差距。此外，美国的小镇一般都有一个综合性的购物中心，集购物、生活、休闲、娱乐于一体，大大提高了居民的生活便利性。

其次，美国城乡一体化发展的主要做法包括坚持农工协调发展的城镇化道路，大力发展城乡基础设施，积极构建高度城镇化的"大都市区"城镇体系，持续加强对农业农村地区发展政策扶植等。美国通过农业现代化、工业化、城镇化的良性互动发展，极大地促进了城乡一体化进程。同时，美国也非常注重基础设施的建设，特别是交通基础设施，这为城乡一体化发展提供了重要支撑。

最后，美国乡村发展政策的演变经历了长期持续的过程。在不同的历史时期，美国政府根据城乡现实特征适时调整农业农村政策，使之能够顺应时代发展需要。从 20 世纪 30 年代开始，美国政府采取了完善立法、构建乡村发展政策管理机制等措施，形成了针对乡村基础设施建设、就业、环境保护等多方面、多层次的政策框架，有效解决了城乡发展不平衡的问题。

总体来说，美国的城乡融合项目通过一系列政策和措施，实现了城乡

---

① 郭志刚，刘伟. 城乡融合视角下的美国乡村发展借鉴研究：克莱姆森地区城乡体系引介[J]. 上海城市规划，2020（5）：117-123.

之间的平衡发展和互动融合，为其他国家在推动城乡一体化和乡村振兴方面提供了宝贵的经验和启示。

3.1.3.4 德国的城乡融合项目

德国的城乡融合项目，首先，强调土地利用的核心问题，通过土地整理改善生态和景观环境，减少对动植物生存环境的不利影响。德国的乡村规划更多考虑的是通过局部持续的改良，辅以适当的扩张，同时注重生态保护，再通过推动小规模农户退出后的土地流转集中发展农业规模经营，完善乡村基础设施和功能区布局规划，增强小城市和乡镇的产业配套与服务功能，吸引大企业入驻乡村地区，增加乡村的就业机会。例如，巴伐利亚州的一些大企业，如宝马公司，将生产基地转移到乡村地区，为周边乡村地区提供了大量就业机会。其次，通过提升公众参与和城乡协同促进城乡融合。德国的乡村振兴基于乡村与城市协同发展，形成全民参与的模式。德国政府采取措施如推行平行管理制度，制定乡村土地、税收等优惠政策，引导企业、高校、科研机构和个人到乡村地区发展，着力提升农村地区公共服务和基础设施水平。另外，德国注重对乡村人才的培养，农民接受农业高等教育和职业进修教育的情况较为普遍，这有助于提升乡村的可持续发展。最后，德国政府重视乡村的历史文化遗产保护，对于具有200年以上历史的建筑均列入保护之列，并拨出专款用于支持古建筑、街道的维修、保护工作。这些做法体现了德国对历史文化的尊重、对生态环境的保护、对公共参与的重视以及对产业发展的合理规划。德国城乡融合项目有效地促进了德国城乡一体化发展，缩小了城乡发展差距，也为其他国家提供了宝贵的经验。

上述这些案例表明，国外在乡村建设中实现城乡一体化发展的成功经验，主要体现在政府通过制定相关政策，鼓励城市和乡村之间的合作与交流；政府通过提供财政补贴和税收优惠，鼓励城市企业与乡村地区合作，共同开发和利用乡村资源；政府通过城乡融合基金等机构，引导社会资本投入城乡一体化项目；政府通过加强城乡基础设施建设、提供技术支持和培训等措施，提高城乡一体化发展的能力。

这些经验对中国乡村振兴建设中实现城乡一体化发展提供了有益的启示，我国应借鉴国外有效的经验，并结合自身实际，加强乡村建设的顶层设计，推动城乡一体化发展的实现。

3.1.4 农民参与和权益保障

国外乡村建设注重农民参与和权益保障。政府通过加强农民教育培训、完善村民自治制度、加强法治建设等途径，提升农民素质和参与能力。同时，保障农民的经济权益、政治权益、文化权益、社会权益、生态权益，实现农民的全面发展。

3.1.4.1 印度的农民合作组织

印度政府通过推广农民合作组织，鼓励农民参与农业生产和市场销售。这些合作组织提供农民培训、信贷支持、技术咨询等服务，增强农民的市场议价能力和经济地位。政府通过提供财政补贴和税收优惠，支持农民合作组织的发展，确保农民在市场中的权益。印度的农民合作组织，尤其是农业合作社，在其农业发展和农村经济中扮演了重要角色。这些合作社起源于1904年，当时印度政府为了应对高利贷和农民贫困问题，颁布了《信贷合作社法》，开始推动合作社运动。这些合作社不仅提供信贷服务，还涉及生产、加工、销售、投入分配、住房、乳制品业、纺织品等多个经济领域。到2012年年底，印度共有54.53万个合作社组织，拥有2.49亿户成员，覆盖了全国100%的村庄和2/3以上的家庭。

印度政府采取了一系列措施来支持农业合作社的发展。这些措施包括提供财政支持、制定有利于合作社发展的法律框架，以及通过合作社提供先进的农业技术和服务。农业合作社在改善农民生活水平、提高农业生产效率方面发挥了重要作用。例如，它们帮助农民建立冻库，修建农村道路，提供水利灌溉、电力和运输设施，以及提供卫生健康服务。印度的农业合作社已经成为全球最庞大的村社系统，对印度农业和农村经济的发展作出了显著贡献。

3.1.4.2 美国农场主利益表达机制

美国农场主利益表达机制是一个保障农场主权益的重要途径，这一机制通过建立顺畅的利益表达渠道、扶持合作社以及提供经济激励等措施达到有效激励农场主参与农村基层治理的目的，最终实现乡村发展的目的。首先，美国建立了农场主顺畅表达利益需求和意见的渠道。农场主可以通过向地方政府部门提出与基层治理相关的需求、意见和建议，或通过基金会等民间组织向政府表达要求和建议。这种表达机制使得农场主的利益需求和意见能够得到及时反馈和回应，从而提高了基层治理的效率和效果。

其次，美国农业部农村商业和合作社发展局通过直接提供贷款、贷款担保、技术支持和培训等方式扶持乡村合作社发展，并引导其组织农场主参与基层治理。合作社作为农场主之间的组织形式，能够更好地代表农场主的利益，参与基层治理。合作社的发展也为农场主提供了更多参与基层治理的机会和平台。最后，地方政府通过资金资助鼓励农场主参与乡村基础设施改善，并以财政奖励或补贴的方式鼓励农场主参与乡村环境治理。例如，弗吉尼亚州农业部提供乡村生态环境治理支出资金，用于支持农场主参与乡村环境治理。这种经济激励措施能够有效地调动农场主参与基层治理的积极性，促进基层治理的实施和发展。

总之，美国农场主利益表达机制为其他国家在保障农民权益和参与基层治理方面提供了宝贵的经验和启示。

3.1.4.3　日本的农村自治机制

日本政府进行乡村建设过程中，注重引导农民以农村社区理事会为载体参与乡村事务[①]，如社区理事会有权决定农业土地改良实施方案和大型农业生产工具的购置等事项。日本政府通过吸引农村精英回乡创业和城市人口到农村定居，鼓励地方各类企业参与农村社区建设。

日本的农村社区理事会，即"町内会·自治会"，是一种基于地缘关系的居民自治组织，是日本社区治理的最小单元。这些组织不是由国家层面法律法规所规定，而是由居民自主协商决定其成立程序、活动区域、会费额度及内部治理架构等事项。町内会·自治会采取会员制，原则上要求本区域的所有家庭户以会员身份加入，并定期缴纳"自治费"。

作为一个非营利性组织，农业协作组织（农协）在养老保险费方面承担着管理的职能，为受保险人提供咨询和指导服务。农协是为实现共同占有农产品市场，防止相互间的盲目竞争而自发形成的自主性组织，为农服务是农协的唯一宗旨。农协的会员承担着众多的管理服务职能，主要包括两个方面：一是为会员提供生活服务，主要包括开展多种形式的文化活动及采购生活资料等；二是为会员的农业生产经营活动提供引导性服务，主要包括农产品品种技术的改良和市场的开发与营销。

整体来看，日本的农村社区理事会和农协在乡村振兴中发挥了重要作用，它们通过多元主体的参与式治理、全方位社会化服务，以及文化活动

---

① 王珩. 乡村振兴战略背景下日本新型农村社区建设的经验对我国的启示 [J]. 高等农业教育，2018（6）：123-127.

的引入，有效地推动了农村社区的持续、稳定发展。

3.1.4.4　韩国的新村运动

韩国新村运动是一个从 1970 年开始，旨在改善农村生活环境和增加农民收入的社会运动。这一运动的核心是勤勉、自助和协同精神，以民族振兴和国家现代化为目标。新村运动不仅改变了韩国农村的落后面貌，也极大地调动了农民的积极性，成为韩国经济社会崛起的重要动力。

在新村运动的早期阶段，韩国政府主要关注于改善生活基础设施，如道路、房屋和清洁洗涤设施，同时也改善了农田和种子等生产资料。韩国政府通过提供资源并以前期资源的利用效率为评判标准，激励村庄之间的竞争，从而激发农民的积极性。随着时间的推移，新村运动逐渐从政府主导转向民众自发推行，更加注重活动的内涵。到了第四个阶段（1981—1988 年），韩国开始建立发展全国新村运动的私营部门组织，实现了从政府主导转向民间主导的转变。

新村运动的成功在于其"赋予并激发了村民期待成功的心理动机"。政府与村庄直接签署合同，开展环境改善工作，居民们提供劳动，领取工资，政府将其工资的一部分集中起来，支援村庄开展其他农业活动。农民们通过参与工程建设，增加了收入，改善了生活条件，同时也增加了务农资金。

新村运动还特别注重精神启蒙、环境改善和增加收入三个方面。例如，韩国政府认识到人在村庄建设中的核心作用，所以先行开展"刺激人们使其动起来"的精神启蒙，改善环境，扩大和改善狭窄的道路，提高生活的便利性，以及通过建设新村工厂等集体生产活动来增加收入。

新村运动的发展过程分为基础阶段（1971—1973 年）、扩散阶段（1974—1976 年）和深化阶段（1977—1980 年）。每个阶段都有其特定的重点和目标，共同推动了韩国农村的现代化和振兴。

韩国新村运动在大力改善农村基础建设、发展乡村教育、政府治理和民间自治相结合等制度方面给我国乡村振兴提供了重要启示。

3.1.4.5　土耳其的农业合作社

土耳其政府通过推广农业合作社，鼓励农民参与农业生产和管理。这些合作社提供农民培训、信贷支持、技术咨询等服务，增强农民的市场议价能力和经济地位。土耳其政府通过提供财政补贴和税收优惠，支持农业合作社的发展，确保农民在市场中的权益。土耳其的农业合作社在农业发展和农村经济中扮演着重要角色。土耳其政府近年来向 1 800 多个农业合作社提供了 15.51 亿里拉的优惠贷款，以促进农工一体化，减少农产品与消费者之间的环节，增强农民在国内外市场上的地位和对农业政策制定的影响力，从而加快了农村农业发展。这些农业合作社不仅提供信贷服务，还涉及生产、加工、销售、投入分配、住房、乳制品业、纺织品等多个经济领域。土耳其的农业合作社通过政府的支持、社区成员的积极参与，在促进农业发展、支持农村经济方面发挥着重要作用。

3.1.4.6 阿根廷的农村发展计划

阿根廷政府实施的农村发展计划旨在改善农村贫困家庭的生活条件。该计划通过提供现金转移支付，鼓励农民参与社区发展项目，如农业生产、基础设施建设、教育和卫生服务等。阿根廷政府通过加强农民参与和权益保障，提高了农村居民的福祉和生活质量。

3.1.4.7 墨西哥的土地改革

墨西哥政府实施土地改革，旨在纠正土地分配不公。墨西哥政府通过土地再分配和土地所有权改革，将土地归还给农民，并提供农业培训、信贷支持和市场接入等支持。这些措施增强了农民的经济权益和政治权益，促进了农村地区的社会正义和可持续发展。

3.1.4.8 加拿大的农民权益保护计划

加拿大政府通过实施农民权益保护计划，确保农民在市场中的权益。该计划提供价格支持、农业补贴和农民培训等服务，帮助农民应对市场波动和竞争压力。加拿大政府通过加强农民参与和权益保障，提高了农民的经济地位和生活质量。

国外在农民参与和权益保障方面的成功经验表明，政府通过推广农民合作组织、农村社区发展计划和土地改革等措施，增强农民的经济地位和政治权益，明确了农民在乡村发展的主体性地位，有利于激发农民的积极性，激发了乡村建设的活力，确保农村各方面的发展，提高了农民的生活质量和福祉。

综上，国外在农民参与和权益保障方面的这些经验对中国乡村建设有着重要启示。我国在乡村振兴过程中，应该重视农民参与决策的程度，鼓励和保障农民在乡村规划和建设项目中的参与权，使决策更加贴近农民的实际需求。例如，可以通过村民会议等形式，让农民参与到村庄发展规划的制定和实施过程中。通过完善相关法律法规保障农民参与机制的实施，例如，通过建立健全相关法律法规，确保农民的土地权益、财产权益，并且，规范农民参与乡村建设行为，防止侵害农民权益的情况发生。政府还应通过职业培训、技术指导等方式，提升农民的教育和技术水平，切实增强他们在乡村振兴中的主体作用。政府还应通过制定相关政策鼓励和支持农民合作社等合作经济组织的发展，增强农民的市场谈判能力和抗风险能力。通过合作社，农民可以更好地分享市场经济带来的利益。另外，政府应通过加强乡村社区建设，提升公共服务水平，通过文化活动、教育培训等，增强社区的凝聚力和活力，提高农民的生活质量。政府还应在资金、技术、市场等方面给予适当的支持和引导，帮助农民解决实际问题。同时，政府应转变职能，从主导变为引导和服务，激发农民的积极性和创造力。这些措施能更好地调动农民的积极性，推动我国乡村建设的持续健康发展。

3.2 国内乡村建设的成功案例

3.2.1 国内政府主导与市场机制相结合的建设案例

3.2.1.1 江苏省张家港市长江村建设

江苏省张家港市长江村的土地制度改革和发展经验是一个典型的政府主导与市场机制相结合的案例。长江村位于张家港市金港镇，占地面积5.2平方千米，现有人口7 320人。长江村从过去的一个贫穷落后的小渔村，通过不断改革和发展，已经成为一个现代化的示范村。20 世纪 70 年代，长江村通过养殖绿萍提高土壤肥力，实现了农业的快速发展，成为明星样板村。改革开放后，长江村利用国家政策，大力发展乡镇企业。1989年，长江村成为"千万元村"，并于 1994 年成立了省级集团。集团不断壮大，拥有电梯导轨、型钢、耐指纹板、建材、港机、造船以及房产开发、四星级酒店等产业，成为一个具有自主产品研发能力的民营股份制企业集团。长江村党委带领全体村民开启了新征程，深入践行健康中国战略，融入长三角，布局以"医药+医疗"为主的大健康产业，走上了高质量发展之路。长江村党委坚持抓党建、促经济、惠民生，实现了村民的全就业和全社保，建立了完善的收入分配体系，提升了村民的幸福感和安全感。

当地政府通过提供财政补贴和政策支持，引导社会资本投入乡村建设项目，长江村通过发展特色产业、优化产业结构、提升产业竞争力等方式，推动乡村经济多元化发展，实现农村经济的快速发展和乡村治理的现代化。这种模式促进了农村地区的经济和社会发展，提高了农民的生活水平。

3.2.1.2 浙江省湖州市安吉县美丽乡村建设

浙江省湖州市安吉县人民政府制定了详细的美丽乡村建设规划，投入大量资金用于基础设施建设、环境保护和公共服务。政府通过招商引资，吸引社会资本投入乡村旅游、特色农产品加工等领域，同时，鼓励农民参与乡村旅游服务，提供农家乐、民宿等特色服务。安吉县坚持全域化推进和标准化引领，以"村村优美、家家创业、处处和谐、人人幸福"为目标，实施环境提升、产业提升、服务提升、素质提升四大工程。安吉县还制定了涵盖美丽乡村建设全过程、全方位的 35 项地方标准，形成了 6 大模块、700 多个类别的标准体系。安吉县坚持规划、建设、管理三位一体，以高标准确保高品质。同时，安吉县积极改革创新美丽乡村建设投融资机制，解决建设资金问题，由政府主导，充分发挥财政杠杆的调节和激励作用，县财政每年安排专项资金，乡镇给予配套，实行"以奖代补"，激励全域经济发展。安吉县坚持产业化经营，以经营为主引擎，不断把风景变成产业，将美丽转化为生产力[①]。安吉县深化农村改革，推进林权改革、毛竹股份制改革，加大农地、林地土地流转力度，改革集体建设用地使用权取得和流转制度。同时，安吉县创新经营模式，培育了一批乡村旅游示范村，打造了 570 多家精品农家乐、洋家乐和民宿。安吉县通过"中国美丽乡村"建设，推进长效管理和生态价值转化，使村庄面貌焕然一新。同时，安吉县通过健全规章制度、加强部门协作、强化考核奖惩等措施，推进美丽乡村生态价值转化，提升乡村"自我造血"能力。

安吉县在"两山"理念指引下，取得了显著成果，绿水青山颜值更高，"金山银山"成色更足，百姓生活品质更好。安吉县的美丽乡村建设经验上升为浙江省发展战略，成为美丽乡村发源地、"两山"理念诞生地

---

① 朱於. 乡村振兴背景下生态转型助力文旅融合路径研究：以浙江省安吉县余村为例 [J].
民族艺林，2022（3）：46-52.

和《美丽乡村建设指南》第一起草单位，安吉模式引领全国①。

3.2.1.3 江苏省南京市高淳区特色小镇建设

江苏省南京市高淳区人民政府在特色小镇建设中发挥了主导作用，制定了相关的规划和政策，明确了小镇建设的目标、任务和时间表。高淳区人民政府还提供了财政补贴、税收优惠等政策支持，以鼓励企业投资特色小镇建设项目。高淳区人民政府引导企业参与特色小镇项目，如特色民宿、旅游综合体等。同时，高淳区人民政府鼓励农民参与小镇建设和运营，提供就业机会和增收渠道。高淳区注重依靠项目带动建设②，着力提升功能品质，如建设风情小镇、打造精品示范村等，通过引入一系列休闲旅游项目，提高了农村地区的吸引力。高淳区致力于环境综合治理，推动生态环境的综合保护，注重环境塑造与长效管理，包括农村生活污水治理和垃圾分类处理，改善了乡村的环境质量。同时，高淳区以改革创新提升内生动力，推动农村改革，探索乡村经营新模式。高淳区通过农村"三权"改革、农村金融服务的创新以及农村电商的发展，鼓励村级集体经济的壮大。"以民为本，合力共建"是高淳区成功实施特色小镇建设的关键，政府与农民和社会各界共同推动特色小镇建设，确保农村发展符合居民的利益。

这些措施的实施不仅改善了农村人居环境，还促进了农村经济的发展，提高了农民的生活水平，使高淳区成为特色小镇建设的典范。

3.2.1.4 四川省成都市郫都区乡村振兴示范区建设

四川省成都市郫都区的乡村振兴示范区建设是一个政府主导与市场机制相结合的成功案例。成都市郫都区人民政府在乡村振兴中扮演了主导角色，制定了详细的规划，明确了示范区建设的目标、任务和时间表。郫都区提供了财政补贴、税收优惠等政策支持，以鼓励企业投资乡村振兴项目，成立了乡村振兴集成示范片建设领导小组和工作专班，建立起"1 名区领导 +1 个专班"的工作推进机制，形成"每日一调度，三日一督导，七日一汇总"的工作闭环。郫都区注重市场机制的应用，以龙头企业、重大项目带动片区综合开发。例如，引进艾绿集团等团队，统筹推进全域策划设计、增绿织景、林盘修护和色彩管控，实现"植物缝合乡村、美学雕

① 唐赟. 以人民为中心践行"两山"理念：以安吉县为例［J］. 湖州职业技术学院学报，2019，17（1）：71-74.

② 刘荣. 特色小镇建设的"南京思路"［J］. 江南论坛，2018（7）：30-32.

琢乡村、文化重塑乡村、艺术点亮乡村"。郫都区实施综合开发，以商业化逻辑推动乡村振兴，如引进"陌上花开"等重大项目，带动周边村庄整体发展。

郫都区承担了国家和省市重点改革试点任务，创新形成农村集体经营性建设用地入市等系列改革试点经验。郫都区进行顶层设计，制定三年攻坚计划，邀请专业机构完成城镇三级规划体系，形成"1+1+1+N"政策体系。郫都区实施综合开发，强化党建引领，夯实基层基础，创新密切联系群众机制，提高党员干部政治素养。郫都区发挥科教资源富集优势，加速科研密度向创新浓度转变①，构建全域双创体系，深化校地合作机制，推动新技术研发、新品种培育等。在政府主导下，郫都区实施"增绿织景"工程，推进全域景区建设，提升生态效益。

这些措施的实施不仅改善了农村人居环境，还促进了农村经济的发展，提高了农民的生活水平，使郫都区成为乡村振兴的典范。

3.2.1.5 广东省广州市从化区乡村旅游建设

广东省广州市从化区在乡村旅游发展方面充分发挥政府主导与市场机制相结合的作用，从化区人民政府在乡村旅游发展中扮演了主导角色，制定了相关的规划和政策，明确了乡村旅游发展的目标、任务和时间表。政府还提供了财政补贴、税收优惠等政策支持，以鼓励企业投资乡村旅游项目。政府引导企业参与乡村旅游项目，如特色民宿、旅游综合体等。同时，政府鼓励农民参与乡村旅游发展，提供就业机会和增收渠道。从化区按照"以点为基、串点成线、连线成片、聚片成面"的实施路径和网状空间布局，谋划建设20个特色小镇。这些特色小镇如西塘童话小镇、西和万花风情小镇、艾米稻香小镇等，以产业特色鲜明著称，成为从化乡村旅游的新名片。同时，从化区注重一二三产业融合发展，特色小镇与农业相结合，推动从化花卉产业园纳入国家现代农业产业园创建管理体系。从化区还建成2个省级农业公园、33个市级农业公园，以"农业+"为乡村旅游增添新动力。从化区在旅游产品供给与品牌建设过程中加强对标创建，打造一批旅游品牌乡村，如南平村、莲麻村等。从化区注重串点成线，打造一批精品乡村旅游线路，如从化温泉生态乡村游休闲精品线路、小镇休闲文化游线路等。从化区打造研学旅游、乡村民宿等新业态，评选出麦田生

① 骆永亮. 创新构建农业联合体 科技引领乡村振兴：以成都市郫都区为例 [J]. 四川农业科技，2022（6）：113-115.

态园等首批 10 家研学游基地，登记备案乡村民宿 245 间，以提升旅游市场吸引力。

这些措施的实施不仅改善了农村人居环境，还促进了农村经济的发展，提高了农民的生活水平，使从化区成为乡村旅游发展的典范。

3.2.2 产业振兴与可持续发展的建设案例

3.2.2.1 浙江省杭州市西湖区龙坞茶村

浙江省杭州市西湖区龙坞茶村的产业振兴与可持续发展案例，展示了政府主导与市场机制相结合的成功模式。当地政府通过规划和政策引导，提供财政补贴和税收优惠，鼓励企业投资和农民参与。例如，2017 年，西湖区成立了国有独资企业杭州之江经营管理集团，负责龙坞茶村的开发建设运营。龙坞茶村实施了一系列生态保护和低碳应用措施，贯彻生态优先的发展理念，例如，在项目建设中融入绿色节能建筑、海绵城市技术、新能源利用等绿色发展理念，同时注重垃圾精细化分类和光伏技术运用。龙坞茶村突出本区域特色，以茶产业为核心，发展了茶文化旅游、茶叶交易、茶文化体验等特色产业。同时，龙坞茶村通过引进龙头企业如农夫山泉，强化了茶产业的创新能力。龙坞茶村通过提升茶园风光、建设高品质的绿地和休闲游步道，以及发展特色民宿等，吸引了大量游客，促进了乡村振兴。基于产业发展理念，龙坞茶村在茶叶生产上采用新技术和新工艺，提高了茶叶品质和附加值。同时，龙坞茶村通过数字智慧茶乡试验场等项目，推进了茶产业的数字化应用。龙坞茶村鼓励社区参与，形成了新型茶人社群共融地，推动了风貌建设和产业发展的全民参与。

这些措施的实施不仅提升了龙坞茶村的产业发展水平，还促进了生态环境保护和乡村振兴，使其成为一个成功的产业振兴与可持续发展案例。

3.2.2.2 浙江省杭州市桐庐县乡村旅游

桐庐县位于浙江省杭州市，以其秀丽的自然风光和深厚的文化底蕴而闻名。桐庐县人民政府出台了一系列政策，以美丽乡村撬动美丽经济，积极挖掘乡村旅游消费增长点，持续释放旅游市场活力，乡村旅游经济增势强劲[①]。2018 年，桐庐县乡村旅游接待人次达 1 117.1 万人次，乡村旅游收入达 9.06 亿元。2019 年，桐庐县旅游接待人数、旅游总收入突破

---

① 张宇，俞锐康.桐庐县乡村旅游发展现状及对策思考［J］.技术与市场，2022，29（11）：192-193.

2 000 万人次和 200 亿元，其中乡村旅游 1 384 万人次，同比增长 23.9%，乡村旅游收入 11.78 亿元，同比增长 29.97%。2020 年，面对新冠疫情的冲击，桐庐县旅游接待 2 049.64 万人次，其中乡村旅游接待人次达 1 520.82 万人次，同比增长 8.99%，乡村旅游收入达 15.04 亿元，同比增长 25.05%。桐庐县进行全域空间拓展发展乡村旅游，着力打造诗画山水带、古风民俗带、产业风情带、生态养生带、运动休闲带等乡村旅游产业带，形成桐君山、严子陵钓台、大奇山国家森林公园、江南古村落群、阆苑仙境风景区五大旅游圈，推出"洋洲放牧""钓台怀古""君山朝圣"等桐江新十景，打造"富春山居游"大景区。建成 3A 级村落景区 8 个，3A 级旅游景区村庄 34 个，2A 级景区村庄 33 个，中国历史文化名村 2 个、中国传统村落 13 个，旅游风情小镇 2 个，乡镇（街道）游客接待中心 16 个。

桐庐县以乡村旅游聚焦产业融合，打造融文体与旅游为一体的产品与旅游线路。①"乡村+农业"，打造田园综合体、特色农业观光体验等项目；②"乡村+工业"，打造工业旅游示范基地和妙笔智慧乐园等产业园；③"乡村+康养"，打造中医药文化旅游示范基地；④"乡村+党建"，整合红色革命文物收藏馆、金萧支队纪念馆等资源，打造分水南堡、富源红色旅游路线；⑤"乡村+民宿"，依托山水自然风光和乡村资源，引入外部投资，盘活闲置资源，形成旅游—住宿"一条龙"产业链。

桐庐县将乡村旅游成果进行全民共享。桐庐县扎实推进有村落景区、有民宿经济、有特色产业、有农村电商的"四个有"工程，并使其成为桐庐县稳增长、调结构、增就业的新引擎。截至 2023 年年底，桐庐县的民宿经营户数量达到了 892 家，总床位数为 14 986 张，民宿集聚村数量为 23 个，全年民宿业的经营收入超过 5 亿元。同时，桐庐县通过实施全域土地综合整治、设立美丽乡村发展基金、探索"资源入股"等，强化要素保障。桐庐县还成立规模美丽乡村发展基金，以配套设施、生态环境等形式入股，促进村集体和村民增收。

这些经验表明，桐庐县的乡村旅游在产业振兴和可持续性发展方面取得了显著成效，不仅提升了当地经济，还增强了乡村的文化魅力和生态环境[①]，有效地推动了乡村的现代化和可持续发展。

---

① 潘锋晨. 乡村振兴背景下乡村旅游发展的现状与对策研究：以浙江桐庐县为例 [J]. 美与时代（城市版），2022（9）：100-102.

3.2.2.3 "聚光福"光伏产业

"聚光福"光伏产业专项帮扶行动是一个旨在通过光伏产业促进乡村振兴的案例。该行动由民建中央实施,主要在河北省承德市丰宁满族自治县进行。丰宁满族自治县地域辽阔,太阳能资源丰富,具备良好的光伏开发利用条件。该项目选择户用分布式光伏电站建设作为重点,共明确2 066户帮扶对象,每户建设一个5.5千瓦的户用电站。项目的资金来源包括民建中央和民建各省级组织的出资、财政扶贫资金以及企业配套资金。为了解决资金募集的难题,民建中央创新采取了全资帮建、合作帮建、众力帮建三种方式,通过众筹平台吸引民众广泛参与。在六个月的时间里,该项目共筹集资金1 501.79万元,建设了1 251个户用电站,带动1 251户年均增收1 800~3 600元。2021年,民建江苏省委会和民建江西省委会再次投入资金,建设了2个架高分布式光伏并网发电站,预计年均收益28万元。除了光伏电站,民建中央还计划实施"聚光福 助振兴"亮化项目,为丰宁满族自治县乡村捐建太阳能路灯,并继续实施"爱心超市"项目,助推丰宁满族自治县乡风文明,参与乡村建设,提升农村人居环境和公共服务水平。

该项目充分利用了丰宁满族自治县丰富的太阳能资源,选择户用分布式光伏电站建设作为重点,体现了因地制宜的原则,将当地的自然资源优势转化为经济优势。该项目通过全资帮建、合作帮建、众力帮建等多种方式,结合众筹平台,实现了资金的多元化筹措,有效解决了资金募集的难题,为项目的顺利实施提供了保障。光伏产业作为一种清洁、可再生的能源,不仅为当地带来了经济效益,还符合可持续发展的理念,有利于环境保护和资源的可持续利用。这表明,将科技创新和产业振兴相结合,可以有效推动乡村振兴,实现农民增收和农村可持续发展。

3.2.2.4 四川省成都市双流区现代农业

成都市双流区着力发展都市精致农业,促进农业与二三产业、农业与生态环境打造等方面的深度融合。双流区通过建设产业生态圈,提高产业发展的区域带动力和国际竞争力,构建现代产业体系,带动现代农业的建设。双流区人民政府客观、科学地对当地农业的特点进行研判,即规模非常小,第三产业占比维持在2%~3%,农业不缺乏特色产品,但精品化、品牌化还有提升空间。基于当地农业发展的特点,双流区一是推动黄龙溪、永安、彭镇、金桥、胜利、九江等镇街串连成"四个组团",全区67个幸福美丽新村形成"五连环",47 个川西林盘点位成片,加快构建疏密有致、绿色生态、产村相融、城乡一体的空间形态。二是依托"成新蒲都市现代农业示范带",大力推介双流冬草莓、二荆条等地理标志产品,加快培育永安葡萄、牧山香梨、有机蓝莓等特色果蔬种植,打造临空都市农业品牌。同时,强化"互联网+农业"营销,提档升级 20 个果蔬精品园,打造以闻香、品果、观景、采摘为特征的都市田园休闲农业。三是依托"黄龙溪现代农业创意博览园",积极发挥"黄龙见水、溪通古蜀"深厚文化底蕴,突出古蜀农耕、川西村落、田间课堂、亲子体验等主题创意,打造集草田花海、都市农庄、趣味农耕等多元素于一体的"农旅互动综合体",推动旅游观光与都市农业有机结合、互促发展。

同时,依托互联网、大数据、人工智能发展的大背景,双流区积极将本区域实体经济与这一大背景深度融合,在中高端消费、创新引领、绿色低碳、共享经济、现代供应链、人力资本等领域培育新增长点、形成新动能。为了顺应产业跨界融合的发展趋势,双流区加快推进工业化信息化绿色化的深度融合。一是促进以互联网为纽带的产业跨界融合[1],推动物联网、云计算、下一代互联网、新一代移动通信等网络信息技术在设计、生产、运营等核心环节的深入应用,推进互联网应用由消费领域向生产领域拓展。二是促进以新的市场需求为导向的跨界,构建现代农业生态圈,推动一二三产业加速融合发展,大力发展农产品精深加工和流通业,提升农业价值链,增强农业产业核心竞争力,促进旅游与观光农业、运动休闲、康体养生、文化创意等产业深度融合,创新发展。

这些经验表明,双流区通过政府主导与市场机制相结合的方式,有效地推动了农业的现代化和可持续发展。政府通过提供财政支持、政策引导和基础设施优化,为现代农业提供有力保障。同时,市场机制的引入,有助于提高农业的效率和质量,促进农业的可持续发展。

3.2.2.5 浙江省金华市义乌市小商品和电子商务产业

义乌市人民政府推动特色小镇建设,发展小商品市场[2]和电子商务产业,成为全球最大的小商品集散地。义乌市人民政府制定了一系列政策,如《义乌市电子商务产业发展规划》等,为电子商务产业提供政策支持和

① 黄彬. 构建产业生态圈 加快发展临空经济 成都双流区助推建设西部经济中心的对策建议 [J]. 当代县域经济, 2017 (12): 30-31.

② 中央党校调研组. 浙江省义乌市新农村建设 [J]. 科学社会主义, 2006 (1): 122-125.

资金保障。政府通过提供财政补贴、税收优惠和土地政策等，鼓励企业投资电子商务平台和物流设施。政府还引导企业参与电子商务项目，如设立电子商务产业园区、电商孵化器等。同时，政府鼓励农民参与电子商务创业，提供就业机会和增收渠道。义乌市人民政府推动小商品和电子商务产业的发展，通过提供技术培训和市场推广，帮助企业提高产品质量和市场竞争力。政府注重生态环境保护，推动绿色产业的发展，如环保包装材料、节能产品等。同时，政府鼓励企业开展绿色生产，降低能耗和污染排放。义乌市人民政府通过加大基础设施建设投入，优化交通条件、建设物流设施等，引导企业参与基础设施建设，如建设电子商务产业园区、物流园区等。同时，政府鼓励农民参与基础设施建设，提供就业机会和增收渠道。义乌市人民政府推动电子商务平台的建设，如建设跨境电商平台、电商服务平台等。政府通过提供财政补贴和政策支持，鼓励企业参与电子商务平台建设，引导企业投资电子商务项目，如与电商平台合作开展线上销售、建立电商平台等。另外，政府还鼓励农民参与电子商务平台建设，提供就业机会和增收渠道。

这些经验表明，义乌市通过政府主导与市场机制相结合的方式，有效地推动了小商品和电子商务产业的现代化和可持续发展。义乌市通过提供财政支持、政策引导和基础设施优化，为电子商务产业提供有力保障。同时，市场机制的引入，有助于提高电子商务产业的效率和质量，促进产业的发展。

3.2.2.6 江苏省苏州市吴江区乡村旅游和休闲农业

吴江区人民政府推动乡村旅游和休闲农业的发展，发展特色民宿、农业体验等。吴江区人民政府制定了一系列政策，如《吴江区文化创意产业发展规划》等，为文化创意产业提供政策支持和资金保障。政府通过提供财政补贴、税收优惠和土地政策等，鼓励企业投资文化创意项目。政府引导企业参与文化创意项目，如设立文化创意产业园区、文化创意孵化器等。同时，政府鼓励农民参与文化创意创业，提供就业机会和增收渠道。吴江区人民政府推动文化创意产业的发展，如动漫、设计、手工艺等，并通过提供技术培训和市场推广，帮助企业提高产品质量和市场竞争力。政府注重生态环境保护，推动绿色产业的发展，如环保设计、可持续材料等，同时，鼓励企业开展绿色生产，降低能耗和污染排放。苏州市和吴江区加大基础设施建设投入，优化交通条件、建设文化设施等。苏州市和吴江区推动文化创意产品的开发，如开发文化创意产品、举办文化创意节庆活动等。政府通过提供财政补贴和政策支持，鼓励企业参与文化创意产品开发。政府引导企业投资文化创意项目，与高校、科研机构合作建立文化创意基地等，同时，鼓励农民参与文化创意产品开发，提供就业机会和增收渠道。

这些经验表明，吴江区通过政府主导与市场机制相结合的方式，有效地推动了文化创意产业的现代化和可持续发展。政府通过提供财政支持、政策引导和基础设施优化①，为文化创意产业提供有力保障。同时，市场机制的引入，有助于提高文化创意产业的效率和质量，促进产业的繁荣发展。

3.2.2.7　广东省广州市增城区特色小镇

增城区推动特色小镇建设，发展休闲旅游、现代农业等。增城区人民政府制定了一系列政策，如 2016 年增城区委、区政府发布《广州市增城区特色小镇建设工作方案》，明确按照"产业特色鲜明、人文气息浓厚、生态环境优美"的总要求，到 2020 年，增城区成功创建 10 个市级特色小镇，推动新型城镇化和新农村建设，加快转变发展方式。政府通过提供财政补贴、税收优惠和土地政策等，鼓励企业参与特色小镇的开发和运营。政府引导企业参与特色小镇项目，如特色民宿、乡村旅游综合体等②。同时，鼓励农民参与小镇建设和运营，提供就业机会和增收渠道。增城区加大基础设施建设投入，优化交通条件、建设旅游设施等，引导企业参与基础设施建设，如建设特色小镇的民宿、旅游综合体等，鼓励农民参与基础设施建设，提供就业机会和增收渠道。增城区推动休闲旅游、现代农业等特色产业的发展。其中，蒙花布特色小镇位于广州市增城区北部山区，涵盖蒙花布村和番丰村两个美丽乡村，是依托蒙花布村等美丽乡村转型升级发展的特色小镇。该特色小镇的创建有利于破解该地区产业发展滞后的现实难题，同时也是实施乡村振兴战略的一项新探索。从一般规律的层面概括提炼特色小镇建设的规划编制方法和建设管理模式，使之形成具有相对普遍指导意义的建设发展模式，从而更好地助力大都市边缘区经济发展，

---

①　王兆峰，张青松，邱梦真. 乡村振兴目标下乡村旅游高质量发展研究述评与前沿进展 [J]. 中南林业科技大学学报（社会科学版），2023，17（4）：74-84.

②　何爱，梁锡英. 美丽乡村升级视角下大都市远郊区特色小镇创建探索：以广州市增城区蒙花布特色小镇为例 [J]. 上海城市管理，2018，27（3）：43-49.

对于当前新常态下的产业升级和城镇化建设具有一定启示意义。

这些经验表明，增城区通过政府主导与市场机制相结合的方式，可以有效推动特色小镇的现代化和可持续发展。政府通过提供财政支持、政策引导和基础设施优化，为特色小镇建设提供有力保障。同时，政府还应引入市场机制，提高特色小镇建设的效率和质量，促进特色小镇所在地区的经济增长和社会福祉。

以上这些案例表明，通过产业振兴与可持续发展相结合的方式，可以有效地推动乡村的现代化和可持续发展。政府通过提供财政支持、政策引导和基础设施优化，为乡村建设提供有力保障。同时，政府还应注重生态环境保护，推动绿色产业发展，促进乡村地区的经济增长和社会福祉。

3.2.3 城乡一体化发展的建设案例

3.2.3.1 景宁畲族自治县的城乡融合发展模式

浙江省景宁畲族自治县（简称景宁）是全国唯一的畲族自治县，也是华东地区唯一的民族自治县。近年来，景宁深入贯彻落实习近平总书记对景宁提出的立足畲乡特色、山区特点、后发特征，走生态绿色可持续发展道路的指示要求，在新型城镇化建设、乡村振兴和城乡融合发展等方面开展了一系列有益探索。

景宁在推动城乡要素双向流动方面采取了多种措施，主要集中在人口流动、资源共建共享和土地制度改革三个方面：①积极有序实施"大搬快治""大搬快聚"工程，深化服务业强县试点，加快澄照副城、包凤示范小区等项目建设，促进人口就业转移；建立城乡人才合作交流机制，允许农村集体经济组织探索人才加入机制，鼓励、吸引、留住外来人才创业兴业。②在教育领域成功创建"全国义务教育基本均衡县""省教育基本现代化县"，农村小班化教育模式成为全国标杆；持续深化与省内名校名院合作，基础教育水平得到有效提升；在医疗领域，深入推进"双下沉、两提升"，县域内就诊率提高至 90% 以上。③土地制度改革方面，构建城乡建设用地增减制度，完善"县域统筹、跨村发展、股份经营、保底分红"联动发展机制，探索"台账式登记 + 政府兜底回购 + 交易流转"的集地券模式和创新"飞地抱团"模式，引导发展民宿、文创、康养、运动等业态；通过农村土地确权登记颁证，推行"标的资产调研 + 潜在市场路演 + 线上线下宣传 + 网络公开竞拍"模式，规范和优化农村产权流转交易市场建设与服务；进行"两权"抵押贷款试点，保障农民"带地进城"，林权抵押贷款发放额度、农村土地承包经营权确权颁证率逐年提高。

这些措施使得景宁以城乡融合一体式发展为引领，持续推进乡村振兴的发展[①]，全面促进民族团结、人民生活质量和高质量绿色发展，走出了一条自治县城乡融合发展、高水平全面小康的路子。

3.2.3.2 浙江省杭州市余杭区城乡一体化发展示范区

杭州市余杭区的城乡一体化发展示范区，是一个全面展示中国特色社会主义制度优越性的重要窗口。这一区域的发展，主要围绕"富裕富足、数智高效、和美共生"的十二字方针，旨在高水平建设全市领跑的、产城人文景智"六位一体"的现代化美丽城镇样板区。余杭区致力于打造"安全高效、绿色智能的品质余杭"，重点进行基础设施现代化建设，建立完善的市政保障体系、现代化综合交通体系和新型基础设施，以提升区域的互联互通和要素流动。同时，余杭区注重提升现代化公共服务水平，旨在打造圈层统筹、功能集聚的共享余杭。通过优化提升城市中心和片区中心的服务能级，提供高质量的教育、医疗和交通服务，以及完善公共服务节点功能。在经济产业现代化建设中，余杭区聚焦于科创引领和文旅融合，旨在打造共富余杭。这一建设思路将产业链提升为创新链，依托未来科技城等科创主阵地，打造多个闭环产创空间，并加强乡镇工业平台的分类引导。余杭区在城乡一体化建设中，着重打造"千年文明、独特余韵"的魅力余杭，通过开展城镇有机更新改造，塑造城镇形象中心及文化地标体系。与此相关，余杭区在推动城乡一体化过程中重视提升城乡公共服务供给水平，打造基层自治特色品牌样本，探索治理新路径，旨在打造善治为民、精准服务的幸福余杭，着力建设全域富美的全国"未来乡村实验区"。

总体来说，余杭区城乡一体化发展战略和具体措施体现了对创新、协调、绿色、开放和共享发展理念的深入贯彻和实施。这些措施不仅改善了农村居民的生活条件，还促进了城乡经济社会的协调发展，为城乡一体化发展提供了有益的经验。

3.2.3.3 广东省广州市番禺区城乡一体化产业园

广东省广州市番禺区城乡一体化产业园，通过发展四大产业平台，即国家新型工业示范基地（汽车城）、国家级沿海渔港经济区、国家未来产

---

① 袁顺波. 新时代县域城乡融合的创新发展之路：以景宁畲族自治县为例［J］. 观察与思考，2021（9）：95-100.

业科技园、长隆万博国际消费示范区，来推动产业集聚和高质量发展。国家新型工业示范基地（汽车城），以广汽乘用车、广汽埃安等整车制造企业为龙头，配套多家产业链零部件企业，形成了传统能源汽车和新能源汽车两大产业带。国家级沿海渔港经济区，位于番禺区东部，包括五个街道（乡镇），以莲花山渔港为功能核心区，形成"一港、两翼、三核、四区、五镇"的总体布局。国家未来产业科技园位于广州大学城，重点发展生物医药与新型移动出行，聚焦飞行汽车、高性能计算等方向。长隆万博国际消费示范区，着力成为粤港澳大湾区的文商旅融合发展典范区和国际消费示范区。番禺区提出实施"1+4+X"产业发展战略，聚焦重点产业谋战略，包括构建"1"个重点产业体系（新能源和智能网联汽车、高端智能装备制造、新型储能等）和"4"大特色经济业态（时尚经济、直播经济、总部经济、智造服务经济）。为解决以往"有产业无空间""有空间低品质"的问题，番禺区规划构筑"一轴两带三中心"空间结构，包括广州活力创新轴、南大干线高质量发展经济带与亚运大道产业发展带，以及长隆万博中心、莲花湾中心等。这些措施不仅推动了番禺区的高质量发展，还为城乡一体化提供了有力的产业支撑和空间布局。

3.2.3.4 四川省成都市郫都区城乡一体化发展示范区

郫都区以实现共同富裕为目标，聚焦"科创高地、锦绣郫都"建设，通过实施"五大点亮"工程，推动城乡功能、产业、文化、要素、治理的"五个融合"，包括实施"规划点亮"工程推动城乡功能融合，以及"科创点亮"工程推动城乡产业融合。郫都区被选为国家城乡融合发展试验区，其城乡融合发展以生态价值多元转化、人才资源价值转化等方面为特色，通过综合利用成灌高速周边场地，将传统的交通干线转化为一条线性的产业融合与文化展示景观走廊，从而促进城乡融合与乡村振兴发展。郫都区在城乡融合发展中注重生态修复与文化展示，包括加强生态价值多元转化，推进垃圾、污水、厕所治理，以及将文化元素融入廊道景观设计，提升内涵丰富体验的同时，实现文化传承和城市形象塑造。郫都区延伸农业产业链，发掘农业旅游价值，打造主题旅游，丰富旅游产品体系，实现农旅产业联动融合发展。郫都区将示范走廊建设作为"一号工程"，通过创造性地综合利用成灌高速周边场地，构建"主体功能区+特色镇（街区）+新型社区（林盘聚落）"三级城镇体系，形成主体功能明确、资源效能优化的城乡融合发展格局。

这些措施不仅改善了农村居民的生活条件，还促进了城乡经济社会的协调发展，为成都市、四川省乃至全国的城乡一体化发展提供了有益的经验。

3.2.3.5　江苏省苏州市吴江区城乡一体化发展模式

吴江区作为江苏省的"南大门"和长三角一体化示范区的核心组成部分，具有显著的经济发展和产业优势。吴江区在城乡一体化发展中，首先在城乡交通运输一体化方面取得了显著成就。2022 年，吴江区在全省城乡交通运输一体化发展水平评估中以 101 分的成绩位居全省县（市、区）第一。吴江区交通运输部门坚持城乡一体、融合发展的理念，通过优化农村路网结构、实现城乡公交互联互通等措施，提升了交通运输资源的覆盖和共享。其次，吴江区通过建设"四好农村路"和优化公交线网，实现了农村居民单次出行直达各中心区镇，一次换乘到城区和苏州市区。此外，吴江区还聚焦农村物流"最后一公里"和"最初一公里"，整合服务资源，畅通消费品下乡、农产品进城双向流通渠道。最后，吴江区在科技创新方面也取得了显著进展。例如，吴江开发区引进了 7.6 万名高学历、高技能人才，并培育了多家企业技术中心。此外，吴江区还计划在 3 年内新增不少于 100 亩科创专业园区用地，新增不少于 10 万平方米科创载体，以促进科技创新型企业的发展。

这些措施不仅促进了吴江区的经济发展和产业升级，还推动了城乡交通运输一体化、乡村振兴和科技创新，为其他地区城乡一体化发展提供了有益的经验。

这些案例表明，中国政府在城乡一体化发展方面，通过政府主导与市场机制相结合的方式，有效地推动了城乡一体化的现代化和可持续发展。政府通过提供财政支持、政策引导和基础设施优化，为城乡一体化提供有力保障。同时，市场机制的引入，有助于提高城乡一体化发展的效率和质量，促进城乡地区的经济增长和社会福祉。

3.2.4　农民权益保障的建设案例

3.2.4.1　德青源的"金鸡产业帮扶模式"

北京德青源农业科技股份有限公司（以下简称"德青源"）在乡村振兴中作出了显著的贡献，其模式被广泛认为是成功的典范。德青源以蛋鸡产业为抓手，通过"三权分置"模式（项目资产所有权归地方政府，经营权归德青源集团，收益权归农民），整合财政资金和政策性金融，通过县域试点等方法，实现了产业发展带动农民就业增收的良性互动格局。德青源的生态农业模式实现了生态养殖、食品加工、清洁能源、有机肥料、订单农业、生态种植的循环，通过沼气发电、污水处理、太阳能利用等生态科技，实现资源的最大化利用和保护。该模式使得农民通过参与合作社获得收益股权，建立了农民主动参与的良性机制。此外，德青源在项目建设和运营过程中，通过技术培训，使农民能够掌握生产技能，还能获得市场化的薪资。

德青源坚持产业化发展，严格把控产品品质，通过创建"德青源"鸡蛋品牌，结束了中国的"三无"鸡蛋历史，目前，德青源成为亚洲最大的蛋鸡养殖和蛋品生产企业，其鸡蛋的品质得到了国际权威机构的认可，并成功供应香港市场。

总体来说，德青源通过其创新的产业模式和严格的质量控制，提高了农业生产效率，帮助农户获取高收益，推动当地经济发展，不仅在乡村振兴中发挥了重要作用，而且为农业产业化发展树立了榜样。

3.2.4.2 三瓜公社采用"企业+政府"的开发建设模式

三瓜公社是一个位于安徽省合肥市巢湖市半汤街道的特色小镇，它通过创新的模式在乡村振兴中取得了显著成就。这个公社以"把农村建设得更像农村"的理念，融合了"互联网+三农"的发展模式，致力于打造一个一二三产业与农旅相结合的美丽乡村。

三瓜公社的总面积大约为 10 平方千米，包括半汤街道部分区域以及周边的十余个村。三瓜公社重点开发的三个特色村落分别是南瓜电商村、冬瓜民俗村和西瓜美食村。南瓜电商村，定位为电商村、农特产品大村和互联网示范村。这个村落已经吸引了众多电商企业入驻，包括自有的"三瓜公社"官方旗舰店、天猫官方旗舰店、京东等，同时还吸引了微创全国联盟、创客空间以及大量文创基地、乡村酒吧和特产销售门店。南瓜电商村通过线上线下融合的销售方式，实现了农村产品销售渠道的多元化。冬瓜民俗村的主要产业包括半汤六千年民俗馆、古巢国遗址、手工作坊群。这个村落致力于挖掘和展示巢湖地区长达六千年的特色民俗文化，并引入了客栈、民宿、温泉养生、旅游度假等乡村旅游服务业。西瓜美食村的重点在于升级改造农户房，建设充满恬静休闲风情的民居民宿和特色农家乐。西瓜美食村与经典温泉品牌汤山合作，共同开发温泉康养民宿，拓展村集体经济路径。

三瓜公社的运作模式强调全产业链的协同发展，通过统筹协调各类资源，使一二三产业在总体规划中有序发展，良性互促。这种模式的成功在于其对产业的科学规划和创新休闲农业与乡村旅游模式的探索，极大地调动了农民参与的积极性和创造力，为农村经济注入了新的活力。

此外，三瓜公社还注重电子商务的发展，通过建立线上线下店铺和创客中心，吸引年轻人返乡创业，新农人入乡创业，成立农民专业合作社，驱动优质特色农产品生产，进而吸引和保障更多本地村民就业和创业。

三瓜公社通过创新的产业规划和运营模式，充分调动农民的积极性，在乡村振兴中取得了显著成就，成为一个值得学习的成功案例。

3.2.4.3 袁家村综合性乡村旅游模式

袁家村位于陕西省咸阳市礼泉县。2007 年，袁家村开始发展乡村旅游。当时，袁家村是一个典型的"空心村"，缺乏旅游资源。为了吸引游客，袁家村专注于关中民俗文化的挖掘和展示，包括农家乐和传统工艺的展示，如纺布、磨面、榨油、酿醋等。随着时间的推移，袁家村逐渐从单纯的农家乐转型为更加多元化和综合性的乡村旅游目的地。2010 年，袁家村开始建设客栈区，提供住宿设施，并建立了酒吧街和艺术街等，以吸引更多游客在晚上留宿。袁家村在提升旅游体验的同时，也注重提升基础设施和服务配套，增强高质量发展能力。袁家村通过提升业态和参与项目提升了游客的参与度和体验感，延长了游客的停留时间。

袁家村的成功归功于其创新的运营模式和村民的积极参与。袁家村的发展模式可以总结为"以村集体领导为核心，村集体平台为载体，构建产业共融、产权共有、村民共治、发展共享的村庄集体经济"发展模式。袁家村通过成立股份合作制集体经济组织，将集体资产进行股份制改造，实现村民与集体经济组织的共同发展和利益共享。袁家村的发展还强调农民主体性，通过创建农民创业平台，让村民成为自家生意的老板和合作社的股东，从而实现了共同富裕。这种模式不仅提高了村民的生活水平，还促进了当地经济的发展和文化的传承。

袁家村的发展经验在中国乡村振兴中具有重要的参考价值，其模式和经验被广泛研究和借鉴。

3.2.4.4 广东省佛山市南海区农民权益保障模式

广东省佛山市南海区制定了《佛山市南海区农村宅基地管理规定》，

旨在深化农村宅基地制度改革，规范宅基地的管理和使用。这包括宅基地的分配、建房、流转、退出收回和监管执法等管理制度，以全面保障农村村民的合法权益。南海区实施了《佛山市南海区关于实施"三农"改革转型推动乡村高质量振兴的实施意见》，旨在通过"四聚焦、四打造"策略加快"三农"改革转型，推动乡村高质量振兴。这包括聚焦传统农业转型，打造现代都市农业新格局，优化农业土地集约，优化农业园区载体，优化农业全产业链融合发展，优化绿色生态养殖，优化农业招商，优化农业竞争力体系等。南海区作为广东省唯一的农村土地制度改革试点，进行了近四年的农村集体经营性建设用地入市改革试点探索。南海区通过土地股份合作制改革，实现了土地的所有权、承包权、使用权的分离，使土地的流转变为农村集体经济组织的集体行为。这些措施和政策表明，南海区在农民参与和权益保障方面采取了积极的措施，通过制度创新和政策支持，促进了农民的权益保护，不仅提高了土地利用效率，也增加了农民的收益。

3.2.5 特色小镇和美丽乡村的建设案例

3.2.5.1 *湖南省长沙市岳麓区岳麓街道*

岳麓街道位于湖南省长沙市岳麓区，是一个具有丰富文化和自然景观的区域。岳麓街道的总面积约为23.31平方千米，总人口约为81 367人（2010年数据）。这个区域东临湘江，西靠岳麓山，南接洋湖垸生态公园，与洋湖街道毗邻，北望岳麓书院，与橘子洲街道接壤。岳麓街道下辖多个行政村和社区居委会，包括左家垅、桃花岭、五星、黄鹤、靳江5个行政村和枇杷塘、科学村、云麓园、靳桥、麓山南路、桃花坪、阳光、麓枫8个社区居委会。此外，岳麓街道还驻有中南大学、湖南师范大学、湖南省艺术职业学院、长沙矿冶研究院等6所高等院校及科研院所。政府通过特色小镇和美丽乡村建设，推动乡村经济、文化、生态的全面发展，如岳麓农趣谷。岳麓农趣谷位于岳麓山脚下、湖南湘江新区核心区，背靠梅溪湖，与桃花岭、象鼻窝森林公园相连。这个项目规划面积27 000亩，正在投入运营12 000亩，被长沙市文化和旅游局授予全市"都市田园旅游示范点"称号，并被列入岳麓区十大产业项目建设计划。岳麓农趣谷是一个以文化旅游、亲子教育、亲子研学、亲子品牌文化活动、民宿酒店、康养度假为核心的大型农趣主题旅游项目。

岳麓区还推出了"五色"文旅线路，包括红色文化旅游线路、古色湖湘文化旅游线路、蓝色都市体验旅游线路、金色文化创意旅游线路和绿色田园休闲旅游线路，旨在整合全区优质文旅资源，推动文旅高质量融合。岳麓街道不仅拥有丰富的文化底蕴和自然景观，还通过发展特色旅游项目和文旅线路，有效地推动了区域的经济和文化发展。

岳麓街道注重地方特色，提高乡村的吸引力和竞争力，创建当地特色农业品牌，发挥联农带农功能，同时兼具文化和旅游辐射功能的新型农业现代化发展模式①，促进了农民增收和乡村发展。

3.2.5.2 浙江省杭州市余杭区梦想小镇

浙江省杭州市余杭区梦想小镇以科技创新为特色，吸引了众多互联网企业和创业者。政府通过提供优惠政策、优化基础设施和举办创业活动，为小镇发展提供支持。

梦想小镇位于浙江省杭州市余杭区未来科技城（海创园）腹地，是浙江省首批特色小镇之一，也是国家级互联网创新创业的高地。梦想小镇的核心区块东至杭州师范大学，西至东西大道，南至余杭塘河，北至宣杭铁路，规划范围约3平方千米。小镇的主要组成部分包括互联网创业小镇和天使小镇。互联网创业小镇主要鼓励和支持泛大学生群体创办电子商务、软件设计、信息服务等相关领域的企业，而天使小镇则重点培育和发展科技金融、互联网金融。梦想小镇自2015年3月28日正式开园以来，已经集聚了2 136个创业项目、18 200名创业人才，成为一个充满活力的创新创业平台。

梦想小镇的建设遵循"先生态，后生活，再生产"的发展理念，致力于构建一个自然生态、历史文化、现代科技交相辉映的环境。梦想小镇内设有绿色办公区和绿色生活区，以及寻梦水乡、思梦花园和筑梦工厂等特色区域。此外，梦想小镇还提供了一系列支持创业的政策，如创新券、人才租房补助、云服务补助和奖励、创新创业活动补助等，以降低个人的创业成本，提升政府服务效能和用户体验。梦想小镇的发展不仅为当地经济注入了新的动力，也为众多有梦想的年轻人提供了一个实现创业梦想的平台。

展望未来，梦想小镇的发展前景十分广阔。它将继续发挥其在创新创业领域的优势，吸引更多的创业项目和人才。随着技术的不断进步和数字

---

① 郭余豪，石宏伟. 乡村振兴战略下农业特色小镇发展路径优化研究 [J]. 改革与开放，2022（16）：42-47.

经济的快速发展，梦想小镇有望成为引领行业发展的前沿阵地，继续推动区域经济的创新发展。梦想小镇的发展思路和模式也为其他地区实施乡村振兴提供了可借鉴的宝贵经验。

3.2.5.3　阿勒泰地区冰雪小镇

新疆自然资源丰富，景色诱人，是国内生态旅游的重点区域。阿勒泰地区地处新疆最北部，地域宽广，拥有冰川河流、草原峡谷、湖泊湿地等生态旅游资源。阿勒泰地区每年最热月份平均气温23℃，全年平均气温4℃，空气质量优良，是新疆旅游资源最具优势和发展潜力的地区。目前，阿勒泰地区拥有众多生态旅游景区，喀纳斯、禾木村及可可托海更是闻名世界。2019—2020年新疆维吾尔自治区政府工作报告连续两年提出"全面实施旅游兴疆战略"。为深入贯彻落实新时代党的治疆方略，2020年9月第三次中央新疆工作座谈会提出持续推进"旅游兴疆"战略，政策支持力度空前。2021年2月，《新疆维吾尔自治区国民经济与社会发展"十四五"规划和2035年远景目标》提出将大力发展文化体育产业，并重点支持发展冰雪产业。同年10月，新疆发展改革委下发《关于印发全国特色小镇规范健康发展导则的通知》，提出体育运动类的特色小镇要发挥本土优势，发展山地户外、滑雪、马拉松等项目，培育健身休闲、体育竞赛表演等业态，积极鼓励举办赛事、打造体育消费集聚区，科学配置健身步道、体育公园等户外运动公共服务设施，为阿勒泰地区发展冰雪体育运动和生态旅游提供了良好政策环境和强力支撑。

阿勒泰独特的气候造就了当地多方位优势，使其拥有丰富的水资源、动植物资源、矿产资源和山地草原旅游资源，孕育了冰雪业市场产业链、生产链和供应链必需的许多珍贵中药材，例如甘草、板蓝根、柴胡等。2020年新疆的中药材占地面积达到了400多万亩（除红枣外），而广西、甘肃、云南等地中药材种植面积达到900万亩，说明利用阿勒泰的自然优势，中药材种植业在新疆还有广阔的发展空间。其中新疆中药材的种植又主要以药食同源类中药材为主，这为建设当地医药型冰雪小镇奠定了良好的基础。这些自然资源禀赋奠定了阿勒泰地区冰雪小镇的基础。阿勒泰打造的冰雪小镇主要分为文旅型、养老型、体育型、医药型，这些小镇结合当地农业、制造业、特色旅游业的优势，将产业链延长，增加了就业岗位，吸引大量社会资金投入，巩固精准扶贫成果，推进乡村振兴，带动当地经济发展，助力共同富裕。

阿勒泰建设冰雪特色小镇依托当地特色，具有相关优势资源，有明确产业定位、文化内涵、旅游服务基础设施功能齐全及可持续发展空间[①]。因此，以特色小镇促进阿勒泰地区乡村振兴，着力点在于强化乡村产业发展，改善居民居住生活条件，提升村庄综合竞争力，其建设理念和具体措施值得其他地区借鉴。

3.2.5.4　四川省成都市双流区黄龙溪古镇

四川省成都市双流区黄龙溪古镇以文化旅游为特色，保留了丰富的古建筑和民俗文化。政府通过加强旅游规划、提升服务水平和发展特色产业，促进小镇发展。黄龙溪古镇所在的区域也进行了美丽乡村建设，改善了基础设施，提升了生态环境。

黄龙溪古镇位于四川省成都市双流区的西南部，是一个拥有超过1 700年历史的古镇。它不仅是一个重要的军事重镇，而且也是一个充满历史和文化底蕴的地方。古镇的核心区由一湖两河三寺七街九巷组成，拥有保存完好的民居76座，大院3座。这里还有金华庵、三县衙门和古戏台等重点文物保护单位。古镇内还保存有传统建筑面积共3.12万平方米，其中清代穿斗式木结构传统建筑1.37万平方米，展示了深厚的民俗文化。黄龙溪古镇的主街道由石板铺就，两旁是飞檐翘角的杆栏式吊脚楼。这里的建筑大多建于明末清初，以木柱青瓦的吊檐民居为主，展现了传统古建筑的特点。古镇上还有许多特色茶馆，是当地居民和游客休闲的好去处。黄龙溪古镇的主要特色包括古街、古树、古庙、古水陆码头、古建筑和古朴的民风民俗。黄龙溪不仅是四川省历史文化古镇及省级旅游风景区，还被评为中国民间艺术火龙之乡、中国环境优美乡镇、中国民间文化遗产旅游示范区。黄龙溪风光秀丽、环境优美，还是一个著名的天然影视摄影基地，有"影视城""中国好莱坞"之称。古镇内的主要景点包括古街坊、古寺庙、古建民居、古树、古崖墓、古佛洞、古佛堰、古战场、古风民俗和三县衙门等。这些景点不仅展示了古镇的历史和文化，也是游客参观的重要地点。

黄龙溪古镇的发展对于周边地区经济和文化的发展具有重要意义。作为旅游型城镇，黄龙溪古镇的发展不仅带动了当地旅游业的发展，也促进了农业和第三产业的发展，为当地居民提供了就业和增收的机会。黄龙溪

① 龚桂颖，杨习铭，董厶菲，等. 新疆冰雪特色小镇发展模式和建设思路：以阿勒泰地区为例［J］. 上海节能，2023（10）：1450-1458.

古镇的转型升级和发展策略，有助于提升其作为旅游目的地的吸引力，促进可持续发展，也为具备相似资源地区的乡村振兴提供了可靠借鉴。

3.2.5.5　江苏省苏州市吴江区同里古镇

同里古镇以江南水乡文化和历史遗迹为特色，吸引了众多游客。政府通过加强文化遗产保护、发展文化旅游和提升服务水平，推动小镇发展。同里古镇位于江苏省苏州市吴江区，是一座具有悠久历史的文化名镇。它始建于宋代，至今已有超过 1 000 年的历史。同里古镇以"小桥、流水、人家"的特色而著称，被誉为"东方威尼斯"。古镇内有许多始建于明清两代的花园、寺观、宅第和名人故居，49 座古桥和 15 条小河将古镇分割成七个小岛。同里古镇不仅是一个历史文化遗产丰富的旅游目的地，还被评为国家 5A 级旅游景区。它位于太湖之滨，大运河畔，距离苏州大约 18 千米，距上海虹桥机场约 80 千米，地理位置优越，交通便利。古镇区面积约为 0.87 平方千米，居民人数约为 11 161 人。同里古镇的主要景点包括退思园、耕乐堂、环翠山庄等园林和古建筑。此外，古镇内还有明清街和同里国家湿地公园等著名景点。退思园建于清代，是一座典型的江南园林，被联合国教科文组织列为世界文化遗产。耕乐堂和环翠山庄等建筑则展示了明清时期的建筑风格和特色。

同里古镇的美食也颇具特色，包括袜底酥、状元蹄、芡实糕等当地特色小吃。此外，古镇内还有丰富的文化活动和节庆活动，如古镇文化节、水乡婚礼展示等。同里古镇自然环境优越，历史悠久，人文荟萃，是江南地区极具代表性的水乡古镇之一。同里古镇周边的农村也进行了美丽乡村建设，改善了居住环境，提升了生活质量。

3.2.5.6　四川省成都市都江堰市青城山镇

青城山镇位于四川省成都市都江堰市西南部，位于国家级风景名胜区青城山内，东临都江堰市聚源镇，南接崇州市街子镇，西连汶川县，北靠都江堰市玉堂街道。截至 2023 年 11 月底，青城山镇的镇域面积达到了 206 平方千米，下辖 26 个村（社区），共有 518 个村民小组。户籍人口为 95 161 人，而常住人口则超过 15 万人。青城山镇不仅在地理上与青城山风景区紧密相连，还拥有丰富的旅游资源，如青城前山、青城后山、泰安寺、海棠公园等。青城山风景区本身是一个世界文化遗产和国家 5A 级旅游景区，以其独特的地质地貌、茂密的植被、适宜的气候和丰富的自然景观而闻名。青城山分为前山和后山，两山之间环绕着起伏的群峰、葱郁的林木，被誉为"青城天下幽"。

2000年以来，青城山镇的行政区划经历了多次调整，2004年撤销了青城镇，将其整体并入青城山镇。2014年，翠月湖镇整体和中兴镇沿江社区划归青城山镇管辖，2019年又撤销了大观镇和安龙镇，将其划归青城山镇。这些调整进一步巩固了青城山镇在都江堰市乃至整个成都地区的地位。综合来看，青城山镇不仅是一个具有深厚历史文化的城镇，还是一个拥有丰富旅游资源和优越地理位置的重要区域，对于都江堰市乃至整个成都地区的发展都具有重要意义。

青城山镇以道教文化为特色，发展了宗教旅游、文化体验和生态旅游等产业。政府通过提供财政补贴和政策支持，鼓励农民参与文化旅游业的开发和运营。青城山镇进行了美丽乡村建设，进行了环境整治、基础设施提升和历史文化保护，提升了村民的生活质量和乡村的吸引力。

3.2.5.7 江苏省苏州市吴江区七都镇

七都镇位于江苏省苏州市吴江区，地处吴江区西南部，东接横扇、平望镇，南靠震泽镇与浙江省湖州市南浔区南浔镇，西连浙江省湖州市吴兴区织里镇，北临太湖，与吴中区东山镇、金庭镇隔湖相望。七都镇历史悠久，五代后梁开平三年（公元909年）时属吴江县。2012年9月，吴江市撤县设区后，七都镇改属吴江区。七都镇地处江浙沪交界地区，拥有优美的自然环境和深厚的文化底蕴，是一个经济发达、环境优美、文化丰富的城镇。

在经济方面，七都镇已形成电缆光缆、有色金属、针织纺织、木业家具、机械电子五大支柱产业；在文化和环境方面，七都镇被评为国家卫生镇、全国创建文明村镇工作先进镇、全国环境优美乡镇和全国特色小镇。七都镇拥有长达23千米的绝佳太湖湖岸线，有"江南第一闸"之称的太浦闸就坐落于此。

七都镇以水乡文化和传统手工艺为特色，发展了乡村旅游、手工艺品生产和民俗表演等产业。政府通过提供财政补贴和政策支持，鼓励农民参与文化旅游业的开发和运营。七都镇秉持"三带合一"的发展理念，致力于构建环太湖最美生态岸线、最美新型经济带和最美乡村振兴带，实现生态、经济和文化发展的有机结合。基于特殊区位价值，七都镇系统梳理了全域乡村、农业、工业、文化、水系等要素，制定了"一厅、两廊、三园"的空间结构蓝图，以及现代渔业园、休闲农业园、高效农业园，大力推进农文旅融合，通过发展休闲农业、高效农业和现代渔业，以及建设特色农业园区，促进乡村产业兴旺。七都镇加大美丽乡村建设力度，强化农村人居环境整治，同时探索数字乡村建设，提升乡村治理水平，聚焦"中国·江村"品牌打造，实施了一系列特色项目和综合提升项目，如江村综合提升十大项目，以及太湖蟹生态养殖示范园提升项目等，以推动农业生态绿色发展新路径。总体来说，七都镇的乡村建设体现了生态、经济、文化的协调发展，以及农文旅融合的发展模式，为乡村振兴提供了可供借鉴的范例。

3.2.5.8 天津市蓟州区美丽乡村建设

天津市蓟州区在乡村振兴的背景下，积极发展乡村旅游，通过一系列创新和多元化的发展策略，成功实现了区域经济的多元发展。蓟州区对所有农家院实施了包括餐饮、住宿、消费等在内的经营设施改造提升，实现了明厨亮灶，合理设置了消毒、布草区域，并确保相关设施达到了食品卫生、饮用水卫生标准、消防安全、防震抗震等要求，以此提升农家院自身的品质。为了提升农家院的服务品质，蓟州区修改完善了蓟州区农家院星级评定标准，取消了低星级等次，将三星级作为农家院最低等次，并实施了新的星级评定和管控。这些具体措施在蓟州区全域旅游示范区的建设和农家院提升改造方面取得了显著成果。在全域公共环境提升上，针对全区所有旅游特色村，特别是25个重点旅游村，蓟州区开展了环境整治工作，包括绿化美化街道、完善垃圾和污水处理设施、改善夜间照明设施等，并配套了相应的停车场和游客服务中心，村容村貌整治效果明显，提升了乡村旅游的质量和效益。

蓟州区乡村旅游的发展不仅提升了农村产业结构，改善了农村环境面貌，还带动了山区农民增收致富。例如，郭家沟村和西井峪村的民宿集聚区，每逢小长假和黄金周，民宿需求旺盛，村民的年纯收入显著提高。为了进一步提升乡村旅游的品质，蓟州区成立了文旅融合发展工作专班，通过强化顶层设计、规范品质提升、推进农家院提升改造等措施，推动了乡村旅游的提质升级。

此外，蓟州区通过创新服务举措、提升配套设施、推出特色活动等，培育乡村旅游发展新动能。景区景点多动"小心思"，提升了游客体验和满意度。蓟州区编制了康养旅游村建设导则，完善了老年人接待服务功能，将部分旅游村打造成乡村康养村，并开发了适合老年人的养生餐饮、农耕体验、中医保健等康养产品。蓟州区将评剧、皮影、商家武术、剪纸等非遗文化进行包装，形成常态化演出节目进入旅游村，同时推进了马伸桥镇西葛岑村、穿芳峪镇东水厂村等市级文化旅游村的建设。同时，蓟州区还大力发展高端民宿，如西井峪村的民宿项目，这些民宿不仅提升了乡村的旅游吸引力，还为当地村民带来了丰厚的经济收入。蓟州区对有改造民宿意愿的农家院进行了优选，由政府引导，聘请专业公司规划设计，分期分批进行包装打造，推进文旅融合，深入挖掘特色文化内涵。此外，蓟州区还设立了专项引导资金1 000万元，用于农家院提升改造三年行动工程，以促进乡村旅游提质升级，为游客提供高品质休闲度假产品。

总体来说，蓟州区通过发展乡村旅游，不仅提升了区域经济的多元发展，还实现了乡村振兴，为当地村民创造了实实在在的经济效益。特色小镇的旅游发展，不仅带动了农村产业结构的优化，还促进了农民增收致富，为蓟州区的乡村振兴注入了新的活力和动力。

这些案例表明，特色小镇和美丽乡村建设在国内得到丰富的实践，政府主导与市场机制相结合的方式有效地推动了特色小镇和美丽乡村的现代化和可持续发展。特色小镇和美丽乡村的建设往往能够吸引游客和投资者，促进当地服务业、旅游业、文化产业等的发展，从而带动经济增长。特色产业的发展也能够创造就业机会，提高农民的收入水平。特色小镇和美丽乡村的建设有助于推动当地经济结构的优化。通过发展特色产业，如手工艺、农业旅游、文化创意等，可以促进农业与二三产业的融合，增加农民的非农收入来源，提升农村经济的多元化程度。特色小镇和美丽乡村的建设能够提升地区的知名度和美誉度，形成品牌效应，吸引更多的游客和消费者，扩大市场范围，促进产品的销售和品牌价值的提升。特色小镇和美丽乡村的建设往往伴随着基础设施的完善，如交通、水电、通信等，这些基础设施的完善有利于吸引更多的投资和项目，进一步促进当地经济的发展。特色小镇和美丽乡村建设强调生态环境保护，有助于推动绿色产业发展，提升地区的生态环境质量，为经济可持续发展提供基础。特色小镇和美丽乡村的建设还能促进当地社会和文化的发展，如文化保护、教育提升、医疗卫生改善等，这些都有利于提高居民的生活质量，为经济发展提供良好的社会环境。由此可见，政府通过提供财政支持、政策引导和基础设施优化，为特色小镇和美丽乡村建设提供有力保障。同时，市场机制的引入，有助于提高特色小镇和美丽乡村建设的效率和质量，有助于推动当地经济的可持续发展，提高农民的生活水平。

3.2.6 农村土地制度改革的建设案例

3.2.6.1 四川省成都市双流区土地制度改革

成都市双流区作为成都市的城乡一体化改革样本，实施了"三个集中"和"六个一体化"策略。其中，"三个集中"包括工业向集中发展区集中、农民向城镇和新型社区集中、土地向适度规模经营集中。工业向集中发展区集中，是指通过设立工业集中发展区，将分散的工业企业集中在特定的区域，以提高工业用地效率，减少工业对农村土地的占用；农民向城镇和新型社区集中，是指推动农民从农村地区到城镇和新型社区集中居住，以改善农村居住条件，促进城镇化和社区化发展；土地向适度规模经营集中，是指鼓励土地流转，将零散的土地集中起来，实现适度规模经营，提高农业生产效率。这些措施旨在解决工业布局分散、农村公共配套欠缺、农地零碎低效生产等问题，促进城乡一体化发展。"六个一体化"策略包括：城乡规划一体化，制定统一的城乡规划，确保城市和农村地区的发展协调一致；基础设施一体化，加强城乡基础设施的互联互通，如道路、供水、供电等，提高农村地区的基础设施水平；公共服务一体化，推动城乡公共服务资源的均衡配置，如教育、医疗、文化等，提高农村地区的公共服务水平；社会保障一体化，建立城乡一体化的社会保障体系，保障农民的社会保障权益；生态环境一体化，加强城乡生态环境建设，实施环境保护和治理措施，提高生态环境质量；产业发展一体化，促进城乡产业融合发展，加强产业间的联系和互动，提高整体产业发展水平。通过这些具体的土地制度改革实施措施，双流区有效地推动了城乡一体化进程，促进了经济的快速增长，缩小了城乡收入差距。这些措施的实施需要政府、企业和农民的共同努力，以及政策、资金和技术的支持。四川省人民政府下放了省级用地审批权给成都市人民政府。这意味着市级政府可以更高效地处理土地征收和农用地转用审批，有助于缩短审批时间，减少土地违法现象，促进项目建设的顺利进行。

成都市双流区通过对农村土地制度的改革，优化工业布局、推动农民到城镇和新型社区集中居住，促进土地向适度规模经营集中提高了土地利用效率，同时，这些改革有效地推动了城乡一体化进程，促进了经济和社会的全面快速增长，缩小了城乡收入差距，当地农民的生活质量得到提升。

3.2.6.2 福建省晋江市九十九溪生态农业示范区土地制度改革

福建省晋江市九十九溪生态农业示范区是土地"三权分置"助推乡村振兴的典型案例。九十九溪流域拥有万亩良田，地势平坦，土地肥沃，周边村庄的农耕文化底蕴深厚。为实施乡村振兴战略，助推农村产业兴旺，提升城乡环境品质，晋江市根据该区域的自然条件、交通情况和景观特点，计划将其打造成集现代农业、观光旅游、休闲养生、文化传承、教育实训等多功能于一体的生态农业示范区。项目建设用地主要通过集体土地征收和土地经营权流转取得。项目经营产权除了项目业主自有的房产外，还有村民自建的房产，土地产权关系比较复杂。针对土地的获取方式和对农民进行补偿安置以及保障农民权益是这一项目的难点。晋江市的主要做法包括：一是探索出台了《晋江市土地征收管理暂行规定》，完善被征地群众利益的多元保障机制。酒店、道路、游船码头等项目建设用地以土地征收方式取得，按照文件规定的标准，采取货币补偿，也有部分采取产权调换方式予以补偿。为保障就近居住，晋江市按"一户一居"的原则，在项目征地范围内建设安置房，满足每户都有一套住宅居住，其他多出的部分可作为被征收房屋面积，对被征地人可选择货币补偿，或就近以现房安置，充分保障被征地人的居住条件不降低。二是拓展区采取承包地的集中流转经营。拓展区属于晋江市城区基本农田保护相对集中的区域，文旅集团通过土地流转的方式获得该区域的土地使用权。在保留农用地性质的基础上，以农业风光为主要元素，集中成片地按季节种植绿化植物，由后期引入的运营公司实行统一规划、经营，并优先雇佣本村农民进行农业生产。三是村民自有房屋产权租赁。晋江市探索农民宅基地所有权、资格权和使用权的"三权分置"，对于项目区内村民自有产权的房屋，由文旅集团出资对其进行统一改造，以符合整个核心区的发展定位。在保障居住条件、房屋所有权的前提下，农民可选择留用自住，允许其发展民宿、餐饮，也可将住宅出租给项目运营公司统一经营。出租房屋的农户，可缴纳少量房屋购置费入住就近的小区。

晋江农村土地制度改革"释放"了农村的土地价值，归根结底在于治理结构与交易费用的正确搭配①，在一定程度上取得了预期绩效，并解决了农村土地制度在助推乡村振兴方面的障碍，为农村和农民提供了更多获取资产性收入的路径，切实推动了乡村振兴和城乡协调发展，实现了农村土地制度改革的初衷。

3.2.6.3 浙江省金华市义乌市土地制度改革

2015 年 3 月，义乌市被列为全国农村土地制度改革 33 个试点县（市、区）之一。义乌市紧紧围绕中央部署，充分发扬基层首创精神，深入推进农村土地制度改革，不仅在完善农村土地制度方面取得了一系列制度性成果，率先形成了城乡融合发展的良性循环机制，而且为其他地区建立健全城乡融合发展的体制机制和政策体系提供了经验和启示。

义乌在全国率先开展宅基地所有权、资格权、使用权"三权分置"的探索创新。首先，落实宅基地集体所有权，丰富集体所有权的实现形式。义乌市通过集体经济组织对宅基地进行统一管理，确保集体所有权不受侵害。其次，优化宅基地分配资格权。义乌市通过建立健全宅基地分配资格权的认定机制，确保公平公正，探索宅基地资格权的继承、转让等机制，提高资格权的流动性。最后，多途径放活宅基地使用。比如：推行宅基地有偿选位，允许农民根据自身需求选择宅基地位置；允许宅基地落地权益有偿调剂，方便农民调整宅基地面积和位置；支持农房出租，发展民宿等产业，提高农房利用效率；允许宅基地使用权转让，促进农村人口流动和资源配置；探索农房抵押贷款，盘活农村资产，促进农村经济发展。

义乌市一系列的探索和具体措施，使得农民通过宅基地有偿选位、出租、转让等方式，可以获得更多收益，进而提高生活水平。集体经济组织通过管理宅基地和参与宅基地入市交易，也可以获得更多收入，增强集体经济实力。宅基地"三权分置"有效解决了宅基地分配不均、利用效率低下等问题，促进了农村土地资源的优化配置，即优化村庄用地布局，盘活闲置宅基地，为农村产业发展提供更多空间，提高了土地利用率，促进了节约集约用地。义乌市通过村庄更新改造和产业发展，增强了农村发展活力，改善了农村人居环境，促进了农村社会和谐稳定和美丽乡村的建设。

义乌市探索的宅基地"三权分置"从理论上探索创新宅基地上的权利

---

① 肖金华. 基于乡村振兴视角的农村土地制度改革分析：以晋江市为例 [J]. 城乡规划，2018（6）：67-73.

体系，丰富了盘活利用宅基地和农房的手段，并为 2018 年中央一号文件部署宅基地"三权分置"作了有效探索，体现了义乌改革"勇立潮头"的特质。

义乌市还通过创新农房抵押和土地融资方式，提升金融服务乡村振兴的能力。面对全国普遍存在的农房抵押的体制机制障碍，义乌市大胆创新探索，通过切实有效的举措突破困境，活跃农房抵押市场。一是全面推进农房不动产统一登记，既为农民宅基地使用权和房屋所有权提供法律保障，也为农房和宅基地发挥抵押融资功能奠定基础；二是建立多元化的抵押物处置机制，既确保抵贷农户基本居住有保障，也保障银行抵押权益能够便利地实现；三是建立健全抵押农房司法处置办法，进一步缓释抵押贷款风险。有了这些举措，农民和银行都吃下了"定心丸"，农民可以抵得顺心，银行可以贷得放心。农房抵押市场的活跃，既释放了农户住房不动产权益的权能，又盘活了农村沉睡的巨额资产，繁荣了民营经济，增强了农村发展动能。此外，义乌还通过集体经营性建设用地抵押、新社区集聚建设置换权益交易和质押担保、"集地券"银行等举措，丰富农村土地融资手段，降低农村融资成本，提升金融服务乡村振兴的能力。

义乌市在进行土地制度创新探索过程中始终坚持农民主体地位，发挥农民在农村土地制度改革和乡村振兴中的主体作用。义乌市以农村土地制度改革为"黏合剂"，建立健全党组织领导的自治、法治、德治相结合的乡村治理体系，充分发挥农民在农村土地制度改革和实施乡村振兴战略中的主体作用。义乌市通过健全集体经济组织，建立健全农村土地管理议事决策机制、民主监督机制、财产管理机制、服务群众机制、调处矛盾纠纷机制等，促进农村基层土地管理的民主决策、民主管理、民主监督。在村庄更新改造中，以集体经济组织为纽带实现村民的"六个自主"——自主规划、自主改造、自主分配、自主处置、自主利用、自主收益，村庄治理成效得以大幅提升。上述做法既保障了农民的知情权、参与权、决策权，调动了农民的积极性，增强了农民精神层面的获得感；又保障了改革政策设计得以体现最大多数农民的利益，保障了农民在物质利益上的获得感。

义乌市农村土地制度改革探索的核心问题是土地增值收益在国家和集体之间的分配，义乌市的农村土地制度改革在利益分配上充分体现了向农民让利的特征：一是在征地制度改革中，义乌市突破传统的农用地产值倍数法补偿形式或标准，从保障被征地农民基本生活和长远生计的角度，综合运用区片综合地价补偿、多元化的社会保障以及留用地补偿等方式，显著提高了被征地农民的补偿收益，使被征地农民的基本生活、医疗、教育、养老等多方面的长远生计得到了保障。二是在集体经营性建设用地入市改革中，通过赋予农民集体部分土地的开发权，让农民集体居于入市交易的主导地位，使得入市交易中所形成的土地增值收益大多都留在了农民集体手中。三是在城乡新社区集聚建设中充分让利。四是在农村更新改造建设"和美乡村"项目中通过政府财政补助让利，最终实现了土地增值收益分配向农民倾斜，实现发展共享，以城哺乡。

这些改革措施的成功实施，为义乌市的经济发展和城乡一体化进程提供了有力支持，同时也为全国其他地区的宅基地制度改革提供了宝贵的经验和借鉴。

3.2.6.4 江苏省苏州市吴江区土地制度改革

江苏省苏州市吴江区的土地制度改革，首先，农村集体经营性建设用地入市试点。自 2023 年 3 月起，吴江区成为全国农村集体经营性建设用地入市试点地区。吴江区首批 3 宗农村集体经营性建设用地使用权在江苏省农村集体经营性建设用地网上交易系统上顺利完成公开拍卖，成交总额为 1 256 万元。这些地块的用途包括社会福利用地、商业用地和物流仓储用地。这些改革不仅唤醒了农村"沉睡"的土地资源，还为农村集体经济发展注入了新动能。其次，土地确权登记和村庄规划管理。吴江区对全区集体经营性建设用地存量底数进行了摸排，并完成了对集体土地的确权登记等基础工作。同时，吴江区持续有序推进村庄规划的编制管理。最后，产业用地更新和提升。吴江区以提升工业用地节约集约利用水平和产出效益为目标，优化供地模式、盘活存量用地和强化批后监管，最终推进产业用地更新和提升。例如，通过鼓励企业进行产业更新，对企业节约集约利用土地、建设多层厂房的予以奖励；同时，根据经济效益、环境效益、创新潜力等指标，对方面进行分级淘汰，逐步转移优质项目用地。这些改革措施的实施，为吴江区的经济发展和城乡一体化进程提供了有力支持，同时也为全国其他地区的土地制度改革提供了宝贵的经验和借鉴。

这些案例表明，我国在土地制度改革方面，通过政府主导与市场机制相结合的方式，有效地推动了土地制度改革的现代化和可持续发展。政府通过提供财政支持、政策引导和基础设施优化，为土地制度改革提供有力保障。同时，市场机制的引入，有助于提高土地制度改革的效率和质量，促进土地资源的有效利用和农业的可持续发展。中国乡村建设取得了显著成效，为实现乡村全面振兴提供了有力保障，为全球乡村建设提供了有益的借鉴。

4　研究现状

4.1　理论成果

2018 年 9 月，中共中央、国务院印发了《乡村振兴战略规划（2018—2022 年）》，为乡村振兴战略的实施搭建了"四梁八柱"的顶层设计框架，进一步为乡村发展绘制了政策蓝图，提供了指导方向。为推进乡村振兴战略的落地与实施，学术界也掀起了一股乡村振兴的研究热潮，研究成果丰硕。通过对学者们的成果进行研究，可以发现现有的研究成果主要集中在三个方面，一是乡村振兴战略理论性研究，二是乡村振兴战略实践中突出困境研究，三是乡村振兴战略实现路径研究。

4.1.1　乡村振兴战略理论性研究

笔者对乡村振兴战略理论研究成果进行梳理，总结了以下内容：

第一，针对乡村振兴战略的内涵进行研究。学界对乡村振兴战略内涵的研究比较集中。首先，将乡村振兴战略与新农村建设进行比较，认为乡村振兴战略的内涵更加丰富深刻，内在要求的层次更高。虽然学者们研究的侧重有所不同，表述也存在差异，但是学者们基本上达成了一个共识：乡村振兴与社会主义新农村建设之间有着密切的联系，乡村振兴战略是社会主义新农村建设的发展和升级。例如：以董进智为代表的一些学者认为，乡村振兴战略和社会主义新农村建设就是量变与质变的关系，是党和国家对社会主义农村建设的规律性的把握，是乡村现代化建设发展在新时代的新方略。由此可见，学者们普遍认为，在我国"三农"问题上，乡村振兴战略的内涵比社会主义新农村建设的内涵有了很大的提升，其内容更加的丰富和深入。其次，一些学者从总体要求出发解读乡村振兴的内涵。朱泽认为，乡村振兴战略的总要求是一个完整的建设体系。李周论证了乡村振兴战略总要求的逻辑，产业兴旺重在发展农村经济，生态宜居是强调经济发展与生态保护的关系，乡风文明突出乡村精神的纽带，治理有效旨在实施过程中的效果，生活富裕表明乡村振兴的直接目标。孔繁金对总要求里"生活宽裕"变为"生活富裕"的话语转变进行解读，认为这一转变反映出在决胜全面建成小康社会、中国特色社会主义进入新时代背景下，中国共产党在追求人民利益、保障人民幸福等方面理念和目标的巨大变化。最后，一些学者从农业农村发展的视角剖析乡村振兴基本内涵。李铜山、张晓山、周晓波等学者认为，乡村振兴的基本内涵为"三农"提供良好的生产、生活、生态环境，实施乡村振兴战略是对我们党"三农"工作的继承和创新，是从根本上解决"三农"问题的行动纲领。陈文胜认为，乡村振兴是由城乡统筹向城乡融合的转变，是由"四化"同步发展向农业农村优先发展的转变，是由农业现代化向农业农村现代化的转变。蒋永穆指出，乡村振兴战略的内涵在于从城乡一体化发展转向坚持农业农村优先发展，从推进农业现代化转向推进农业农村现代化等七大根本性转变。李长学认为，实施乡村振兴是扭转乡村衰落，实现农业农村现代化的过程，其本质和根本目标是实现农业农村的现代化。总之，乡村振兴战略的总要求，基于对新时代我国社会主要矛盾变化和农业农村不平衡不充分发展实际的深刻洞察，抓住了与乡村振兴相关的人民最关心、最直接、最现实的利益问题，突出了鲜明的问题导向和目标导向，富有前瞻性和现实针对性。

第二，关于乡村振兴战略的价值意义的研究。党中央始终把"三农"问题摆在重要位置，作为全党工作的重中之重，在全面建成小康社会决胜阶段，乡村振兴战略为农业农村发展指明了方向。学者们从我国农业发展的角度充分阐释乡村振兴战略对发展我国"三农"工作的价值与意义。马玉荣认为，真正的乡村振兴是以农业农村农民的发展与富裕为基础，乡村振兴战略是对改革开放以来"三农"工作思路的重新审视与优化，代表了中国共产党对其以往农村发展战略的提炼与提升[①]。韩俊认为，实施乡村

---

① 马玉荣. 一号文件为乡村振兴搭建起"梁"和"柱"：专访国务院发展研究中心农村经济研究部部长叶兴庆 [J]. 中国发展观察，2018（Z1）：39-42.

振兴战略是新时代做好"三农"工作的全新方向和总体指导①。梅立润认为，新时代实施乡村振兴战略能从根本上解决"三农"问题②。还有一些学者从有效解决我国当前社会主要矛盾的角度论证乡村振兴战略是战略举措。唐任伍认为，乡村振兴以中华农耕文明为基础，是对现代文明发展需要的积极回应，乡村振兴能满足实现社会平衡发展的需要③。叶兴庆认为，实施乡村振兴战略是应对发展不平衡不充分问题的必然要求，也是加快解决这一问题的关键举措和根本方法④。黄道新、艾永梅认为，乡村振兴战略是我国经济发展由增量向提质转变的应有之义，能满足"人民对于美好生活的向往"，进而化解社会主要矛盾⑤。学者们的研究都证实了乡村振兴战略的提出是顺应时代发展要求，对当前社会主要矛盾的化解具有积极意义。还有一些学者从农业农村发展的规律角度来研究乡村振兴战略的实践价值。陈秧分、王国刚、孙炜琳认为，乡村振兴能重构乡土经济，是经济社会发展到一定程度的必然选择⑥。邢成举、罗重谱认为，乡村振兴是国家持续发展的必然选择，也是社会主义新农村建设的重塑⑦。高启杰认为，乡村振兴战略的实施，能加快推进农业农村现代化，提升乡风文明水平，完善乡村治理机制，给农业与农村发展带来了活力⑧。郑宝华认为，进入新时代，由于社会矛盾的转化以及国家发展模式的转型，要求转变乡村发展模式，为此，党和国家提出了乡村振兴战略是农业农村发展到新阶段的必然要求⑨。王祎琦、宋易航提出，农村精神生活富裕是乡村振兴的重要组成部分⑩。汪荣有、江龙认为，乡村振兴推动共同富裕必须以关键的制

---

① 韩俊. 实施乡村振兴战略五十题 [M]. 北京：人民出版社，2018（10）：30-31.

② 梅立润. 农业农村发展如何优先？乡村振兴资源配置逻辑调整的难题 [J]. 当代经济管理，2019（3）：32-37.

③ 唐任伍. 新时代乡村振兴战略的实施路径及策略 [J]. 人民论坛·学术前沿，2018（3）：26-33.

④ 叶兴庆. 新时代中国乡村振兴战略论纲 [J]. 改革，2018（1）：65-73.

⑤ 黄道新，艾永梅. 乡村振兴与城镇化协调发展思考 [J]. 农村金融研究，2018（4）：56-60.

⑥ 陈秧分，王国刚，孙炜琳. 乡村振兴战略中的农业地位与农业发展 [J]. 农业经济问题，2018（1）：20-26.

⑦ 邢成举，罗重谱. 乡村振兴：历史源流、当下讨论与实施路径：基于相关文献的综述 [J]. 北京工业大学学报（社会科学版），2018（5）：8-17.

⑧ 高启杰. 在乡村振兴背景下审视农业与农村发展 [J]. 新疆师范大学学报（哲学社会科学版），2019（3）：52-63，2.

⑨ 郑宝华. 全面准确理解乡村振兴战略 [J]. 社会主义论坛，2017（12）：7-8.

⑩ 王祎琦，宋易航. 新时代推进农村精神生活共同富裕的内在逻辑及实践路径 [J]. 中共郑州市委党校学报，2023（3）：67-72.

度机制为支点，寻找科学合理的方法与手段来建立健全科学的机制，并通过机制的托底效用和能动效用推动广大农民农村实现均衡协调的共同富裕①。

4.1.2 乡村振兴战略实践中突出困境研究

学界对乡村振兴战略实践的研究成果包括以下内容：

第一，农民的参与度不足是关键问题。有学者认为，在新时代，实现乡村振兴的核心在于增强乡村自身的生长动力②，而这要求确立农民的核心作用。若农民在涉及家乡建设和个人福祉的发展过程中缺乏发言权，那么乡村振兴将仅仅停留在理论层面。正如徐顽强等学者指出，我国许多农村面临着发展主体缺乏和人才外流的严峻挑战，加上留守人群的能力有限，这些都是推进乡村振兴战略时必须克服的难题③。学者们的观点概括来讲就是，农民是乡村振兴的中坚力量，应发挥他们在这一过程中的主导作用，充分调动公众参与，提升乡村振兴战略的有效执行。

第二，面对落实乡村振兴战略过程中乡村文化传承和建设的困境，有较多的学者投入研究，积累了较多数量的研究论文，这些论文涉及的主题词主要包括乡村文化、乡风文明、乡村文化建设、文化振兴、文化自信、文化传承、乡村传统、文化复兴、乡村文化产业、传统村落、乡贤文化等。在农村问题研究代表性学者徐勇看来，广义视角的文化包含价值、道德、习俗、知识、娱乐，以及建筑等物化文化，狭义视角的文化则主要分为知识、娱乐等，且贯穿价值、道德、习俗等思想元素。马义华等指出，农业文明的衰退和本土文化的断裂导致了乡村结构和文化的"空心化"，这使得传统文化的乡村传承面临挑战。蒋蝉提出，我国许多农村过分关注经济增长，而忽视了文化建设，这影响了良好村风的形成。朱启臻和李军明等学者认为，乡村文化的衰退是目前一个公认的现象，对乡村文化价值的忽视以及乡村文明的衰落是乡村振兴面临的主要障碍。乡村文化之所以重要，主要在于它"为乡村生活赋予了价值和乐趣，使得人们愿意在乡村

---

① 汪荣有，江龙. 乡村振兴推进共同富裕的逻辑、机制与路径 [J]. 南昌大学学报（人文社会科学版），2023（3）：72-80.

② 张丙宣，华逸婕. 激励结构、内生能力与乡村振兴 [J]. 浙江社会科学，2018（5）：56-63.

③ 徐顽强，王文彬. 乡村振兴的主体自觉培育：一个尝试性分析框架 [J]. 改革，2018（8）：73-79.

生活和劳作，形成了安于农村生活的习俗，由此创造了丰富灿烂的农业文明"，正如陈运贵认为的那样，乡村文化的发展是乡村振兴的精神动力源泉，因此，乡村振兴需要促进乡村文化振兴。

可见，学者们都认为乡村文化是我国乡村共同体的重要组成部分，在乡村振兴中发挥着重要作用，只有文化在乡村中蓬勃成长和延续，乡村才具有长期的活性和动力。乡村振兴不仅体现为物质文明的振兴，更体现为精神文明的振兴。优良的乡村文化蕴含着传统农耕文明中的优秀思想观念、人文精神、道德规范，承载着中华文化的血脉基因，体现着乡土文明的精神风貌，是实施乡村振兴战略的重要内容和宝贵资源。

第三，针对在落实乡村振兴战略过程中基层党组织弱化问题的研究。一些学者观察到农村基层党组织的政治领导力受到带头人政治素质不够高的限制，许多农村基层干部缺少主动学习的意愿、创新和自我革新的精神，这导致一些贫困农村在实施乡村振兴战略时进步缓慢。在加强乡村治理和推进乡村法治建设的过程中，一些农村基层党组织带头人未能充分发挥坚强的后盾作用，他们对于法治的理解和应用不够充分，不擅长运用法律手段解决基层社会中的矛盾和冲突。目前，乡村自治组织的执行能力有限，需要基层政府进行积极干预以提升效能，但党政部门之间、政府与社会、企业、学术界之间的有效协作难以实现，这给乡村振兴带来了协同和组织管理上的挑战。另外，一些农村基层党组织缺乏吸引力和凝聚力，稳定性不足，组织振兴成为乡村振兴战略中的薄弱环节。

第四，对于乡村振兴人才问题的研究主要集中在以下几方面。

首先，学者们围绕乡村人才现状的研究。石洪斌认为，我国乡村人才存在人口下降、青壮年劳动力和优秀人才外流、人才数量不足、结构不合理、空心化、老龄化、活力不足等问题[①]。杨璐璐认为，我国农村人口老龄化严重、数量过少，农忙时人手不足、现代农业人才短缺[②]。王喜红指出，我国乡村干部普遍年龄大、文化程度低、能力不足，新兴职业农民和科技人才数量少、增长缓慢，带头作用不显著[③]。面对这些问题，学者们

---

① 石洪斌. 谁来振兴乡村? 乡村振兴人力资源支撑体系的构建 [J]. 治理研究, 2019 (6): 115-121.

② 杨璐璐. 乡村振兴视野的新型职业农民培育: 浙省个案 [J]. 改革, 2018 (2): 132-145.

③ 王喜红. 乡村振兴人才队伍建设问题研究: 以山东烟台市为例 [J]. 山东行政学院学报, 2019 (5): 13-18.

有对于农村人才不足的原因进行深入探究。凌慧敏等认为，人口流动失序是导致农业发展能力不足，乡村日渐衰落的重要原因①。还有学者指出，我国乡村人才队伍建设陷入"人才引不进、留不住——产业难以兴旺——地方财政支持不足——公共服务体系不完善——配套环境设施落后——人才引不进、留不住"的恶性循环②。

其次，学者们围绕乡村振兴乡村人才队伍建设进行研究，对乡村振兴对人才需求进行分析。新时代的乡村振兴需要高素质专业人才支撑，卞文忠指出，乡村产业兴旺的实现需要一批优秀的农村管理人才、农业科技支撑人才、电商人才，生态宜居的实现需要环境治理人才，乡风文明的实现需要文化传播人才，乡村治理高效的实现需要乡村治理能手，农民生活富裕的实现需要大量优秀的医疗、教育人才③。基于此，很多学者对乡村振兴人才建设进行理论与实践探索。现有对乡村振兴人才建设的研究主要集中于建设现状、建设中存在的问题等方面。有学者认为，目前我国乡村人才建设陷入"招引难、留人难、匹配难、认定难、接班难"的五难困境。张雅光指出，乡村创业创新氛围差④。罗俊波认为，我国农村高素质人口流失严重且回流难度较大，乡村人才培养机制不健全⑤。徐姗姗认为，要实现乡村振兴，推进乡村振兴战略，人才振兴是关键，必须进一步加强乡村人才队伍建设，造就一支数量庞大、素质较高、结构合理的乡村人才队伍，为乡村振兴战略的实现提供坚强的人才保证⑥。

乡村振兴战略的实施，人才振兴是关键，通过对上述研究成果的梳理，发现目前在乡村振兴战略下，乡村振兴人才队伍建设研究丰富，但对乡村振兴人才队伍建设不成系统。所以，后续研究应从乡村发展的实际出发，从人才教育性质、人才职业种类、产业人才分类、人才来源和人才组成等方面构建乡村人才分类体系，更要建立乡村人才评价体系及动态研究模型，才能摸清乡村人才队伍建设脉搏，更好解决人才短缺的实际问题。

① 凌慧敏，徐晓林. 重塑城乡关系 合理引导人口迁移 [J]. 学习与实践，2018 (10)：88-94.

② 杭州市 2019 年春季中青一班第一调研课题组. 有效破解乡村人才队伍建设"莫比乌斯循环"[J]. 浙江经济，2019 (4)：37-40.

③ 卞文忠. 别让"人才短板"制约乡村振兴 [J]. 人民论坛，2019 (1)：76-77.

④ 张雅光. 新时代乡村人力资本现状及开发对策研究 [J]. 中国职业技术教育，2018 (36)：61-66.

⑤ 罗俊波. 推动乡村振兴需补齐"人才短板"[J]. 人民论坛，2018 (30)：72-73.

⑥ 徐姗姗. 乡村振兴战略视角下的乡村人才振兴研究 [J]. 农业经济，2021 (6)：109-110.

4.1.3 乡村振兴战略实现路径研究

学界直面我国当前推进乡村振兴战略进程中暴露出来的问题，进一步展开了丰富的应对策略的研究，提出了诸多推进乡村振兴战略的对策建议。

第一，学者们普遍认为应采取"以人为本"的策略，增强乡村振兴的参与度。部分学者提出乡村振兴的核心在于农民，他们是乡村振兴的主要受益者。我们需要确立一种以农民为中心、以内生发展为主要动力的多元共治模式，充分激发农民的主动参与和自觉意识，推动形成乡村振兴的内生治理模式①。除此之外，有学者认为实施乡村振兴战略需要各参与方充分协作、共同努力，通过有效措施激发乡村振兴主体的积极性，发挥他们的作用以推动乡村振兴的进程②。也有学者建议促进人才、资本、物资向乡村流动，赋予农民资产权益，并从坚持农民主体地位、建立农民意愿表达机制、提升社区民众满意度等方面构建以农民为主体的乡村振兴发展机制③。还有学者从农民是实现乡村振兴的"主力军"角度出发，提出在具体实施中，应着重培养适应农业农村发展的专业人才队伍。在这一思路下，有一批学者在乡村振兴战略人才培养问题上给出更为多元的建议，有的学者建议加强职业农民和新型农业经营主体培训、激励人才下乡创业、培养乡村科技信息人才队伍④；有的学者建议重点培养本土优秀人才，优化外部人才引进条件，发挥人才职业优势，营造有利于人才发展的乡村环境⑤；有的学者建议培育乡村的"情感共同体"，重视"新乡贤"⑥。总之，只有以人为本，提升本土人才在乡村振兴过程中的参与度，才能为乡村振兴提供坚实的保障。

第二，学者们认为需要全面深化农业农村体制改革，确保农业农村的

---

① 张丙宣，华逸婕. 激励结构、内生能力与乡村振兴 [J]. 浙江社会科学，2018（5）：56-63。

② 刘合光. 乡村振兴战略的关键点、发展路径与风险规避 [J]. 新疆师范大学学报（哲学社会科学版），2018（3）：25-33。

③ 朱启臻. 当前乡村振兴的障碍因素及对策分析 [J]. 人民论坛·学术前沿，2018（3）：19-25.

④ 蒋蝉. 乡村振兴，"兴"在何处 [J]. 人民论坛，2018（12）：80-81.

⑤ 李军明，向轼. 论乡村振兴中的文化重构 [J]. 广西民族研究，2018（5）：95-103.

⑥ 陈运贵. 关于乡村文化振兴的理论检视与现实思考：基于乡村振兴战略的研究视角 [J]. 皖西学院学报，2018（3）：30-34.

优先发展。学者们认为，实施乡村振兴战略，必须坚持农业农村优先发展的原则，构建和完善城乡融合发展的体制和政策体系。张晓山指出，实施乡村振兴战略应巩固和完善农村基本经营制度，深化农村土地制度和农村集体产权制度改革。陈锡文认为，加快农业农村现代化的关键在于建立现代农业产业体系和服务体系，以及乡村治理现代化体系，特别要关注农村基本经营制度的巩固、农村集体产权制度的改革和小农户与现代农业发展的衔接。罗必良强调，体制机制是乡村振兴的保障，应完善承包地"三权分置"制度，在保持土地集体所有权的前提下，稳定家庭承包权、激活经营权，形成多元化经营主体参与的制度框架。郭晓鸣提出，推进乡村振兴战略应以规划体系为先导，以土地制度改革为重点，以政策体系优化为关键，以绿色发展为核心。马义华等认为，乡村振兴的关键在于构建现代农业产业体系、生产体系和经营体系，促进农村一二三产业融合发展，并继续深化农村土地制度、经营制度和集体产权制度的改革，以及加强乡村公共产品的优先供给。陈婉馨提出，实现乡村振兴战略需要创新城乡要素融合机制、农村基本经营体制、城乡融合规划机制和生态保护机制等。总之，学者们认为，构建一个健全的农业农村发展制度体系是顺利实施乡村振兴的基石，将为农业农村的发展提供坚实的基础。

　　第三，学者们从乡村治理角度对乡村振兴战略的实施做了比较集中的研究，研究成果集中体现在基层组织建设、民主自治、乡村治理体系等几个方面。首先，学者们几乎达成了一种共识：要实现乡村振兴必须加强农村基础工作，实施乡村振兴战略就要求构建更加有活力、有效力的乡村治理体系。有学者提出构建国家法治与乡村社会自治德治互构的机制，倡导乡村治理的多元主体共建共享[①]，完善乡村治理的组织载体。还有学者提出需要建立一个完善的乡村自治、法治和德治相结合的治理体系，促进自治、法治、德治的有机结合，深化村民自治实践，提升乡村德治水平，推动乡村共享治理体系建设。有学者认为构建三治合一的乡村治理体系，关键在于激发基层群众的责任感和参与度，形成政府治理、社会参与和群众自治的合作共治格局[②]。有些学者也在建构适应乡村振兴基层治理体系过

<hr>

① 张新文，张国磊.社会主要矛盾转化、乡村治理转型与乡村振兴 [J].西北农林科技大学学报（社会科学版），2018（3）：63-71.
② 何阳，孙萍."三治合一"乡村治理体系建设的逻辑理路 [J].西南民族大学学报（人文社会科学版），2018（6）：205-210.

程中强调应正视中国农村的差异，坚守完善自治的主轴线，区别对待传统农村和已经城市化的农村，传统农村应加强法治建设，提高建设热情，增强建设能力；已经城市化的农村应强化德治建设，正确认识建设难度，充分利用建设优势。也有不少学者建议利用好传统民间自治资源这个制度化自治资源①，即利用好村民自治制度。有学者进一步研究认为，在村民自治基础上，可以将法治与农村基层党建、村民自治、乡村德治和平安乡村构成完整有效的乡村治理体系，法治乡村建设应遵循整体性、差异性和渐进性原则，遵循法治建设的新方针，并以乡村公共法律服务为保障②。有学者认为，新型的乡村治理体系的关键是基层组织建设，要积极推进农村基层民主建设③，对基层干部进行定期教育培训，提高基层干部执法水平，以构建良好的法治氛围；要通过"还权、赋能、归位"等方式，进一步推进社会力量发展，让社会更有活力，从而有效发挥社会力量在社会治理中的结构优势、组织优势和资源优势④。总之，学者们认为实施乡村振兴战略对乡村治理提出了更高的要求，只有积极探索自治、法治、德治有机融合的新路径，建立健全现代乡村共享治理体系，确保乡村社会充满活力、和谐有序，才能为实现乡村振兴提供有力保障。

综上，学界围绕乡村振兴问题进行了系统深入的研究，并取得了大量的研究成果，为本书进一步开展乡村振兴的有关研究提供了启示。

从实践角度出发的研究中已经有一批非常有代表性的实证研究，研究者们以某个地方的乡村振兴为例，对其在建设中面临的问题进行分析，就乡村振兴的实践路径提出一些政策性的建议，如李志龙所著的《乡村振兴-乡村旅游系统耦合机制与协调发展研究——以湖南凤凰县为例》，该书以乡村旅游为抓手，探讨了乡村振兴与乡村旅游之间的耦合机制和协调发展。该书以湖南省凤凰县为案例，分析了乡村振兴与乡村旅游体系的相互关系及作用机制。蔡克信、杨红、马作珍莫合著的《乡村旅游：实现乡村

① 曹昶辉. 当前边疆民族地区乡村振兴的阻滞因素及应对策略［J］. 广西民族研究，2018（4）：115-123.

② 张帅梁. 乡村振兴战略中的法治乡村建设［J］. 毛泽东邓小平理论研究，2018（5）：37-43.

③ 王东，王木森. 新时代乡村振兴战略实施的共享理路［J］. 西北农林科技大学学报（社会科学版），2019（3）：1-9.

④ 刘升. 社会治理社会化：乡村振兴背景下乡风文明的实现路径［J］. 云南行政学院学报，2019（3）：74-80.

振兴战略的一种路径选择》一书进一步提出，乡村旅游作为旅游服务业与传统农业融合发展的产物，应被视为实现农业多功能性价值与游客体验需求多元性精准对接的重要平台。何阳、孙萍合著的《"三治合一"乡村治理体系建设的逻辑理路》探讨了中国乡村治理体系的现代化和乡村振兴战略的实现路径，提出构建"三治合一"，即自治、法治和德治有机结合的多元化乡村治理模式。夏杰长、刘诚合著的《数字经济赋能共同富裕：作用路径与政策设计》探讨了数字经济在推动共同富裕实现过程中的作用和政策设计，从理论和实践的角度分析了数字经济在推动共同富裕实现过程中的重要作用，并为政策设计提供了有益的参考。但是无论从哪个角度出发，目前社会各界对乡村振兴建设实践的系统性总结都跟不上乡村振兴建设实践的步伐，无法有效发挥对实践的指导作用。在这种研究背景下，本书采用系统性、实证的研究方法，以商洛市落实乡村振兴战略的实践为对象，对商洛市乡村振兴建设的价值选择和实践路径进行深入思考和研究，为商洛市乡村振兴建设提供理论支撑，为乡村振兴建设提供有益借鉴。

4.2 总体目标

党的十八大以来，习近平总书记围绕为什么推进农业农村现代化、如何推进农业农村现代化、推进什么样的农业农村现代化等一系列重要问题进行了深入思考和系统回答，形成了习近平总书记关于农业农村现代化的重要论述，深刻体现着中国共产党人对如何建成农业强国、实现社会主义现代化的不懈探索。

2018 年，《中共中央 国务院关于实施乡村振兴战略的意见》（以下简称《意见》）发布。在对乡村振兴战略意义进行论述时，《意见》明确指出："农业农村农民问题是关系国计民生的根本性问题。没有农业农村的现代化，就没有国家的现代化……实施乡村振兴战略，是解决人民日益增长的美好生活需要和不平衡不充分的发展之间的矛盾的必然要求，是实现'两个一百年'奋斗目标的必然要求，是实现全体人民共同富裕的必然要求。"

党的十九大报告对乡村振兴战略提出了明确的"二十字要求"，即"产业兴旺、生态宜居、乡风文明、治理有效、生活富裕"。乡村振兴战略的总目标被划分为两个阶段：到 2035 年，乡村振兴取得决定性进展，农业农村现代化基本实现。这意味着到那时，农业和农村的发展将实现质的飞跃，农业生产方式、农村社会经济结构和农民生活质量都将得到显著提升。到 2050 年，实现乡村全面振兴，达到农业强、农村美、农民富的目标。这一目标代表着乡村振兴战略的最终完成，届时中国的农业将具有强大的国际竞争力，农村地区将成为生态环境优美、社会和谐、经济繁荣的地方，农民的生活将更加富裕和幸福。这两个阶段的目标共同构成了乡村振兴战略的长期愿景，体现了中国对于农业农村发展的长远规划和坚定承诺。

"产业兴旺、生态宜居、乡风文明、治理有效、生活富裕"这二十字要求为乡村振兴提供了全面的发展目标和方向，是新时代农业农村发展的根本遵循。之后，中共中央和国务院发布了一系列重要文件，包括《关于全面推进乡村振兴加快农业农村现代化的意见》《中华人民共和国乡村振兴促进法》和《乡村振兴责任制实施办法》等，这些文件共同构成了实施乡村振兴战略的规划体系，促进了农业和农村的现代化，推动了农村经济、社会、文化和生态环境的全面振兴。这些文件的出台，体现了国家对于乡村振兴战略的高度重视，旨在通过法律、政策和制度的创新和完善，为乡村振兴提供强有力的保障，推动形成城乡融合发展的新格局。这些规划和法律文件为乡村振兴战略的实施提供了明确的路线图、时间表和任务书，使得乡村振兴的任务更加具体明确，对策措施更加精准有力。通过这些文件，政府致力于实现乡村的长远发展和农民的持续增收。基于此，新时代我国落实乡村振兴战略的总目标是农业农村现代化，坚持农业农村优先发展是总方针，产业兴旺、生态宜居、乡风文明、治理有效、生活富裕是总要求。这一目标涵盖了产业振兴、人才振兴、文化振兴、生态振兴和组织振兴的全面振兴。这些要求旨在通过城乡融合发展、提升农业发展质量、加强农业科技创新、保障国家粮食安全、推动乡村治理体系和治理能力现代化等方式，实现农业农村的现代化。

党的二十大报告指出，全面推进乡村振兴，坚持农业农村优先发展，巩固拓展脱贫攻坚成果，加快建设农业强国，扎实推动乡村产业、人才、文化、生态、组织振兴。2023 年，党中央再次强调，必须坚持不懈把解决好"三农"问题作为全党工作重中之重，举全党全社会之力全面推进乡村振兴，加快农业农村现代化，要立足国情农情，体现中国特色，建设供给保障强、科技装备强、经营体系强、产业韧性强、竞争能力强的农业强国。

2024年的中央一号文件再次提出全面推进乡村振兴，并为此提出了详细的"路线图"。这份"路线图"包含六个部分，包括确保国家粮食安全、防止规模性返贫、提升乡村产业发展水平、提升乡村建设水平、提升乡村治理水平，以及加强党对"三农"工作的全面领导。文件强调了坚持不懈夯实农业基础，推进乡村全面振兴的重要性，并提出了具体措施来实现这些目标。例如，文件提出的"两个确保"是确保国家粮食安全和确保不发生规模性返贫，而"三个提升"则包括提升乡村产业发展水平、提升乡村建设水平、提升乡村治理水平。同时，文件还提出"两个强化"，即强化科技和改革双轮驱动、强化农民增收举措。这些措施旨在加快农业农村现代化的步伐，推动中国式现代化建设。同时，文件还特别强调了乡村产业振兴的重要性，提出了一系列具体的举措，如促进农村一二三产业融合发展、推动农产品加工业优化升级、推动农村流通高质量发展等。文件中还提到了建设宜居宜业和美乡村的目标，强调了乡村建设的重要性，要求增强乡村规划引领效能、推进农村基础设施补短板、完善农村公共服务体系等。总体来说，2024年的中央一号文件为乡村振兴战略的实施提供了明确的指导和规划，旨在通过综合措施推动农业和农村的全面发展，实现农业现代化和农民增收的目标。

4.3　主要做法

4.3.1　坚持党对一切工作的领导是实施乡村振兴战略的根本保障

党是推进乡村振兴战略的坚强领导核心，党的领导体现在推动基层治理创新、人才培养、社会环境建设等方面的政策制定和资源整合上。党制定的相关政策和规划，为乡村振兴提供了明确的方向和目标，是对农业现代化、农村经济发展、农民增收、乡村治理等多个方面的具体落实。商洛市委、市政府坚持以习近平新时代中国特色社会主义思想为指引，深入学习贯彻习近平总书记关于"三农"工作的重要论述和来陕考察重要讲话重要指示精神，根据国家以及陕西省发展的总体战略，结合商洛各区县具体情况出台了一系列行政规范性文件和部门文件，加强党对乡村振兴工作的领导，有效落实各项政策，协调和整合包括财政资金、人力资源、技术支持等资源，从而推动乡村振兴战略的顺利实施。商洛市于 2019 年出台了《商洛市乡村振兴战略实施规划（2018—2022 年）》，提出了商洛市关于乡村振兴的制度框架和政策体系。2021 年，商洛市出台了《全面推进乡村振兴加快农业农村现代化具体措施》，涵盖了"有效衔接、特色产业、农业质量、乡村建设、农村改革、加强领导"等方面，对深入贯彻中央和陕西省关于乡村振兴的决策进行具体部署。2022 年，商洛市印发《关于做好2022 年全面推进乡村振兴重点工作的具体措施》，涵盖了"粮食生产、现代农业基础支撑、防止规模性返贫、乡村产业振兴、乡村建设和治理"等多个方面，体现了商洛市在乡村振兴方面的全面规划和积极推进。为了对各项政策进行具体落实，商洛市相继出台了具体文件。在乡村建设方面，商洛市依据《陕西省实用性村庄规划编制技术要点》《秦岭山水乡村建设导则》《关于开展"两改两转三促进"行动加快推进乡村振兴的实施意见》《关于加快和美镇区建设的实施意见》等政策文件，制定了《关于扎实做好 2024 年秦岭山水乡村及和美镇区创建工作的通知》《关于统筹做好乡村建设相关工作的通知（2023 年）》，明确以乡村建设作为推进乡村全面振兴的关键抓手，对建设宜居宜业和美乡村进行具体指导；在干部队伍建设方面，为了助力乡村全面振兴，商洛市进一步强化驻村帮扶力量，推动"千名党员驻村兴农"取得更大实效。商洛市按照陕西省《关于做好驻村第一书记和工作队员到期轮换和持续选派工作的通知》（陕乡振发〔2023〕30 号）、《商洛市驻村第一书记管理考核办法（试行）》（商组通字〔2021〕121 号）、《商洛市驻村（帮扶）工作队选派管理办法（试行）》（商衔接组办发〔2021〕4 号）的要求，结合商洛市的具体实际，先后发布《关于做好驻村第一书记和工作队员到期轮换和持续选派工作的通知（2024 年）》《关心关爱第一书记和工作队员若干措施》《2022 年全市乡村振兴干部培训方案》，以驻村干部工作为抓手，建设坚强有力、团结统一的基层党组织，切实助力商洛乡村全面振兴。在资源整合方面，商洛市充分借鉴浙江"千万工程"先进经验，制定了《关于开展"千村引千企"行动的实施意见》，旨在通过开展"千村引千企"行动形成"企业（合作社）+村集体+基地+村民"等多方参与、共建共享的发展格局。另外，商洛市通过制定《商洛市农业产业化经营重点龙头企业认定和运行监测管理办法》《商洛市"富民贷"推广实施方案》《关于做好 2023 年中央扶持发展新型农村集体经济项目实施工作的通知》等政策文件，积极落实陕西省委、省政府关于落实乡村振兴战略的部署，确保乡村振兴成果的巩固和拓展。在构建生态文明建设方面，商洛市贯彻绿水青山就是金山银山理念，尊重自然、保护自然，为了实现经济发展与环境保护的双赢，制定了《商洛市生态文明建设示范区规划（2021—2030年)》，涵盖了生态制度、生态安全、生态空间、生态经济、生态生活和生态文化六大领域，并提出了包括"328"特色创建在内的多项具体措施。商洛市还制定了《关于加快推进生态文明建设的实施方案》，提出了坚持节约优先、保护优先、自然恢复原则，走可持续发展道路，加大环境保护和生态修复力度等多项措施，旨在加快推进生态文明建设。这些行政规范性文件和具体方案充分体现了党在领导商洛市落实乡村振兴战略过程中的全面规划和积极推进。

此外，商洛市在加强党对乡村振兴工作领导方面，成立专门的乡村振兴领导小组或办公室，由市领导牵头，相关部门参与，形成统一的领导协调机制，确保乡村振兴工作有明确的领导核心和协调机构。为了发挥党组织在乡村振兴中的战斗堡垒作用，商洛市加强农村基层党组织建设，一是加强党员队伍建设，提高党员素质，对党员干部进行乡村振兴相关政策和知识培训，包括举办培训班、研讨会等形式，提高党员干部更好地理解和执行乡村振兴政策，提高他们在乡村振兴中的领导能力和服务水平。二是推动党组织参与乡村振兴项目的设计和实施，强化镇村党组织的领导地位，加强党组织建设，确保党组织在乡村振兴战略实施中起到引领和推动作用。为了对乡村振兴政策执行效果进行监督，商洛市建立乡村振兴政策执行监督机制，对政策执行情况进行定期检查和评估，对政策执行不力的进行追究，以及对执行效果好的组织给予表彰和奖励，确保政策落地生根。三是建立公众监督机制，让农民能够对乡村振兴政策的执行情况进行监督和评价，鼓励农民和其他农村居民参与乡村振兴，提高政策的透明度和公众参与度。

4.3.2 坚持人才是乡村振兴的关键，积极培养和引导各类人才参与乡村振兴

中共中央办公厅和国务院办公厅印发的《关于加快推进乡村人才振兴的意见》明确指出，乡村振兴的关键在于人才，人才振兴是乡村振兴的基础。人才是乡村振兴的驱动力和关键因素，具有专业知识和技能的人才能

够推动农业技术进步和农业生产方式的现代化，提高农业生产效率和产品质量，引入新的商业模式、管理方法和技术，促进乡村产业的多样化和创新，增加农民的收入来源。具备管理能力和专业知识的人才能够提高乡村治理的效率和质量，促进乡村社会的和谐稳定。在教育、医疗、文化等方面有专长的人才，能够提升乡村公共服务的质量和水平，改善农民的生活条件。在文化建设方面有专长的人才，能够挖掘和传承乡村传统文化，同时引入创新元素，促进乡村文化的繁荣和发展。在环保和生态建设方面有专长的人才能够促进乡村环境的保护和改善，实现乡村的可持续发展。总之，人才的集聚能够增强乡村的吸引力和活力，吸引更多的投资和资源，形成良性的发展循环。因此，实施乡村振兴战略要注重培养和引进各类人才、优化人才结构、完善人才政策，促进各类人才投身乡村建设，造就一支懂农业、爱农村、爱农民的"三农"工作队伍，为全面推进乡村振兴、加快农业农村现代化提供有力人才支撑。商洛市积极响应国家和陕西省关于乡村人才振兴的战略部署，结合自身的具体实际，通过各种方式培养和引导人才参与新时代乡村建设。

为了解决乡村经营管理人才匮乏的问题，商洛市委、市政府与中国农业大学合作，举办乡村经营管理人才（乡村 CEO）培训班，培训班的内容包括集体经济、资产运营、财务管理等，计划在 2024 年 11 月前，为全市每个村（社区）至少培训 1 名新型乡村人才。该培训项目旨在为全市所有村（社区）每村至少培养一名懂农业、会管理、善经营的新型乡村人才，以满足基层工作需求和全市发展大局。

为了解决乡村产业化发展所需的专业人才问题，商洛市从扩大总量、提高质量、优化结构三个方面提升本土人才的培养。商洛市通过多种途径增加乡村人才的总量。一是开展职业技能培训，通过加大高素质农民和农村创业创新带头人的培育力度，培养高素质农民队伍、家庭农场经营者、农民合作社带头人、农村电商人才和乡村工匠等。二是与高校合作培养人才。商洛市通过与高校合作，如与西北农林科技大学建立的合作机制，引进了 500 多名高层次和急需紧缺人才，招聘 3 600 多名公费师范生和"三支一扶"大学生充实人才队伍。三是通过"商山英才"计划，满足乡村产业化发展的需求。商洛市通过开展定期的专业培训、实践锻炼和继续教育，确保乡村人才能够适应现代农业和乡村经济发展的需要。商洛市通过这些措施，培养和引进各类专业人才，努力调整和优化人才队伍结构，形成以农业技术人才、经营管理人才、市场营销人才为要素，素质优良、结构合理、功能完备的人才体系，有效支撑乡村产业化发展的需要。

商洛市采取了一系列措施解决引导各类人才参与乡村振兴的实效性。首先，商洛市实施了"归雁计划"，吸引在外创业经商人员返乡担任村干部，提升村干部队伍的整体素质和带富能力。商洛市通过建立定期摸底和联系机制，将外出创业经商人员作为村级后备干部进行重点培养。2021年，全市共动员 1 047 名外出创业经商人员返乡任职，其中包括 194 名新任村（社区）党组织书记。2022 年，商洛市又动员了 23 名人员返乡担任村干部，并聘请 361 名人员担任荣誉书记、荣誉主任。为了激发返乡任职人员的积极性和创造力，商洛市对返乡任职后为本村发展作出突出贡献的人员，为他们提供保险和免费体检等福利，并建立长效激励机制，以此鼓励他们更加深入地参与乡村发展的各项事业。除此之外，商洛市实施了结对帮带制度，由镇（街道）班子成员每人帮带 1~2 名返乡任职人员，帮助他们迅速适应岗位。县（市、区）每年至少举办 1 期返乡任职人员专题培训班，着力提升他们的政策水平和实战能力。通过"归雁计划"，商洛市成功动员了 1 100 名外出务工经商人员返乡担任村干部，其中 58 人担任村（社区）党支部书记。这些返乡人员为乡村振兴带来了积极变化，如金米村在返乡任职的村党支部书记、村委会主任的带领下，发展了木耳产业，村人均纯收入显著提高。"归雁计划"不仅提升了村干部的素质，还促进了乡村治理和经济发展。在此基础上，商洛市举办了"千名头雁带富领飞"网络培训班和乡村振兴干部示范培训班，共培训了 6.7 万多名党员干部，有效提升了他们的能力。"归雁计划"通过吸引外出人才返乡，为商洛市的乡村振兴提供了重要的人才支持，促进了当地的经济社会发展。

同时，为了发挥党员干部的示范、帮扶和带动作用，商洛市通过强化项目推进、服务企业、为民办事等方面的快速响应，推动"三百四千"工程的实施。商洛市通过"百名市县领导联链条包抓产业"，市县领导与产业链的紧密联系，确保产业发展的有效推动；"百名局长行长联企业纾难解困"，帮助企业解决融资、用地、用工等实际困难；"百名部门骨干联项目精准服务"，通过部门骨干与具体项目的结合，提供精准服务；"千名干部招商引资"，鼓励干部参与招商引资，吸引外部投资；"千名人才创新创业"，鼓励和支持人才的创新和创业活动；"千名党员驻村兴农"，通过党员驻村，推动农业发展和乡村振兴；"千名头雁带富领飞"，鼓励和选拔有领导能力的个人，带领乡村（社区）发展。

商洛市正是通过创新乡村人才工作体制机制，以多元化的人才培育来激发乡村现有人才活力，以构建科学的引人拴心机制，增强乡镇基层对人才的吸引力，推动专业人才服务乡村，以提升乡村振兴的内在动力，为乡村的全面发展提供坚实的人才支撑。

4.3.3　培育和发展特色产业是乡村振兴的核心

产业兴旺是乡村振兴的重要途径之一，是乡村振兴的重中之重。产业兴旺通过发展特色产业和优势产业，提高农业生产效率和产品质量，增加农村地区的经济收入，提高农民的生活水平，减少城乡人口差距，促进乡村社会的稳定和发展。产业兴旺除了促进乡村经济之外，对促进乡村社会、文化和生态的全面发展也具有深远的影响。随着产业的繁荣，乡村地区的交通、教育、医疗等基础设施建设和公共服务水平也会得到提升。许多地方特色产业与当地的文化传统密切相关，其发展有助于保护和传承这些文化遗产，增强乡村的文化魅力，增强乡村居民的归属感和自豪感。

陕西省以习近平新时代中国特色社会主义思想为指导，深入贯彻党的二十大精神和总书记历次来陕考察重要指示，全面落实党中央、国务院的决策部署，聚焦提质增效和农民增收，立足本省发展现状特征，以推进高质量发展为主题，以供给侧结构性改革为主线，以全产业链建设为抓手，突出强优势、补短板，发挥政府、市场双重作用，推进品种培优、品质提升、品牌打造和标准化生产，构建产业链、市场链、价值链完整匹配的产业化经济体系，为推动乡村全面振兴、经济社会发展奠定坚实产业基础。

商洛市积极落实陕西省贯彻党中央、国务院关于产业发展的部署，以创新驱动、产业链提升、特色园区培育和农业特色产业的发展思路，指导全市乡村振兴的高质量发展。商洛市在创新驱动特色产业发展方面，以科技赋能进行产业升级，商洛市通过与高校和科研机构的合作，不断提升产业发展的科技含量，推动产业融合创新，促进县域经济提质增效。商洛市利用秦创原平台建成了秦创原（商洛）创新促进中心，推动科技创新，催生新业态、新模式和新的经济增长点。商洛市启动科技"双进"行动，第一阶段，通过组织科技系统领导干部到企业一线调研，了解企业的技术研发和经营发展情况，推动企业成为科技型企业；第二阶段，科技局局长进高校院所，促进企业和高校院所之间的精准对接，深化科技合作，旨在加速产学研用的深度融合。商洛市一方面与西安市科技局建立了合作关系，增加交流，共同推进科技创新与合作；另一方面与西北农林科技大学、西安交通大学、西北大学等高校签订合作协议，促进科技转化，以科技助力当地科技型中小企业的发展。通过这些措施，商洛市不仅提升了产业发展的科技含量，还促进了县域经济的提质增效，推动了产业融合创新和经济社会发展的全面绿色低碳转型。

商洛市在特色农业发展方面，重点发展了以"菌果药畜茶酒"为主导的特色农业产业。例如，食用菌、香菇、木耳、核桃、板栗、中药材、肉鸡和冷水鱼等产业的规模和产量在全省均居首位。通过实施全产业链培育工程，商洛市增强了产品竞争力，形成了以商南茶叶、柞水木耳、镇安板栗、洛南核桃、山阳食用菌、丹凤肉鸡等为代表的一批区域特色主导产业集群。

商洛市依托其自然环境和历史文化资源，大力发展文旅产业，形成产业链企业、专业合作社等，推动了县域经济的发展。首先，商洛市依托独有的秦岭生态资源，加强生态旅游的发展。商洛市坚持以全域旅游发展为抓手，走产业绿色化、城镇景区化、田园景观化的"三化"发展路径，规划了商於古道生态文化旅游走廊、秦岭山水风情休闲走廊、秦风楚韵旅游体验走廊的"一区三走廊"全域旅游发展布局，推动城镇向旅游景区标准规划建设，并推动4A、5A级景区的创建，旨在通过科学规划提升全域生态旅游的质量和综合竞争力。其次，商洛市通过挖掘和利用特有的文化资源，致力于推动文化旅游的深度融合，推动非物质文化遗产进入景区和度假区，以丰富文旅产品供给，使之成为有形的旅游产品，提升域内文旅产业的品质。同时，商洛市还举办文旅项目的网络招商活动，发布344个文旅项目，总投资达1 500亿元。这些项目涵盖了康养度假、民宿酒店、红色旅游、乡村旅游等多个领域，扩大了域内文旅项目的影响力。最后，商洛市通过和美乡村建设与乡村旅游发展互为依托，拓展旅游产业的新内容。商洛市实施了多项措施以促进和美乡村建设，改善农民居住条件、提升村庄整体面貌，以及通过创建各类示范村来推动宜居宜业乡村的建设。同时，商洛市通过美丽乡村建设，将乡村旅游作为农村美、农业强、农民富的重要抓手，例如，柞水县朱家湾村依托牛背梁自然景区，以招商造景和镇村融合发展模式，实现了从落后村到样板村的转变。这些策略和措施共同构成了商洛市文旅产业发展的整体框架，实现了文化和旅游的深度融合，保护和提升了当地的自然和文化遗产，进而推动了旅游业的高质量发展。

4.3.4 生态振兴是乡村振兴的内在要求

乡村振兴包括产业、人才、文化、生态和组织的全面振兴。其中，产业振兴被视为乡村振兴的物质基础和重中之重，而生态振兴则是乡村振兴的内在要求。生态振兴涉及建设适应现代生活、体现乡土风貌的美丽乡村，坚持绿色发展理念，推进乡村自然资源的增值，实现绿水青山与金山银山的相得益彰。

商洛市制定了《商洛市生态产品价值实现机制试点方案（试行）》，以贯彻习近平生态文明思想，强化秦岭生态环境保护，推动生态产品价值转化。商洛市通过创新生态保护路径、实施生态保护工程、划定生态保护红线等方式实施生态文明体制改革，旨在打造绿色生态屏障，促进生产空间、生活空间、生态空间的协调发展。商洛市商州区通过实施《乡村生态振兴实施方案》，有效治理农村生活垃圾，提高农村卫生厕所和污水处理水平，提升耕地质量和数量，以及实施农业绿色发展工程等措施，最终改善了农村生态环境。商洛市致力于生态环境保护与经济社会高质量发展的结合，通过实施生态修复、特色农业发展、康养产业推进等措施，打造生态文明示范区。商洛市利用市场化机制拓宽和创新生态产品价值实现路径，通过市场手段转化生态资源价值，提升生态资源的"造血"能力和运营效率。2023年7月，中国气象局批复了《陕西省商洛市气候生态产品价值实现试点方案》，商洛市成为全国气候生态产品价值实现"一省两市"试点之一。商洛市围绕"五个一"，即实施一套气候生态价值试点机制、设计一个气候经济发展规划、搭建一个气候生态价值转换平台、创建一批国家（省）级气候生态品牌、构建一套气候生态价值实现支撑体系，以气象事业撬动优势产业，探索经济发展新路径。全市七县（区）政府成立气候康养经济工作专班，气象部门充分发挥牵头作用，与多部门合作，实现了监测站网共建、信息共享、融合发展，形成齐抓共管、合力推进的工作局面。全市重点打好商洛气候生态品牌，通过推介地产、气候康养旅游等气候营销活动，商洛城市品牌形象影响力不断提升。

这些做法共同构成了商洛市在生态振兴方面的全面策略，旨在通过综合性的生态保护和可持续发展措施，提升生态环境质量，促进经济社会的绿色高质量发展。

4.4 推进特点

商洛市在落实乡村振兴战略的过程中，不断总结自身经验，吸取国内外乡村建设的相关经验，探索出一条符合商洛实际，彰显商洛特色的农业农村现代化建设道路。笔者在总结商洛建设经验基础上，概括了商洛乡村振兴的特点，为更好地理解和把握本书后面的章节内容提供一定的理论基础。

4.4.1 全局谋划，构建商洛市乡村振兴的整体框架

优先注重顶层设计，以全域整体发展为思路进行规划，构建整体发展框架，是商洛市全面推进乡村振兴，加快农业农村现代化进程的特点。商洛市地跨长江、黄河两大流域，位于暖温带和北亚热带过渡地带，气候温和，雨量充沛，四季分明，属于半湿润山地气候。这种独特的地理和气候条件为商洛市提供了良好的生态环境和丰富的自然资源。商洛市素有"八山一水一分田"之称，境内有秦岭、蟒岭、流岭、鹘岭、新开岭和郧岭六大山脉，绵延起伏，这些山脉构成了商洛市的主要地形特征。商洛市地势西北高，东南低，由西北向东南伸展，呈掌状分布。商洛市的最高点位于柞水县北秦岭主脊牛背梁，海拔 2 802.1 米，而最低点位于商南县梳洗楼附近的丹江谷地，海拔 215.4 米。这些山脉蕴藏着丰富的资源，包括矿产、生物和旅游资源。全市已发现各类矿产 61 种，查明并列入《陕西省矿产资源储量表》的有 54 种。此外，商洛市有种子植物 123 科、494 属、1 012 种，其中包括药材类、纤维类、野生淀粉类等多种资源。商洛市域内主要河流有丹江、洛河、金钱河、乾佑河、旬河五大河流，这些河流纵横交错，支流密布，横跨长江、黄河两大流域，为当地的农业、生态和居民生活提供了重要的水资源。此外，商洛市生态旅游资源丰富，境内奇山秀峰、险峡名川，林荫苍翠，自然景观别具一格。商洛市拥有多个旅游景点，如商南金丝峡、镇安木王、柞水牛背梁、山阳天竺山等，是旅游、避暑、休闲、度假的胜地。这些特点共同构成了商洛市独特的生态环境，为其经济发展和生态旅游提供了坚实的基础。商洛市基于本地区这一特点统筹规划，于 2021 年发布《全面推进乡村振兴加快农业农村现代化具体措

施》，包括易地搬迁后续帮扶、特色农业产业发展、提高农业质量和效益、乡村建设行动、深化农村改革等。商洛市在特色农业产业发展方面结合当地自然资源的特点，采取了一系列措施构建乡村振兴的整体框架。首先，从提高农业质量效益进行规划，包括强化粮食安全党政同责，深入推进农业结构调整，确保"十四五"期间粮食面积和产能稳定，明确耕地利用优先顺序，持续提高农民收入，以及发展节水和旱作农业等。其次，结合本地自然资源的禀赋统筹规划大力实施菌果药畜特色产业工程，为支持这一工程设立市级特色产业发展专项资金，构建现代农业经营体系，加快特色农产品加工发展和综合利用，实施农业品牌"点亮工程"，以促进农村一二三产业深度融合。最后，大力实施乡村建设，包括明确村庄分类布局，严格规范村庄撤并，加强乡村公共基础设施建设，推进农村改厕和生活污水治理，提高农村教育质量，改善农村医疗卫生服务机构基础设施，以及健全重大疾病医疗保险和救助制度等。例如：商洛市实施了"四好农村路"市域示范创建实施方案，实现乡镇通三级及以上公路、较大人口规模自然村通硬化路；建立权责清晰、齐抓共管的农村公路管理养护体制机制，全面提升农村公路的建设和管理水平，为乡村振兴战略提供坚实的交通保障。这些措施一方面强化了乡村振兴的整体规划，充分利用生态优势，遵循发展规律，加大投入保障，提高经济发展效率，推动县域内城乡融合发展，另一方面，乡村建设积极回应农民对美好生活的向往，加快实现县镇村功能衔接互补，深入推进农村综合改革，提升了农村地区生活环境的品质，为发展特色经济提供了环境保障。

商洛市深入践行绿水青山就是金山银山的理念，依据本区域的景观资源和人文资源，确立"产业绿色化、城镇景区化、田园景观化"三化路径，统筹总体规划，大力发展特色产业。商洛市通过推动全域旅游示范市创建工作，强化党政统筹、旅游规划引领、重点旅游产品规划等方式，推动旅游产业与经济社会发展的深度融合。例如，洛南县古城镇草店村通过发展乡村旅游，实现了从贫穷落后到美丽宜居的转变，带动了当地经济的发展。商洛市以美丽乡村建设为抓手，促进乡村旅游的发展。例如，镇安县云盖寺镇和丹凤县棣花镇，将美丽乡村建设与文化旅游名镇建设进行一体打造，充分挖掘展示古镇地方文化特色，赋予乡村旅游文化灵魂，提升旅游产业服务品质。这一整体发展思路体现为创新工作机制，整合资源，既改善农村的生产和生活环境，又推动乡村旅游，提升旅游服务水平。

这些规划共同构成了商洛市各县区在乡村振兴方面的总体布局，特色产业和特色农业的发展可以带动当地经济发展，提供了更多的就业机会，有助于减少外出务工人员，促进人才回流，增加农村地区的收入来源，提高农民的生活水平。同时，为了支持特色旅游业的发展，商洛市改善当地的交通、住宿、餐饮等基础设施，惠及当地居民。同时，这些举措也有利于更好地保护和传承当地的文化和传统，增强当地居民的文化自豪感和身份认同。这一整体发展的规划实现了经济、社会、文化和环境的全面发展，提升了区域的整体竞争力，推动了地区的全面发展和农业现代化。

4.4.2 精准分类，精准施策

商洛市准确把握本地区的自然禀赋、社会经济发展状况，因地制宜、分类指导、精准施策，并及时根据乡村振兴措施的实施情况，进行动态监测，不断调整和变革乡村振兴行动，提高乡村振兴的效率和效益。这是商洛市落实乡村振兴战略的一个实践特色，也是精准推进乡村振兴战略的重要方式。商洛市以域内土地为对象进行精准分类，这是确保土地政策精准的重要前提。商洛市共有耕地 11.81 万公顷，主要分布在洛南县、商州区、山阳县、镇安县，占全市耕地的 79.13%。耕地中，水田占 0.11%，水浇地占 2.44%，旱地占 97.45%。全市园地面积为 2.19 万公顷，主要分布在商州区、商南县、山阳县，占全市园地的 60.82%，其中，果园占 3.98%，茶园占 22.55%，其他园地占 73.47%。全市林地面积为 169.80 万公顷，占全市总面积的很大一部分，其中，乔木林地占 93.40%，竹林地占 0.06%，灌木林地占 3.13%，其他林地占 3.41%。山阳县和镇安县的林地面积较大。全市草地面积为 1.52 万公顷，主要分布在商州区、洛南县，占全市草地的 79.29%，其中，天然牧草地占 71.20%，其他草地占 28.80%。全市共有湿地面积为 0.24 万公顷，是"三调"新增的一级地类。商洛市的湿地类型主要为内陆滩涂，分布在商州区、洛南县、丹凤县、商南县四个区（县），占全市湿地的 88.14%。基于域内土地情况的准确把握，商洛市进一步对土地利用现状进行研判，针对利用率高、利用类型不平衡、山地占比大、耕地数量少且质量低的特点，分类制定精准政策来实现农业发展和生态保护之间的平衡。

针对耕地，商洛市通过实施"田长制"，明确各级政府在耕地保护方面的主体责任，确保永久基本农田不被随意侵占和破坏。这一制度以"横向到边、纵向到底"的基本农田保护网络为目标，县镇村组四级田长制，实现耕地和基本农田保护责任的全覆盖。商洛市在构建耕地保护"田长制"的同时，健全工作机制，建立联席会议制度、信息公示制度、巡田制度和工作通报制度、动态信息共享制度，强化协作配合；健全奖惩机制，对工作成效突出的地方政府予以表扬和激励，对存在问题的视情况予以通报曝光、警示约谈、追责问责。此外，在恢复耕地的具体工作中，商洛市开展耕地保护百日攻坚战，包括对耕地保有量的恢复整改、永久基本农田的核实处置、耕地进出平衡缺口的补充等。这些政策和措施确保了耕地资源的合理利用和长期保护。

针对林地，商洛市全面推动"林长制"改革，通过召开总林长会议、落实总林长发令、林长巡林等制度，强化森林资源保护管理。商洛市加强林地管理，依法依规严把审核、审批关，严禁化整为零，规避审批权限审批林地；严禁以推进重大项目建设、发展经济等名义，非法占用或肆意破坏林地资源，有效遏制破坏森林和野生动植物资源违法犯罪活动，推进全市生态文明建设。商洛市加快林下经济发展，包括林下种植、林下养殖、林产品采集加工和森林景观利用等，以提高林地综合经营效益，促进农民增收和农村发展。例如，商洛市积极推动林业碳汇项目落地。林业碳汇是指通过造林、森林经营等人为活动，利用森林的储碳功能，额外吸收和固定大气中的二氧化碳，并与碳汇交易相结合的过程。商洛市通过市场化手段开发新造林地和森林抚育地块产生的额外固碳量。这些活动包括造林和森林经营，目的是额外吸收和固定大气中的二氧化碳，并通过碳汇交易实现经济价值。商洛市的林业碳汇资源约78.5万亩，首批可产生二氧化碳减排量约53.0万吨，预计可产生经济价值2 000多万元。这一系列政策和措施既加大了对林地资源的保护，又提升了林地资源的利用。商洛市在林业碳汇交易方面取得了显著成效。具体来说，商洛市首批CCER林业碳汇项目于2024年3月4日成功完成交易，这是陕西省首次此类交易。该交易涉及二氧化碳减排量10万吨，总资金达到400多万元。商洛市的林业碳汇项目主要涵盖2012—2023年的人工造林项目，总面积约78.5万亩。预计首期碳汇量约为53万吨，预期收益约2 000万元。这一项目的成功交易标志着商洛市正式解锁"碳交易"，对于实现商洛绿水青山"好颜值"向金山银山"好价值"的转变，破解全市生态产品价值实现难题起到了积极的示范引领作用。根据测算，本项目计入期共40年内预计产生二氧化碳减排量约 781.48 万吨，产生碳汇收益 3.5 亿元；年产生二氧化碳减排量约 19.5 万吨，碳汇收益 877.5 万元。这一成就不仅有助于实现商洛市的碳中和目标，还有助于推动乡村振兴和农民增收。

针对湿地，商洛市着重于生态保护、可持续利用以及平衡农业和城镇发展的需要。商洛市制定了《商洛市湿地保护专项规划（2021 年—2025 年)》，规划中包括了湿地保护体系规划、湿地旅游规划、中心城区湿地系统规划等多方面内容，体现了对湿地资源的全面保护和合理利用。该规划旨在加强湿地资源保护，全面扭转湿地面积萎缩和功能退化的趋势，保障全市居民生活饮用水安全，维护湿地蓄水调水功能，确保生态安全。除此之外，商洛市还积极推进智慧湿地建设，通过安装视频监控系统等方式，对湿地生态环境进行日常监督。例如，商洛市在洛南洛河源国家湿地公园安装了 9 个野外视频监控摄像头，实现了远距离、大范围、高清晰的实时监控。这些措施有助于保护湿地生态，同时也提高了湿地管理的效率和效果。商洛市在湿地保护和利用方面实施的一系列有效的政策和管理措施，不仅提升了湿地生态环境的保护水平，同时也促进了区域的可持续发展。

4.4.3 数字赋能，探索数字乡村建设

数字技术赋能乡村振兴是一种趋势，也是一种必然。随着大数据、物联网、5G、区块链、ChatGPT 等数字技术的应用与嵌入，数字技术成为当代社会的核心竞争力之一，也成为推动乡村振兴的重要力量。在这一背景下，商洛市面对乡村振兴新的发展机遇和挑战，积极推动数字技术融入新发展格局，制定一系列数字乡村建设的设计和措施，拓宽乡村数字行动空间，为当地乡村的高质量发展注入源源不断的动力。

在创新乡村治理模式方面，商南县利用腾讯公司的"为村"平台，致力于乡村移动互联网能力建设，以"连接信息，连接财富，连接情感"为宗旨，提供乡村多元服务模块，涉及民生、医疗、教育、经济等方面。商洛市开设的居民说事、党群服务日记等板块，群众通过二维码随时反映问题，实现基层治理高效率和生活智能化。"腾讯为村"平台在处理党务村务方面，设置了"党务村务"功能板块，为各级干部提供了公开发布党务、村务等信息的渠道，使信息能够一键下达至一线村民。同时，"腾讯为村"平台为各级干部提供了翔实的乡村治理数据，有效提高了乡村基层工作效率。"腾讯为村"平台在情感、社会和文化层面有效缓解城乡隔离，

通过开放的交流平台功能构建线上村庄场景。村民可以随时随地发布"动态",分享农村生产和生活中的美景、趣事,无论身在何处,都能在线实时了解村里大事小情。"腾讯为村"平台将乡村与城市及第三方平台相连接,使生产、生活更加便捷,帮助提升生活品质、助力乡村振兴。

在产业建设方面,商南县在富水镇实施了"5G+智慧茶园"项目,这是商洛市首个省级数字乡村信息化试点建设项目。该项目利用互联网、物联网和大数据等技术,建立了茶叶种植基地数据监测采集体系,实现了农产品单品种质量安全可追溯、全产业链环节可实时监测预警。这不仅提高了工作效率,保证了茶产量稳定,还提升了茶叶产出品质,实现了增产增效的目标。柞水县建设数字产品流通平台,为消费者提供线上销售、物流运输和售后服务,扩大本地特产的市场辐射范围,同时保证乡村居民共享电商产业发展红利。例如,柞水县成立了电子商务工作领导小组,制定了电商人才培训管理办法和电子商务培训方案,累计开展了 34 期培训,培训人次达到 7 056 人次,培育了 420 多户电子商务网店和微店等经营主体;通过金融补贴、土地使用等激励措施,支持传统商贸流通企业与京东、淘宝、天猫、拼多多等电商平台合作发展;完善县级公共服务中心功能、建立镇村服务站点和物流配送体系,建成 64 个镇村物流站点,并开通了多条快递线路,配备了 60 多台配送车辆,实现了 3 天内快递物流配送到镇村;打造农产品的线上线下供应链。柞水县还特别注重利用"互联网+三农"的模式,推动主导产业"柞水木耳"的发展。柞水县通过网络平台,如今日头条、抖音、快手等推广"柞水木耳",并组织企业参加各类网络直播和销售活动。2021 年上半年,全县网络交易额达到 1.25 亿元,同比增长 30%,农产品网络销售额达到 2 700 万元,同比增长 54%。

商洛市在数字技术融入乡村振兴方面的积极实践使得距离不再是限制乡村发展的因素,乡村可以通过数字化平台和渠道,将自己的产品和服务推向全国甚至全球市场,吸引更多游客和消费者,扩大市场规模,从而提高乡村收入,增加农民的就业机会。乡村在数字平台上宣传和销售数字产品时,城乡居民可以借此渠道进行交流,乡村居民也会更加了解城市消费趋势和供给情况,并创新产品以提供更符合市场需求的产品和服务。因此,数字技术融入产业建设能够实现资源共享和优势互补,从而推动乡村经济的发展。

4.4.4 问计于民，治理有效

以人民为中心的发展思想，是我们党恪守立党为公、执政为民的根本要求。问计于民是谋划乡村振兴，制定正确政策的重要前提。商洛市在全面推动乡村振兴实践中，聚焦农民普遍关心关注的民生问题、生态问题、增收问题，坚持为民原则，密切联系群众，充分尊重群众对利益的需求，充分发挥蕴藏在农民中的无穷智慧和巨大力量，成为推进乡村振兴过程中的一大特点。商洛市在制定政策之前，市县领导干部深入村庄、深入农户进行广泛、深入的调查研究，为乡村振兴科学决策、正确决策提供依据。通过"土味宣讲"到一线送政策，商洛市将党的创新理论带到群众身边，通过下乡进企听民声察实情等方式开展调研，摸清、摸准、摸透，切实掌握第一手资料，精准掌握群众的实际问题，建设了一批"民心工程""惠民工程"，得到大多数农民的欢迎和支持。柞水县以提升农村公共文化服务水平为重点，在文化保护工作、文化艺术创作、基础设施建设等多个方面，满足人民群众的精神文化需求，促进文化振兴和提升民众的幸福指数。商南县同样创新实施文化惠民工程，通过组织各类文化活动和阅读推广活动，提升了群众对文化的获得感和幸福感，促进了农村社会文明程度的提升。商洛市推出了"一机游商洛"微信小程序和文旅惠民卡，以数字化、智慧化方式推广旅游业。文旅惠民卡为市民提供优惠，覆盖了市内多个 3A 级以上景区，不但刺激旅游市场复苏，还能让市民更好地享受全域旅游发展成果。商洛市及各县区的这些具体做法提升了农民的获得感、幸福感、安全感。

商洛市在乡村振兴实践中充分发挥蕴藏在农民中的无穷智慧和巨大力量，通过"归雁计划"，吸引在外创业经商的农民返乡担任村干部，提升村庄的管理水平和带富能力。在柞水县小岭镇金米村，返乡任职的村党支部书记、村委会主任带领村民流转土地，搭建种植大棚，建设产业基地，将小木耳做成了大产业。这些返乡任职的干部不仅帮助群众发展产业、促进就业，还引导村民改变思想观念，在帮助群众脱贫致富的同时，也改善了村容村貌村风，在本村发展中起到了重要的领导和推动作用。丹凤县通过"企业+合作社+基地+农户"的模式，引导群众扩大葡萄种植规模，激发农户参与生产和经营的积极性，农户不仅是生产的参与者，也是合作社发展的重要推动力，这种模式有效地促进了农户的增收和农村经济的发

展。镇安县以小产业、小服务、小荣誉、小建设、小片长为主要内容的"五小工程"，做优基地、做强龙头、做精品牌，以及提供小服务、晾晒小荣誉、搞好小建设等，使人民群众深度参与乡村振兴，增收致富，并全面巩固拓展脱贫攻坚成果，接续推进乡村振兴。

商洛市充分调动当地农民的积极性，鼓励他们参与乡村基础设施建设，改善村庄的基础设施，提升居住环境和生活质量。商州区杨斜镇围绕打造秦岭山水乡村，坚持高标准、全域推进农村人居环境整治。商州区杨斜镇广泛发动群众参与人居环境整治及秦岭山水乡村建设，农民参与了村庄道路、房前屋后的杂草杂物、沟壑水渠等的全方位无死角综合清扫治理工作，这些工作不仅改善了村庄环境，也提升了农民的参与感和获得感。农民积极参与秦岭山水乡村的建设，通过拆除违法建筑、清理废弃矿渣、封闭无主矿洞等方式进行环境治理，保护秦岭生态环境，提升乡村的宜居性。这种做法有效地激发了群众的内生动力，在秦岭山水乡村建设中发挥了重要作用，不仅提升了乡村的生态环境和居住品质，也增强了农民的参与感和幸福感。

农民参与各类文化和社区活动，如小荣誉项目，增强社区凝聚力，促进乡村文化振兴。2024 年 4 月 9 日，商洛市委宣传部、丹凤县委和县政府在丹凤县商镇老君社区广场举行商洛市文化科技卫生"三下乡"集中示范活动，吸引了多个单位和 300 余名志愿者的参与。这个活动向现场群众发放了多种宣传资料，如小麦促弱转壮保丰收技术挂图、食用菌口袋书等，并面对面向群众宣传讲解中央一号文件和党的强农惠农富农政策。组织方通过开展宣传讲解、现场咨询、实用技术培训等方式，向群众提供各类技术咨询和服务，如大豆玉米带状复合种植、农村土地承包、病虫害防治等。组织方还向丹凤县捐赠了玉米种子、玉米专用肥、实用书籍等价值 3 万元的物资，助力农业生产，保障粮食安全。此外，商洛市及丹凤县的多个单位在活动现场设立了服务台，进行科普宣传、法律咨询、健康检查、信息服务等，为现场群众提供了丰富多彩的精神文化"福利"。台上，文化志愿服务队的演员们带来了精彩纷呈的文艺节目；台下，群众领取农技资料、看图书、检查身体、咨询法律问题。同时，来自市县的文化科技卫生三支志愿服务小分队分别深入不同社区，开展实用技术培训、送医上门、科普和气象防灾减灾宣传等志愿服务活动。此次文化科技卫生"三下乡"活动，促进了农民参与社区活动，提升了他们的文化素养和技术水平，同时也提供了实际的农技支持和健康服务，从而增强了农民的获得感和幸福感。通过这些方式，商洛市的农民不仅在物质层面上受益，也在文化、社会参与等方面得到了提升，全面参与到乡村振兴的过程中。

由此可见，加快推进乡村振兴，要充分发挥农民主体作用，要集中农民的智慧，增强党委和政府的决策水平，使乡村振兴的各项决策、政策更加符合农民意愿，更加科学合理，更加公平公正。

4.4.5 实践创新，彰显特色

乡村振兴战略的实施旨在促进农村地区经济社会全面发展，提高农民收入水平，缩小城乡发展差距，因此，应积极贯彻党的决策和指导文件，紧密结合乡村实际，探索创新模式与农村经济发展之间的关系，以及创新模式在乡村振兴实践中的应用。商洛市基于域内自然资源与人文资源的实际，探索质量兴农品牌强农、城乡一体化发展、三产联动和大力发展电商等方面有着突出的特色，这些特色推动农村产业结构的升级和优化，提高农业生产效率和质量，拓宽农民的收入来源，促进农村经济的发展和乡村振兴的实现。

品牌建设是提高生产主体综合生产能力和产品市场竞争力的重要手段，是产品质量的外延，是产品无形的效益。品牌对企业的发展，对产品的销售起着很重要的作用。品牌是消费者对农产品认知的载体，拥有品牌的农产品能够获得更高的附加值。品牌可以帮助企业拓宽市场，提高产品销售收入。通过品牌建设，可以将农产品与同类产品进行区分，提高其产品知名度及市场竞争力。同时，品牌建设也可以降低营销成本，提高企业的经济效益。品牌建设有利于推广绿色、优质、安全的农产品，促进农业可持续发展。同时，品牌建设也可以提高农民的收入水平，促进农村经济的发展。商洛市坚持以实施乡村振兴战略为总抓手，坚定不移地推进质量兴农、绿色兴农、品牌强农，发布了实施农业技术标准49项，包括团体标准、省级地方标准和市级地方标准，全面提升全市农业标准化水平，推动乡村产业高质量发展。商洛市委、市政府高度重视农业标准化工作，明确工作目标和工作要求，强化资金保障和督查考核。市农业农村局、市市场监督管理局认真抓好标准制修订工作，每年组织技术单位积极立项申报，强化工作督导，统筹标准立项、审定、发布和宣贯，有力有序推进农业标准化工作。商洛市创新工作方法，印发《商洛市优势特色产业全程质量控制整市推进工作方案》，以食用菌、茶叶、生猪、肉鸡蛋鸡、核桃、板栗、猕猴桃、冷水鱼、中药材 9 大产业为重点，全力构建商洛特色农业全产业链标准体系，实现 16 项质量控制技术标准落地生根。市农业农村局、市林业局、市市场监督管理局联合推进这一工作，加快标准宣贯与推广，破解企业用标贯标、品质提升、品牌打造、包装标识、市场营销等难题，协同推进全产业链标准化生产。商洛市实现了以提高农产品质量为主攻方向，创新构建"产出"优质、"管出"安全、"树起"品牌的农业特色产业模式。

商洛市以"一体化、均衡化"为思路，布局"体制机制、经济社会、公共服务"三个全面发展，创出了推进城乡一体化发展新经验。商洛市在整体推进城乡体制机制改革方面，首先强化了理念创新，明确了改革工作的"1234"总体思路，包括聚焦一个目标、突出两个抓手、实施三大工程、促进四个提升。商洛市建立了市级领导领衔推动重大改革事项机制，市委深改委定期专题听取改革工作汇报制度、深化"一县区一特色、一部门一课题"改革推进机制等，以促进改革事项的高效完成和高质落实。

在城乡统筹发展方面，商洛市拓宽增收渠道，促进县域经济实力的增强，建立健全城乡融合发展体制机制和政策体系，缩小城乡居民收入差距。商丹一体化是国家《关中—天水经济区发展规划》的一部分。商洛市通过积极推动商丹一体化，致力于打造次核心城市，加快城镇化步伐，促进城乡一体化发展。商洛市与西安市合作，推动西商融合一体化发展，涉及产业融合、科技创新协作，以及基础设施和服务的共享。通过这种合作，商洛市旨在推动经济社会的高质量发展，同时促进主导产业的转型升级。

优化公共服务，促进资源要素双向流动。商洛市依托秦岭山水城市特色，坚持生态优先、绿色发展，实施了城市生态修复和有机更新，创新推行"水生态治理+"模式，建设了多个水生态修复示范项目，以提升城市水系，使之成为城市的"会客厅"和"最美阳台"。与此同时，商洛市大力开发优美小镇，以形成具有特色的城镇群，实现城乡有机一体化。

这些做法体现了商洛市在城乡一体化建设方面的全面努力。商洛市通过生态优先、绿色发展、产业融合和区域合作来提升城市的整体品质和发展水平。

商洛市通过农业供给侧结构性改革，推动了农村一二三产业的融合发展，做精一产、做强二产、三产融合。商洛市大力实施特色产业提升工程，因地制宜发展以"小木耳、大产业"为代表的"菌果药畜茶酒"等特色产业，推动数字农业，推进"菌果药畜茶酒"产业全链条升级。在县域经济高质量发展方面，商洛市把绿色循环产业体系作为县域经济发展的命脉，并大力发展文旅产业。例如，棣花古镇旅游景区通过开发和整合人文资源和度假资源，形成了具有县域特色的文旅产业。

　　数字化背景下，商洛市人民政府发布了关于加快电子商务发展的实施意见，加强对电子商务企业的支持、构建电子商务产业发展体系、优化电子商务发展环境，旨在充分发挥电子商务在释放消费潜力、激发行业活力、促进经济转型升级和增加就业机会等方面的重要作用。商洛市提升网信基础设施建设，依托国家级电子商务进农村综合示范项目，加快镇村电商服务站点建设，提升站点服务水平，促进了实体经济与数字经济的融合发展、智慧旅游和数字文化产业等。商洛市积极推动直播电商的发展，实施了"六个一百工程"，包括建设 100 个直播基地、打造 100 个网红打卡地、培育 100 个网红产品、培养 100 名直播销售员、孵化 100 家电商服务机构、提升 100 个村的物流和网络配套设施。通过这些措施，商洛市涌现出了许多优秀的直播人才和网销品牌，如柞水木耳、商洛核桃、秦岭土蜂蜜等。商洛市还优选具有地域特色的农产品进行网上销售，从而助力脱贫攻坚和农产品销售。这些措施有助于推动商洛市经济社会的高质量发展。

5　价值选择

5.1　经济价值

乡村振兴战略是新时代我国"三农"工作的总抓手，旨在通过产业发展、农民增收、城乡融合等措施，推动农业全面升级、农村全面进步、农民全面发展。乡村振兴战略的实施，不仅关系到我国农业现代化和农村繁荣，还关系到国家经济发展和社会稳定。通过对乡村振兴战略的实施情况进行分析，探讨乡村振兴在经济价值方面的体现，可以为我国乡村振兴提供理论支持和实践参考。

5.1.1　产业发展

2020 年 7 月由农业农村部印发的《全国乡村产业发展规划（2020—2025 年）》强调了乡村产业的重要性，指出乡村产业是提升农业、繁荣农村、富裕农民的关键。规划提出，要聚焦更多资源要素，发掘更多功能价值，形成城乡要素顺畅流动、产业优势互补、市场有效对接的格局。乡村振兴的核心是产业发展，因此，乡村振兴的经济价值主要体现在产业发展上，通过发展特色产业、优势产业，推动农村产业结构调整，实现农村经济转型升级，为乡村振兴提供经济基础。

第一，蓬勃发展乡村特色产业。乡村特色产业的发展在乡村振兴中起着关键作用。乡村特色产业涵盖了种养业、食品业和手工业等多种类型，它们不仅具有鲜明的地域特征和浓厚的乡土气息，还以独特的资源禀赋、乡土特色食品以及乡村特色技艺为产业发展赋能，具有促进乡村高质量发展的重要价值和巨大的发展潜力。这些产业的发展不仅依赖当地的自然资源，还融合了丰富的乡土文化资源，如乡土特色食品、乡村特色技艺、乡村旅游、农耕体验、文艺品牌等。

"一村一品""一镇一业"和"一县一特"是中国乡村振兴的重要发展模式，这些发展模式可以归纳为六种类型：龙头企业拉动型、服务组织带动型、专业市场依托型、政产学研支撑型、乡村旅游主导型和特色文化带动型。不同的地区根据自身资源和条件选择相应的模式，推动了乡村经济的振兴和发展。这些发展模式的实施在不同地区取得了显著成效。广东省是"一村一品、一镇一业"战略的先行者。在广东省，1 322 个"一村一品"专业村的主导产业总产值达到 293.25 亿元，200 个"一镇一业"专业镇的主导产业总产值达到 642 亿元。这些专业村镇的主导产业产值在各自农业总产值中的占比分别为 54% 和 50%，初步形成了由点连线、由线结网的产业格局，为广东省现代农业产业体系构筑了重要支撑。

广东省肇庆市广宁县也是一个成功案例。该县充分利用本地资源和区位优势，发展了具有特色、价值高、影响力大的拳头产品，形成了一大批主导产业突出、区域特色优势明显、市场前景较好、组织化程度较高、农民增收效果显著的专业村和镇。例如，江屯镇以茶叶为主导产业，洲仔镇以竹笋为主导产业，这些专业村镇的发展不仅提升了当地的经济水平，还增加了农民的收入。

山东省聊城市阳谷县十五里园镇综合考虑产业基础、交通状况、基础设施等多方面因素，因地制宜，整合投入，积极打造十五里园党建引领示范片区，做好乡村振兴新篇章。十五里园镇以农业供给侧结构性改革为主线，重点在樱桃种植、生态杂粮、特色果园等产业上下功夫，着力打造"农业特色小镇"，引领十五里园经济发展新动能，助力乡村振兴。

江苏省结合地区特色与阶段特征，全面优化农业生产结构和空间布局，构建具有江苏特点的农村产业融合发展示范园。江苏省出台了《关于促进乡村产业振兴推动农村一二三产业融合发展走在前列的意见》，确定重点打造优质稻麦、绿色蔬菜、特色水产、规模畜禽、现代种业、林木种苗和林下经济、休闲农业、农产品电子商务 8 个千亿元级优势特色产业，为全省农村产业融合发展示范园科学布局提供参考依据。

在陕西延安，苹果产业成为全市农民经营性收入的主要来源；在湖北潜江，小龙虾养殖和加工成为重要的产业链，为当地经济和就业市场带来显著效益。

这些案例和模式表明,"一村一品""一镇一业"和"一县一特"战略是推动乡村经济发展和农民增收的有效途径,通过发展特色产业和优势产业,不仅提升了农业的价值,还为农民提供了更多的就业机会,促进了农村经济的多元化发展。

第二,提升农产品加工业。农产品加工业是乡村振兴的重要组成部分,它不仅提升了农业的价值,还为农民提供了更多的就业机会。例如,2019年,全国农产品加工业的营业收入超过22万亿元,吸纳了3000多万人就业。

第三,发展休闲农业和乡村旅游产业。休闲农业和乡村旅游是乡村振兴的新兴产业,2019年,全国乡村旅游景点共计接待游客30亿人次,营业收入超过8000亿元。这些产业的发展不仅丰富了旅游体验,还带动了当地经济的发展。

第四,创新发展乡村服务业。乡村服务业包括农村生产性服务业和网络销售等,2018年农村生产性服务业营业收入超过2000亿元,农村网络销售额突破1.3万亿元。

第五,乡村产业融合的发展趋势。目前,我国乡村产业融合渐成趋势,"农业+"多业态不断发展,包括综合种养、中央厨房、直供直销等。产业融合是现代产业发展的基本趋势。乡村产业的融合包括纵向融合和一体化,以及横向融合和一体化。例如,农业与二三产业的融合,以及乡村其他产业之间的深度融合。随着经济社会的发展,乡村产业结构将出现多样化的趋势。乡村产业的产业集群化是当今世界产业发展的大趋势,大量的相关企业组织按照一定的经济联系集中在特定的地域,形成一个类似生物有机体的产业群落,有利于提升农业的价值和农村经济的多元化发展。尤其是在县域经济的发展上,产业集群化具有强大的牵引和推动作用,利于推进空间布局、产业发展、基础设施等。这些方向的发展对于乡村振兴具有重要意义。

5.1.2 农民增收

乡村振兴的目的是让农民过上更好的生活,通过产业发展、就业创业、政策扶持等措施,提高农民收入,缩小城乡收入差距,实现共同富裕。农民增收是乡村振兴的出发点和落脚点,也是乡村振兴的经济价值的重要体现。

首先，通过发展特色产业、优势产业，实现农民增收。大力发展乡村特色产业、优势产业推动农村产业结构调整，实现农村经济转型升级，不仅能提高农业产值，还能带动农民就业和增收。例如，黑龙江省宁安市江南乡通过建设冷藏库，延长了寒地果的储存期，实现了错季销售，从而显著提高了收益。山东省寿光市在设施农业大棚种植五彩椒，成为当地的大产业，为农民带来了可观的收入。有些地区通过发展特色产业，如种植业、养殖业和乡村旅游业，为农民提供了更多的就业机会。例如，云南省通过发展高原特色农业，不仅延伸和拓展了农业产业链，还推动了特色产业的全产业链融合发展，从而带动了农民增收。特色产业集群的发展促进了农村一二三产业的融合发展，如湖北省小龙虾产业的发展，不仅包括了养殖业，还包括加工业和餐饮业，形成了一个完整的产业链，为农民创造了更多的就业和增收机会。

其次，乡村振兴的关键在于提供更多的就业机会。乡村产业的兴旺可以促进乡村产业融合发展，增强对人才的吸引力，必然增加就业岗位，拓宽就业门路。例如，生态农业、农村电商和乡村旅游等乡村特色产业的发展，为青年农民工和大学毕业生提供了就业机会。通过提升农业产业化水平，大力发展职业教育，实施新生代农民工职业技能提升计划，围绕当地产业发展和市场需求进行就业创业技能培训，扩大技能培训规模，如使用智能化管理和无土栽培技术，可以显著提升农民就业质量，进而提高农产品的产量和质量，增加农民的收入。例如，昆明市晋宁区云天化晋宁花卉产业现代化示范园就采用了这些技术，显著提高了花卉的产量和质量。通过增强农民专业合作社的规范化水平，可以更好地发挥其在联农带农方面的作用，让农民成为现代产业链、供应链的重要主体，参与产业发展，共享增值收益。

乡村特色产业基于乡村的自然资源和人文资源，开发具有地域特色和现代消费理念的个性化、多样化产品，不仅激发了当地资源的潜在价值，还创造了就业机会。各地积极开展区域公共品牌、企业品牌和产品品牌建设，培育具有地方特色的品牌，增强当地产业发展的动力，以市场需求为导向，开发乡土特色品牌，推动资源要素集聚，形成特色产业集群。

最后，乡村振兴的政策支持是农民增收的重要保障。政府通过财政投入、税收优惠、金融支持等手段，支持产业发展和就业创业，为农民增收提供有力支持。政府通过提供财政支持、建立规模化专业化生产基地、推动标准化生产等措施，促进了乡村特色产业的发展。例如，2018—2023年，中央财政安排了 12.74 亿元的专项资金支持建设绿色化标准化生产基地，支持和鼓励更多返乡下乡本乡人员就业创业，努力形成创新促创业、创业促就业、就业促增收的良好局面。

5.1.3 城乡融合

乡村振兴的关键是城乡融合。各地应该通过基础设施、公共服务、政策支持等方面的改革，促进城乡要素平等交换和公共资源均衡配置，实现城乡融合发展。城乡融合有利于发挥城市和农村的互补优势，推动区域经济协调发展。因此，乡村振兴与城乡融合之间的关系是相辅相成、互相推动，乡村振兴是实现城乡融合发展的重要手段，而城乡融合发展则为乡村振兴提供了必要性和可行性。

随着我国全面建设社会主义现代化的进程不断加速，城乡融合发展有其必要性。乡村振兴战略作为解决城乡发展不平衡、农村发展不充分这一问题的关键，要求必须推进城乡融合发展。城乡关系的发展趋势表明，城乡关系应从过去的城乡分离向城乡融合演变，实现城乡之间的良性互动。

近年来，随着我国经济的快速发展，尤其是脱贫攻坚战的全面胜利，为城乡融合发展创造了前提条件，城乡融合发展具有可行性。乡村在基础设施、公共服务、社会保障等方面的政策体系日益完善，为城乡之间的融合发展创造了条件。此外，县域经济的快速发展有助于推进城乡融合发展。

乡村振兴与城乡融合发展互为支撑、互相推动。在城乡融合发展中推进乡村振兴，要坚持一体发展、全面进步，加快梳理和破解城乡融合发展堵点，为全面推进乡村振兴开山凿路、积势蓄能。

城乡融合发展中的关键点在于各方面资源的共享和良性互动。在基础设施建设方面，推动城乡共建共享，继续把公共基础设施建设的重点放在农村，积极推进城镇基础设施向乡村延伸。在资源要素流通方面，促进城乡资源要素优化配置，打通城乡要素市场化配置体制机制障碍，推动城乡要素平等交换、双向流动。在产业发展方面，积极推进城乡产业融合，调整产业政策，建立相应机制体制，实现城乡产业链融合与空间再分布。在基本公共服务供给方面，实现城乡公共服务一体化，缩小城乡差距，促进城乡均衡发展。

通过这些措施，乡村振兴与城乡融合发展能够共同促进，实现城市与乡村的共同繁荣和现代化。

5.2 生态价值

乡村振兴强调生态宜居，通过绿色发展、环境整治、生态修复等措施，改善农村生态环境，提高农民生活品质。生态效益是乡村振兴的重要内容，也是乡村振兴的经济价值的重要体现。

第一，乡村振兴强调对生态资源的保护和利用。商洛市坚持实施《陕西省秦岭生态环境保护条例》，制定了《商洛市秦岭生态环境保护规划》和8个市级专项规划，形成了完整的规划体系，重点推进山水林田湖草系统治理，加快矿山生态修复，完善生态补偿制度，加强生物多样性保护，持续改善水、气、土壤、环境质量。同时，商洛市建立了"双查"工作机制，出台了群众举报奖励办法，确保秦岭生态环境问题得到有效整治。商洛市针对秦岭"五乱"及生态环境突出问题开展专项整治，整改了340个重点问题，建立了"日统计、周通报"制度，保持了秦岭保护的高压态势。在蓝天、碧水、净土"三大保卫战"中，商洛市实施了"大气污染防治四年行动计划"和"铁腕治霾打赢蓝天保卫战三年行动"，实现了环境空气质量的持续改善。商洛市在农村环境治理方面也做出了努力，如在商南县实施农村环境综合治理工程，安装了污水处理设备，建设了生活污水处理人工湿地公园。

这些措施体现了商洛市在生态保护和修复、秦岭生态保护、生态环境治理、生态产品价值实现等方面的综合努力，旨在保护和合理利用生态资源，促进可持续发展。

第二，建立生态产品价值实现机制。商洛市通过生态农业、森林康养、乡村旅游等生产经营活动，为乡村振兴提供了新的动能。同时，商洛市通过绿色、低碳的方式改造农业的生产方式和产业结构，保护乡村生态环境，使乡村振兴的绿色底色更为鲜明。商洛市建立了生态产品价值评估的地方标准——《生态产品价值评估指南》，积极实现生态产品价值，解决了生态产品"度量难"的问题，为生态补偿、碳汇交易等提供了数据支撑。商洛市通过市场交易或政府管理将生态系统服务转化为经济价值，构建了生态产品价值核算体系，包括绿色发展奖补机制、市场交易体系、产业实现路径、质量认证体系与支撑体系。这一体系着重于政府主导、企业与社会各界参与、市场化运作的生态产品价值实现路径。商洛市与中国科学院地理科学与资源研究所合作，建立了全国首个生态产品价值与碳汇评估平台，并制定了《商洛市生态产品价值核算方法》等地方标准。这些措施有效解决了生态产品价值核算中的"度量难"问题，并为生态补偿、碳汇交易等提供了数据支撑。商洛市将生态产品价值实现机制试点作为推动绿色转型、高质量发展的重要抓手，通过建立生态产品目录清单，实施了生态系统生产总值（GEP）核算和评估，完成了《2020年商洛市生态产品价值核算报告》。此外，商洛市还推动了绿色信贷、生态保险、绿色担保等业务，以及林业碳汇的开发和交易。商洛市针对生态产品价值实现中存在的"抵押难""交易难"等问题，出台了《商洛市金融支撑生态产品价值实现十一条措施》，并在多个县开展试点，推动生态资源的金融化利用。

通过这些措施，商洛市有效地推动了生态产品价值的实现，促进了生态优势转化为经济优势，为生态文明建设提供了有力支撑。

第三，推进生态文明建设。乡村振兴要求加强农村生态文明建设，一方面推进农村人居环境整治、农业面源污染防治、土壤污染治理等，另一方面提升人们生态文明意识。商洛市制定了《关于加快推进生态文明建设的实施方案》，该方案强调了节约优先、保护优先、自然恢复原则，绿色发展、循环发展、低碳发展原则，以及深化改革、创新驱动、优化结构原则。此外，该方案还强调了规划引领、城乡统筹、综合防治原则和突出重点、点面结合、系统推进原则。商洛市制定了《商洛市生态文明建设示范区规划（2021—2030年）》进行生态文明建设示范区建设，旨在通过高质量规划引领、高频率调度推进和高标准治污减排等措施，全面加强秦岭生态环境保护，确保全市生态环境质量持续改善。商洛市通过实施"六个突出"策略，包括突出主题主线、主责主业、特色特点、高质高效、协力协同和共建共享。这些策略旨在确保生态文明建设示范市（区）创建工作的有序开展。

商洛市坚持以节约优先、保护优先、自然恢复为原则，在资源开发与节约中把节约放在优先位置，在环境保护与发展中把保护放在优先位置，加大生态建设与修复力度。通过高规格安排部署、严要求统筹推动、重特色打造亮点等措施，商洛市不断推进生态文明建设示范区创建工作。商洛市不断加强秦岭生态环境保护，坚决当好"秦岭生态卫士"，落实四级网格人员制度，形成了"共建共治、齐抓共管、全民参与"的秦岭生态环境保护格局。商洛市通过举办各类活动，如秦岭生态文化旅游节、22℃商洛四季营销活动等，全方位展示商洛生态文明建设成效，并创新载体、突出特色、深入开展生态文明示范创建宣传活动，旨在提升公众生态文明意识，构建生态友好型社会，实现资源节约和环境保护的目标。

第四，协调发展生态与经济。乡村振兴战略强调了生态保护与经济发展的协调。商洛市通过将生态优势转化为发展优势，促进了农村地区的经济繁荣和可持续发展。换言之，乡村振兴中的生态价值体现在通过生态保护与利用，促进生态资源的可持续发展，同时通过生态产业化等方式推动经济的发展，实现生态与经济的双赢。

商洛市根据中央和陕西省的指导，制定并实施了生态文明建设方案。该方案强调节约优先、保护优先、自然恢复原则，并着重于绿色发展、循环发展和低碳发展。此外，方案还涵盖了深化改革、创新驱动和优化结构等原则，旨在通过科技创新和制度创新推动生态文明建设。商洛市位于秦岭腹地，对秦岭的生态环境保护尤为重要。商洛市将秦岭生态环境保护工作纳入经济社会发展的总体规划和年度计划，建立了秦岭生态环境保护专项考核办法。此外，商洛市还采取了"零容忍"态度，对破坏秦岭生态环境的行为进行了严格的整治。商洛市积极探索生态经济化，即将生态资源转化为经济价值。商洛市与科研机构合作，建立了生态产品价值与碳汇评估平台，制定了生态产品价值核算指南。此外，商洛市还大力发展林业碳汇，推动生态产品的市场交易，从而实现生态资源的价值转化。

通过这些措施，商洛市在生态保护和经济发展之间找到了一种平衡，既保护了自然环境，又促进了经济的可持续发展。

5.3 生活价值

乡村振兴的目标是在尊重乡村固有价值的基础上，提升传统的乡村价值，提升乡村生活质量，包括产业兴旺、生态宜居、乡风文明、治理有效、生活富裕等。乡村作为一个完整的复合生态系统，其生态价值不仅在于自然环境，还包括生态文明系统，如天人合一的理念、自给性消费方式、低碳生活传统等。乡村的宜居环境还包括村落环境、基础设施和舒适的民宅建设，以及和谐的邻里关系和群体活动，这些为人们提供精神上的愉悦，提升生活质量。

第一，乡村的生态价值在于其自然环境的丰富多样和生态系统的完整稳定。乡村地区拥有丰富的自然资源，如水资源、土地资源、气候资源和生物资源，这些资源的合理利用和保护对于维护生态平衡和促进可持续发展具有重要意义。乡村的生态系统包括生物多样性、土地生态、水资源生态和气候生态等多个方面，这些生态系统的完整稳定为乡村提供了丰富的生态服务，如水源涵养、土壤保持、气候调节和生物多样性保护等。

第二，乡村地区拥有悠久的历史和独特的文化传统，这些文化传统中蕴含着天人合一的理念、自给性消费方式和低碳生活传统等生态文明价值观。天人合一的理念强调人类与自然的和谐共生，倡导尊重自然、顺应自然和保护自然的生活方式。自给性消费方式则强调乡村地区的自给自足和资源循环利用，减少对外部资源的依赖和消耗。低碳生活传统则倡导节约能源、减少碳排放和可持续发展，乡村地区在这方面具有天然的优势。

第三，乡村的宜居环境包括村落环境、基础设施和舒适的民宅建设。村落环境是指乡村地区的自然景观、村落布局和公共空间等方面，良好的村落环境能够提供宜居的生活空间和宜人的景观环境。基础设施是指乡村地区的水电供应、交通、通信、医疗卫生和教育文化等方面的设施，完善的基础设施能够提供便利的生活条件和良好的公共服务。舒适的民宅建设是指乡村地区的居民住宅建设，良好的民宅建设能够提供舒适的居住环境和良好的生活品质。商洛市制定了《商州区农村人居环境整治提升五年行动（2021—2025年）》等政策文件，实施乡村道路品质提升工程，加快乡村绿化建设，提高农村供水受益人口覆盖面，开展多项环境综合整治活动，提升农村人居环境。商洛市制定了《全市农村卫生户用厕所建设技术规范》和《首厕过关制流程图》，规范农村改厕建设标准和设计方案，加快提升农村公共卫生水平。商洛市通过开展全市新改户厕质量大比武活动，有效提高农村户厕建设质量，开展问题厕所"回头看"活动，全面整改存在问题，提高改厕质量实效，召开全市农村改厕现场推进会、全市农村改厕工作培训会议，提升全市农村改厕技术水平和服务能力，建成农村厕所革命整村推进示范村，改造农村户厕，强化问题整改，实现问题厕所的全面整改和清零。商洛市加快农村生活垃圾收集、转运、处置设施建设，强化农村生活污水治理，提升农业废弃物回收利用效率。另外，商洛市还制定《柞水县金米村、丹凤县万湾村、商南县后湾村秦岭山水样板村乡村景观设计方案》，科学指导康养乡村、旅游乡村、宜居乡村建设，为全市建设秦岭山水乡村提供可复制、可推广的样板。

第四，乡村的和谐邻里关系和群体活动是宜居环境的重要组成部分。乡村地区的人们生活在一个相对封闭的环境中，邻里关系和群体活动对于维护社区和谐和促进社会凝聚具有重要意义。和谐的邻里关系能够提供相互帮助、相互关心和相互信任的社区氛围，促进社区成员之间的交流和互动。商州区以"共建共治共享"为目标，通过创新矛盾纠纷化解模式、打造专业调解团队等方式，深化多元纠纷化解机制建设。例如，上河村设立了由退休村干部、老党员、退休教师组成的老支书调解工作室，主要职责是开展法治宣传教育及矛盾纠纷排查调解。群体活动则能够提供娱乐、休闲和社交的机会，促进社区成员之间的团结和合作。商洛市通过构建"360全景生活模式"，包括和邻、绿筑、悦活三大平台，提高社区居民的居住质量，满足居民对家和社区的情感及精神需求。此外，商洛市还倡导和谐理念，培育和谐的社区文化，营造睦邻友好氛围，这是构建和谐社区的关键。商洛市推广"邻居节"等活动，搭建邻里之间交流和沟通的平台，建设和谐融洽的邻里关系。例如，商洛市通过邻里美食比赛、邻里好媳妇、好儿女评选活动等，促进邻里情感交流，强化居民凝聚力和社区归属感。商洛市强调相互尊重、沟通协作、宽容包容和互帮互助的原则，通过微笑打招呼、分享食物、参加社区活动、定期聚会等方式增进邻里之间的友谊和信任。

因此，乡村的生态价值不仅在于自然环境，还包括生态文明系统、村落环境、基础设施、舒适的民宅建设、和谐的邻里关系和群体活动等多个方面。商洛市在落实乡村振兴战略过程中以完整的复合系统保护和利用好乡村的自然资源和生态系统，传承和发展乡村的生态文明传统，建设宜居的乡村环境，提升宜居环境。另外，商洛市还注重引导人们构建和谐的邻里关系，营造舒适、安全的生活氛围，既提高了农民的生活质量，又增强了农民的生活幸福感。

5.4 文化价值

乡村振兴并不仅仅意味着经济和物质层面的发展，更包括文化、教育和社会价值观的传承与创新。乡村文化表现在信仰、道德、习俗和品格等方面，如耕作制度、农耕习俗、节日时令等。这些文化元素不仅体现了人与自然和谐发展的智慧，也是乡村治理和乡风文明的重要载体。

第一，乡村对传统文化的传承与发展。乡村是传统文化的重要载体，蕴含着丰富的历史、民俗、艺术和传统技艺。乡村振兴有助于保护和传承这些文化遗产，使之成为乡村发展的独特优势。同时，通过创新和整合，可以使传统文化焕发新的活力，吸引更多人来体验和了解，进而促进乡村文化的传播和发展。商洛市制定了《商洛市推动非物质文化遗产传承发展的实施意见》，旨在一定时期内新增一定数量的国家级、省级、市级和县级非物质文化遗产代表性项目。商洛市计划建设标准化非遗展厅和非遗传习所，以及非遗产业示范基地，努力打造文化生态保护试验区。此外，商洛市计划在非物质文化遗产代表性项目集中、特色鲜明、形式和内涵保持完整的区域设立文化生态保护区，对濒临消失的非物质文化遗产代表性项目及其代表性传承人采取抢救性保护措施，并通过信息技术手段全面真实系统地采集记录代表性项目和传承人传习情况。商洛市的地方传统戏剧——商洛花鼓，被正式认定为国家级非物质文化遗产的一部分。这种艺术形式融合了商洛地区的传统民歌小调和方言表演，展示了该地区文化的独有吸引力。

第二，乡村振兴过程中，教育设施的改善和知识资源的引入对于提高乡村居民的整体素质具有重要意义。教育不仅可以提升乡村居民的生活技能，还能增强他们的文化自信和社会责任感，这对于乡村的长远发展至关重要。乡村振兴对教育和知识普及的要求是多方面的，涵盖了从基础教育到成人教育、从技能培训到文化传承等多个层面。乡村振兴要求在农村地区提供与城市相当的基础教育设施和资源，包括学校建设、师资力量、教学设备等，确保农村孩子能够享受到公平、优质的教育机会。为了提高农村教育质量，需要定期对农村教师进行专业培训，提升他们的教学能力和教育理念，同时，通过提供激励措施，如提高工资待遇、改善工作环境等，吸引和留住优秀教师。乡村振兴需要大量掌握现代农业技术、乡村旅游、电子商务等技能的人才。因此，加强农村职业教育和技能培训，提供与市场需求相适应的实用课程，是提升农村人力资本的关键。为了提升农村居民的整体素质，需要开展成人教育和继续教育，提供农业生产、健康管理、法律法规等方面的知识，帮助农民提升生活品质和自我发展能力。乡村振兴要求将农村地区的传统文化融入教育体系，通过学校教育、社区活动等方式，传承和弘扬地方传统文化，增强农村居民的文化自信和身份认同。在数字化时代，信息技术的普及对于乡村振兴至关重要。通过提供互联网接入、计算机培训等，帮助农村居民获取信息、学习新知识，缩小城乡数字鸿沟。乡村振兴还需要注重环境教育和生态文明意识的培养，教育农村居民关注环境保护、生态平衡，推动可持续发展。

乡村振兴对教育和知识普及提出了全面而具体的要求，这些要求对于促进农村地区的全面发展、提升农民的生活质量和培养新型农村人才具有重要意义。

第三，乡村振兴对社会价值观的塑造的价值。乡村文化中蕴含着许多积极的社会价值观，如家庭和睦、邻里互助、尊老爱幼、重视道德教育和文明实践。在乡村振兴过程中，传承和弘扬这些价值观，有助于提升农村社会的道德水平和文明程度，提升农民的幸福感和归属感。构建和谐的社会氛围，对于维护社会和谐，促进社区凝聚力具有重要作用，有助于促进乡村社会的稳定和进步。

在传承传统文化的同时，实施乡村振兴也要求倡导现代文明风尚，如性别平等、教育重视、法治意识、环境保护等，树立绿色发展的理念，重视生态环境保护，实现人与自然的和谐共生，以适应现代社会的发展需求。乡村振兴强调农村居民的社区参与和自治，要求通过村民会议、社区活动等方式，培养农村居民的公共意识和责任感。通过乡村振兴，提升农村居民对自己生活方式、文化传统和家乡的认同感和自豪感，从而增强农村社区的凝聚力。

乡村振兴要求培养有文化、懂技术、善经营、会管理的新型农村人才，这些人才将成为农村社会价值观转变的引领者和实践者。乡村振兴要求打破城乡二元结构，促进城乡文化的交流与融合，使农村居民能够接触和吸收城市文化的积极元素，形成更加开放包容的社会价值观。

因此，乡村振兴对社会价值观的塑造提出了全面而具体的要求，这些要求对于促进农村社会的全面发展、提升农民的生活质量和培养新型农村人才具有重要意义。

第四，乡村振兴引领生活方式的转变。乡村振兴倡导的是一种更加健康、环保和可持续的生活方式。通过推广低碳生活、绿色消费等理念，可以引导乡村居民形成更加环保的生活方式，这对于全球生态保护和可持续发展具有重要意义。乡村振兴通过改善基础设施，如卫生设施、饮用水、垃圾处理、住房条件、交通网络、教育医疗资源等，以及提供健康教育，可以显著提高农村居民的健康水平，提升农村居民的生活质量，促进健康生活方式的形成。乡村振兴强调生态文明建设，通过教育和实践活动，提高农村居民的环保意识，鼓励采取低碳、节能、环保的生活方式，如使用可再生能源、减少塑料使用、垃圾分类等。乡村振兴鼓励对传统文化的保护和传承，同时也提倡文化的创新。这有助于农村居民在保持传统生活方式的同时，融入新的文化元素，形成更加丰富多元的生活方式。乡村振兴项目往往鼓励社区参与和自治，通过社区活动、合作社等形式，增强农村居民的社区归属感和参与意识，从而改变单一的家庭生活模式，转向更加社区化的生活方式。乡村振兴带来的科技和信息技术的普及，如互联网、智能手机等，为农村居民提供了获取信息、学习新知识、改善生活条件的新途径，促进了生活方式的信息化、智能化，推动农业现代化和农村经济的多元化，如发展乡村旅游、特色手工艺品、电子商务等，为农村居民提供了更多的就业机会和收入来源，改变了依赖单一农业生产的传统生活方式。乡村振兴注重教育资源的投入和提升，通过改善教育条件、提供职业培训等，提高农村居民的教育水平，进而改变他们的生活方式，重塑他们的世界观。

第五，乡村振兴在促进城乡文化交流方面扮演了重要的桥梁角色，有助于缩小城乡差距，增进相互理解和融合。乡村振兴加强城乡之间的文化交流，促进城乡文化的互鉴和融合。这种交流不仅可以丰富城市文化，也能为乡村文化带来新的元素和动力。乡村振兴通过改善交通和通信基础设施，使得农村居民能够更加便捷地进入城市，城市居民也能更容易地访问农村地区。这种流动不仅促进了人员的互动，也加强了信息的交流。乡村振兴推动了农业旅游和文化节庆活动的发展，如乡村旅游、农家乐、地方特色节庆等，这些活动吸引了大量城市居民前往农村体验和参与，从而加深了他们对农村文化的了解和欣赏。乡村振兴支持传统手工艺品和地方特产的发展，并将其推向更广阔的市场，包括城市市场。这不仅为农村居民带来了经济收益，也让城市居民有机会接触和购买这些富有地方特色的产品，从而增进城市居民对农村民俗文化的认识。乡村振兴推动了城乡教育资源的共享和合作，如城市学校与农村学校的结对帮扶、城市专家到农村开展培训等。这些合作项目不仅提高了农村地区的教育水平，也促进了文化的交流和理解。乡村振兴过程中，会举办各种文化交流活动，如艺术展览、戏剧表演、音乐会等，这些活动成为城乡文化交流的重要平台。随着互联网和社交媒体的普及，乡村振兴利用这些新媒体平台宣传农村文化，让更多的城市居民了解和关注农村，同时也让农村居民有机会了解城市文化，从而促进城乡之间的文化交流。通过这些交流，乡村振兴不仅加强了城乡之间的文化联系，也促进了文化的多样性和共享，为构建更加和谐的社会奠定了基础。

总之，乡村振兴的文化与教化价值是多方面的，它不仅关乎乡村的经济发展，更关乎文化的传承、社会的和谐以及可持续发展。通过深入挖掘和利用乡村的文化资源，乡村振兴将更加全面、均衡和持久。

5.5　社会价值

乡村振兴的社会价值体现在多个方面，它不仅关系到农村地区的发展，也对整个国家的社会结构、经济平衡和文化传承具有深远的影响。

乡村振兴战略是我国为解决城乡发展不平衡、农村发展滞后等问题而实施的一项重要国策。该战略的核心目标是通过全面改善农村地区的基础设施、教育、医疗等公共服务，提升农村居民的生活质量，促进农村经济的多元化发展，从而实现城乡之间的均衡发展和区域协调发展。首先，乡村振兴通过加大对农村基础设施建设的投入，如改善道路、供水、供电、信息网络等基础设施，使得农村地区的生产生活条件得到显著提升。这不仅为农村居民提供了更好的生活条件，也为农村经济的发展奠定了坚实的基础，有助于缩小城乡之间在基础设施方面的差距。其次，乡村振兴重视农村教育和医疗事业的发展，通过提升农村教育资源的质量和数量，提高农村居民的文化素质和技能水平，为他们提供更多的就业机会和发展空间。同时，乡村振兴通过改善农村医疗服务，提高农村居民的健康水平，使得农村居民在教育、医疗等方面享受到与城市居民相当的服务，进一步缩小城乡差距。再者，乡村振兴鼓励农村经济的多元化发展，如发展现代农业、乡村旅游、文化创意产业等，为农村居民提供更多的收入来源。这不仅有助于提高农村居民的经济水平，也有助于促进农村与城市之间的经济互动和融合，推动区域经济的协调发展。最后，乡村振兴还强调农村社会治理和公共服务的提升，如加强农村社区建设、提高农村居民的参与意识等，使得农村居民在社会福利、公共服务等方面享受到与城市居民同等的待遇，实现城乡居民享有平等的发展机会和社会福利。

乡村振兴战略在增强社区凝聚力和归属感方面的重要价值，在于该战略通过促进社区的参与和自治，发展社区经济、文化和教育事业，强化社区成员之间的联系，培养居民对本土文化的认同和自豪感，从而增强社区的凝聚力和归属感。乡村振兴强调保护和传承乡村传统文化，弘扬社会主义核心价值观。通过挖掘和弘扬乡村传统文化，可以增强居民对本土文化的认同和自豪感，培养居民的文化自信；通过弘扬社会主义核心价值观，可以提升社会道德风尚，促进社会和谐发展。同时，乡村振兴鼓励社区居民积极参与社区事务的决策和管理，提升居民的参与意识和自治能力。通过促进社区的参与和自治，增强社区成员之间的联系，增强社区的凝聚力和归属感，减少社会矛盾，维护社会稳定与和谐。乡村振兴通过建立农民合作社、发展乡村旅游等方式发展经济，为农民提供就业机会和增加收入，提高农民的生活水平，同时，发展社区文化和教育事业，如举办文化活动、改善教育条件等，可以丰富居民的精神生活，提升居民的文化素质。通过加强乡村基层组织建设，提高其服务能力，可以提升居民的生活满意度和幸福感，进一步增强社区的凝聚力和归属感。

乡村振兴对维护文化多样性和促进文化创新具有独特价值。在保护和传承传统文化方面，乡村振兴强调对乡村传统文化进行保护和传承，通过支持传统文化活动、传统手工艺品、民俗节庆等，不仅可以保护和弘扬乡村的传统文化，还可以增强乡村居民对自己文化的认同感和自豪感。同时，城市居民通过乡村旅游、文化活动等方式了解和体验乡村文化，乡村居民也通过教育、媒体等渠道了解和吸收城市文化，这种交流与融合有助于文化的多样性和创新。数字化时代，利用新媒体和技术手段来传播和创新文化，如利用互联网、社交媒体等平台推广乡村文化，以及利用数字化技术来创新传统文化的表现形式，不但支持了各种文化创新项目，如文化创意设计、乡村音乐、现代艺术等，而且，能为乡村文化注入了新的活力，促进了文化的多样性和创新。因此，乡村振兴对于维护文化多样性和促进文化创新具有重要意义，为文化多样性和创新提供了良好的环境和机遇。

乡村振兴需要各类人才的支持，通过提供发展机会和良好的生活环境，吸引外出人才回乡创业，同时培养和引进新的专业人才，促进人力资源的合理流动和优化配置。乡村振兴通过改善农村教育资源和提高教育质量，培养更多具备专业技能和文化素质的人才，这不仅包括基础教育的提升，也包括职业技能培训、成人教育和终身学习的机会，为农村居民提供更多的学习和成长空间。乡村振兴战略通过改善农村基础设施和生活条件，创造一个更加宜居和有利于人才发展的环境，包括提供更好的医疗、交通、住房等公共服务，以及发展文化产业和旅游业，吸引和留住人才。根据乡村振兴需要，需要建立和完善人才流动的机制，如城乡之间、地区之间的人才交流和合作。乡村振兴通过政策支持和激励措施，鼓励专业人才到农村地区工作和生活，同时为农村居民提供到城市学习和工作的机会。所以，乡村振兴战略通过多方面的措施，如人才培养、环境优化、流动机制建立、就业机会增加、市场完善等，有效地促进了人力资源开发和人才流动，为农村地区的发展注入了新的活力。

乡村振兴对于增强国家粮食安全和食品安全具有至关重要的作用。乡村振兴通过提升农业现代化水平确保国家粮食和食品的稳定供应，为国家经济的稳定发展提供坚实的物质基础。乡村振兴推动了农业生产的现代化，包括农业技术、农业机械、农业管理等方面的创新和提升。通过引入先进的农业技术和管理方法，如精准农业、智能农业等，可以提高农业生产效率，增加农产品的产量和质量，从而保障国家粮食安全。乡村振兴重视农业产业链的完善和延伸，通过发展农产品加工、仓储、物流等环节，可以有效降低农产品损失，延长农产品的保质期，提高农产品的附加值，从而保障国家食品安全。此外，乡村振兴还强调了农业与生态环境的和谐共生，通过推广绿色农业、有机农业等可持续农业模式，可以减少农业对环境的污染，保护土壤、水资源等农业资源，从而保障国家粮食和食品的长期供应。同时，乡村振兴通过对农业政策的支持和引导，如农业补贴、农业保险、农产品价格保护等，不但保障农民的利益，而且激发农民的生产积极性，从而保障国家粮食和食品的稳定供应。

乡村振兴展现了中国在解决"三农"问题上的智慧和成效，提升了国家软实力。同时，也对其他国际和地区提供了中国乡村振兴的成果和经验，增强了中国在国际舞台上的影响力。乡村振兴不仅是中国国内的一项重要战略，也是中国在国际舞台上展示其智慧和成效的重要窗口。这一战略通过解决"三农"问题，即农业、农村和农民问题，展现了中国在实现可持续发展、促进社会公平和提升人民福祉方面的决心和能力。乡村振兴通过提升农业现代化水平、改善农村基础设施、提升农民生活水平等举措，有效地改善了农村地区的经济和社会状况，取得了举世瞩目的成就，表明了中国在推动全球农业发展、减贫和可持续发展方面的积极作用，向世界展示了一个负责任的大国形象。

中国乡村振兴的成果和经验为其他国家提供了宝贵的借鉴。中国通过与其他国家分享乡村振兴的经验和做法，如农业技术、农村治理模式、文化传承等，促进了国际交流与合作。这种交流与合作不仅有助于解决全球农业和农村发展中的问题，也加深了各国对中国文化的理解和尊重。此外，乡村振兴还通过国际交流与合作，提升了中国的国际话语权。中国在国际组织、多边论坛和双边交流中，积极参与讨论和解决全球农业和农村发展问题，提出中国方案和中国智慧。这有助于塑造中国的国际形象，提升中国的国际地位。

综上所述，乡村振兴作为一项重要战略，在中国解决"三农"问题，实现可持续发展、促进社会公平和提升人民福祉的各个方面有着重要作用，其社会价值体现在经济发展、民生改善、文化传承、社会和谐、生态文明和国家影响力等多个层面。因此，乡村振兴是国家发展战略的重要组成部分，对于实现全面建设社会主义现代化国家的目标具有重要价值和意义。

6 创新实践

6.1 质量兴农,品牌强农

6.1.1 商洛市全面提升农业标准化水平

商洛市通过全面提升农业标准化水平,保障了农产品质量安全,增加了绿色优质农产品供给。目前,商洛市发布了49项农业技术标准,包括2项团体标准、8项省级地方标准和39项市级地方标准,涵盖团体标准、省级地方标准和市级地方标准。这些标准的制定和实施,旨在提升农产品的品种质量,优化生产过程,加强品牌建设和推进标准化生产。同时,商洛市还建立和完善了农业标准体系。农业标准化要求建立一个覆盖农业生产的产前、产中、产后各个环节的标准体系,包括农业基础设施、产业技术体系、投入品安全控制、农产品流通、农业社会化服务等标准。

商洛市以食用菌、茶叶、生猪、肉鸡蛋鸡、核桃、板栗、猕猴桃、冷水鱼、中药材9大产业为重点,全力构建特色农业全产业链标准体系。这些标准的制定和实施,旨在确保从种植、养殖到加工、销售等各个环节的标准化,从而提升农产品的质量和安全。同时,商洛市还加强农兽药残留等安全标准的宣贯实施,强化全过程质量安全控制,严守农产品质量安全底线;实施农业标准化生产、高效优质生产与加工、病虫绿色防控、有害物质识别控制等技术研究与推广;建立健全农业质量监测体系和农产品评价认证体系,确保农业标准化工作的有效实施和监督。

商洛市组建了农业农村标准化技术服务团,举办专题培训班,定期开展巡回指导,并通过集中授课、现场指导、制作视频、发放资料等方式,加快标准的宣传和推广。此外,商洛市还建立了技术服务群,实现实时在线交流，帮助企业解决用标贯标、品质提升、品牌打造、包装标识、市场营销等难题。商洛市将继续严格按照"有标贯标、缺标补标、低标提标"的原则，全面梳理现行标准，持续开展标准制修订工作，进一步加大示范基地创建力度，全力做好技术指导和应用推广，加快推进农业农村标准化工作，为乡村全面振兴赋能助力。

6.1.2 商洛市创新质量兴农和品牌强农的工作方法

商洛市坚持质量兴农、绿色兴农、品牌强农的发展目标，积极推进检测、执法、监管、推广工作，全力保障人民群众舌尖上的安全，全市农产品质量安全案件查办取得突破性进展，基层监管能力稳步提升。市农业农村局、市林业局、市市场监督管理局联合印发了《商洛市优势特色产业全程质量控制整市推进工作方案》，重点关注食用菌、茶叶、生猪、肉鸡蛋鸡、核桃、板栗、猕猴桃、冷水鱼、中药材9大产业，全力构建商洛特色农业全产业链标准体系，并在山阳县、柞水县成功创建了省级食用菌全产业链标准化试点基地，在丹凤县华茂公司肉鸡养殖基地开展了国家现代农业全产业链标准化示范建设工作，不断扩大示范效应，促进产业提质增效。

商洛市积极推进农产品质量追溯和食用农产品合格证制度，着重提升农产品质量安全，推行"一对一"监管，建立监管台账，实施挂图作战、监督抽查、精准整治等措施。商洛市开发了农产品质量动态监管平台和食用农产品承诺达标电子合格证手机App，实施质量追溯，确保农产品质量源头可控。商洛市定期对名特优新产品进行检验监测，联合相关部门开展农产品市场监管执法，夯实了农产品质量安全根基。同时，商洛市还完善了农产品质量安全网格化监管机制，建立了具有商洛特色的农产品质量安全网格化监管新模式，并推进农产品质量安全追溯管理和承诺达标合格证制度。目前，全市274家规模化生产企业纳入追溯平台管理，监测样品总体合格率远高于全国平均水平，同时，商洛市农产品质量安全中心注重技术研发，强化科技创新，获得国家发明专利1项、实用新型专利3项。商洛市农产品质量安全中心被评为全国农产品质量安全与优质化业务技术优秀工作机构。

在特色品牌培育方面，商洛市在全国名特优新农产品收集方面表现突出，入选数量达到75个，位居全国地级市首位。商洛市认证绿色食品、有机产品达到 69 个，农产品地理标志保护产品 12 个，例如，"柞水木耳"入选 2022 年全国农业品牌创新发展典型案例。此外，商洛市以"秦岭好礼·商洛山珍"为重点，通过制定规范标准、培育名特优新农产品生产企业、开展试点创建等方式，成功打造了全国名特优新产品高质量发展样板市。此外，商洛市通过举办各类活动、利用新媒体等方式，有效提升了品牌知名度和影响力。商洛市编撰了《商洛市优质农产品生产消费指南》，举办了农民丰收节、秦岭山珍美食大赛等活动，利用农交会、茶博会推介名特优新产品。同时，商洛市还利用新媒体进行品牌推广，使名特优新农产品迅速成为网红产品，实现了产销两旺、质价齐升。

6.1.3 商洛市创建标准示范基地

柞水县将木耳产业作为巩固脱贫成果、衔接乡村振兴的特色优势产业和支柱产业。该县建设了标准化大棚木耳示范基地和地栽木耳示范基地，形成了集科技研发、特色种植、产品加工、休闲旅游于一体的现代农业产业发展新平台。

山阳县打造现代农业产业园，围绕食用菌产业发展，聚焦强基础、创特色，以技术驱动产业创新发展。该县建成了年产 1 000 万袋的菌种生产区和年产 6 000 万袋的木耳菌袋自动化生产区，形成了一个现代化加工体系。山阳县通过这种方式带动了全县食用菌经营主体的发展，建设了标准化大棚 3 300 个，实现综合产值 16 亿元，有效示范引领了山阳县现代农业的转型升级。

镇安县打造省级现代农业产业园，实施食用菌菌种繁育提升、基地提质增效、精深加工增值等五大工程，以创建高质量食用菌全产业链示范县为目标。该县实现了产业园香菇年生产规模 2 500 万袋、木耳生产规模 1 000 万袋，年产食用菌 2.9 万吨，总产值达到 11.5 亿元。

丹凤县打造省级现代农业产业园，发展双孢菇产业促进农业转型升级。丹凤县建设了 64 个双孢菇工厂化车间和 60 个爱尔兰棚，实现了双孢菇种植的机械化、自动化、信息化和全程人工环境控制。通过技术示范和经营辐射，丹凤县推动了全县食用菌产业的发展，形成了"秦菇源"和"丹农食客"等食用菌品牌，年产量达到 4.6 万吨，综合产值达到 13 亿元，有效促进了县域经济的高质量发展。

6.2 城乡融合要素互动助力乡村发展

商洛市位于陕西省东南部，地处秦岭山脉中段，全市总面积19.3万平方千米。商洛市地形地貌复杂，山地占总面积的80%，是典型的山区市。长期以来，受地形地貌和资源禀赋的限制，商洛市城乡发展不平衡，城乡差距较大。为解决这一问题，商洛市坚持以人民为中心，牢牢把握新型城镇化发展方向，应用系统观念，着力进行产业转型，在城乡融合中下功夫，在改善民生上发力，加快推进城乡基础设施一体化、基本公共服务一体化，城市综合承载能力和辐射带动能力不断增强，乡村美、产业旺、农民富的乡村振兴之路更加坚实可靠。商洛市坚持城乡一体化发展理念并采取了多种措施，这些措施涉及城乡基础设施建设、环境改善和居民生活质量的提升。另外，商洛市还进行了县域经济发展、产业优化升级和新型城镇化发展模式探索。

6.2.1 商洛市坚持城乡一体化发展，提升城乡生活品质

商洛市着重于城市基础设施的完善和乡村地区的发展。商洛市实施了城市更新行动，以创建国家园林城市为抓手，从城市发展、产业植入、业态提升、人文环境等多维度、系统性推进城市高质量发展。这些措施包括优化城市设计，科学布局城市生产、生活、生态空间，如建设"口袋公园"、生态公园和景观大道等，以及推动城市高质量发展和城市更新行动，努力将商洛建设成为现代化、宜居、宜业、宜游的城市。在乡村地区，商洛市积极创建"四好农村路"市域示范区，该计划旨在全面提升农村公路建设、管理、养护、运营水平，实现农村公路路网更完善、通行更安全、服务更舒适、环境更美丽。预计到2024年年底，全市农村路网结构将更加完善，路况中等以上占比不低于77%，实现城乡公路交通公共服务的均等化。

6.2.2 商南县加速城乡一体化发展

商南县在城乡基础设施建设方面采取了多项具体措施，如推进电动汽车充电桩、老旧小区改造、线缆落地等建设项目，以促进城乡融合发展。

此外，商南县还实施了县城停车场规模提升工程以解决停车难问题，并继续推进"气化商南"工程。商南县致力于智慧城市建设，包括推进公共场所无线网络全覆盖，整合建成数字化城市管理平台，实现政务服务、应急管理、交通运行等领域管理智能化，提高城市科学化、精细化、智能化水平。同时，商南县还推进了农村基础设施项目，包括农村供水工程、清洁小流域建设、农村改厕等，以提升农村人居环境。在生态保护和特色产业发展理念引领下，商南县注重生态保护，如通过建设秦岭·商洛博物馆、交通物流园、生活垃圾发电厂、污水处理厂等，推动了新农业、新材料、大旅游、大健康等产业的发展，实现了产业转型升级。这些措施共同促进了商南县城乡基础设施的完善和城乡一体化的发展，提高了城市和乡村的发展水平，增强了城市的辐射带动能力，推动了城乡基础设施和基本公共服务的整合。

6.2.3　洛南县城乡一体化发展的新行动

洛南县在城乡基础设施建设方面开展了城市更新行动。洛南县实施了包括住房品质改善、基础设施补短、路网完善改造、街区特色风貌更新和生态环境治理在内的"五大行动"，以推动宜居城市建设。这些行动旨在提升城市人居环境，增强城市综合承载能力，提高城市通行水平，以及改善城市休闲健身设施和绿化亮化水平。同时，洛南县聚焦城市老旧小区改造，采取政府主导、规划先行、居民主体、社会参与的思路，对多个老旧小区实施了改造工程，包括燃气管网改造、电梯加装等，以提升居民生活品质。为解决公共服务设施不足的问题，洛南县投资数亿元用于建设农贸市场、停车位、充电桩等设施，合理布局医院、学校、酒店，从而提升县城的综合承载能力和服务保障能力。洛南县投资数亿元用于路网改造，包括新建和改造主要道路，新建桥梁等，以改善城市交通状况，提高群众出行便利性。为提升城市文化内涵和街路特色，洛南县投资数亿元用于城市风貌重塑工程，包括新建人行廊道、公园绿化亮化改造、城市休闲健身设施建设等。洛南县投资数千万元用于甘河流域综合治理，包括河床硬化、人行步道铺设、路灯安装等，以提升城市生态环境和居民生活质量。通过这些具体措施，洛南县在城乡基础设施建设方面取得了显著成效，不仅改善了城市环境和居民生活品质，还提升了城市的综合承载能力和服务保障能力。

6.2.4 镇安县坚持城乡一体化发展，建设美丽宜居乡村

镇安县在城乡基础设施建设方面，特别是在提升人居环境方面做出了重要努力。镇安县全域整治农村人居环境，重点推进道路建设。从 2021 年 8 月至今，镇安县在 15 个镇（街道）、154 个行政村（社区）完成了 199 条、480 多千米道路的建设。这些道路的建设不仅提高了农村的交通条件，还促进了当地经济的发展和居民的生活质量的提升。在声环境质量的提升方面，镇安县制定了《镇安县城区声环境功能分区划分技术报告》，设立了多个网格监测点位。通过强化监测、专项执法和有效打击等方式，镇安县提升了城乡声环境质量，营造了良好的人居环境。例如，县环保、城乡建设局等部门成立了联合执法工作小组，对建筑施工噪声扰民投诉进行了处理，有效压减了噪声扰民警情。茅坪回族镇以建设美丽宜居乡村为导向，重点提升农村环境和村容村貌。通过实施集镇提质工作，该镇修缮保护了集镇老街古民居，并创建了多个秦岭山水乡村建设示范片区。此外，镇安县还强化了公益岗位管理，发动农户积极参与环境整治工作，实现了院内院外同步美化，极大方便了群众生活，村容村貌焕然一新。这些措施共同促进了镇安县城乡基础设施的完善和人居环境质量的提升，不仅提升了城市环境和居民生活品质，还增强了城市的辐射带动能力，推动了城乡基础设施和基本公共服务的整合。

6.2.5 商洛市推动新型城镇化发展

商洛市积极探索城乡融合发展模式，采用了"一体两翼"的发展模式，以商州城区为主体，丹凤和洛南两县县城为两翼，通过统一规划、资源整合、要素集中，形成城镇互相映衬、城乡统筹发展、产业相互关联的区域经济核心板块。商洛市的"一体两翼"发展模式是一个区域经济发展战略，旨在通过统一规划、资源整合和要素集中，形成一个经济活跃、生态优美、人民幸福的特色城市。该模式以商州城区为主体，丹凤和洛南两县的县城为两翼，将商州城区打造成主要核心板块，以丹凤和洛南县城作为次核心板块，扩大城市规模、提升城市功能和品位，培育壮大现代服务业和先进文化产业。商洛市沿着丹江和洛河规划了两个产业长廊。在丹江产业长廊加快建设商丹循环工业经济园区，重点发展高新技术、现代材料、新能源、生物医药、绿色食品和人文旅游等产业；在洛河产业长廊加

快建设陶岭等工业集中区，发展现代材料、装备制造、新型建材、含能材料等新兴产业。商洛市建设城市快速主干道，以形成快捷的城市内部交通环线，并促进商洛与周边城市的连接融合。重点开发建设区域内干道沿线的多个小镇辐射带动周边城镇，加快"绿道"和陕南特色民居建设，打造"秦岭美丽乡村"。商洛市利用丹江河谷、洛河川塬的山水田林等资源优势，规划建设绿色现代农业产业园，发展现代农业和休闲农业。结合商洛深厚的秦楚文化和河洛文化，融入城市建设，增强城市的文化带动力。通过这些措施，商洛市的"一体两翼"发展模式实现了经济、生态、文化和人民幸福的多方面发展。

综上所述，商洛市在城乡一体化发展方面采取了综合性的措施，旨在实现城乡经济的协调发展，提高居民的生活水平，并促进区域经济的整体发展。

6.3 区域特色经济发展

6.3.1 商洛市利用生态资源潜能发展"气候康养经济"

商洛市制定了《商洛市大健康产业发展三大提升工程实施方案》，并实施了精品民宿、特色餐饮、特色产品等提升工程。此外，商洛市还举办了康养特色产品评选活动，建立了康养特色产品名优库，推动了商洛市康养产业的发展。其中，针对气候生态产品价值实现，商洛市制定了《商洛市气候生态产品价值实现试点方案》，旨在建立生态价值转化为经济价值的机制。该方案包括制定气候经济发展规划、搭建气候生态产品价值转换平台、创建系列气候生态品牌等，以促进商洛经济高质量发展。商洛市推进"五个一"工作机制，即一套气候生态价值试点机制、一个气候经济发展规划、一个气候生态价值转换平台、一批国家级气候生态品牌、一套气候生态价值实现支撑体系，全力推进试点工作。商洛市成立气候康养经济工作专班，以及气象部门与多部门合作，实现监测站网共建、信息共享、融合发展。同时，商洛市通过一系列城市品牌建设与气候营销活动，不断提升城市品牌形象的影响力。例如，通过在西安等地推广商洛的气候康养旅游项目，成功吸引了投资和游客。通过这些措施，商洛市不仅提升了其作为"中国康养之都"的品牌形象，还促进了当地经济的发展和居民生活水平的提升。

商洛市大力发展生态农业和林业,推动了特色产业基地的建设。例如,全市特色产业基地面积达到 820 万亩,总产值超过 115 亿元,同时,生态林业也得到了发展,全市林业产业总面积达到 875 万亩,总产值为 97.9 亿元。同时,商洛市大力发展生态工业和生态服务业,取得了显著进展。例如,通过实施"延链补链强链"项目,培育了 231 家科技型企业和 43 家高新技术企业,使生态服务业也得到了提升,进而推动了全域旅游示范市的创建,形成"一区三走廊"的全域旅游发展格局。

商洛市发挥本区域的自然禀赋,积极构建绿色循环产业体系,实行了"一名链长挂帅牵头、一个工作专班主抓、一家链主企业带动、一个专家团队服务、一个业务部门负责"的"五个一"推进机制,打造了绿色食品、医药健康等超过 500 亿的产业集群,以及清洁能源、智能制造等超过百亿的产业集群,形成了一个"3+N"绿色产业发展体系。

通过这些措施,商洛市不仅提升了县域经济的竞争力,还实现了生态与经济的良性循环,为县域经济的高质量发展提供了坚实基础。

6.3.2 山阳县法官庙村"生态+"融合发展

山阳县法官庙村以打造美丽乡村、提升群众幸福感为目标,实施了"三坚持"策略:坚持绿色发展,推动生态优先、绿色发展,以旅带农、农旅融合,着力打造乡村休闲康养胜地;坚持全域发展,按照"园区化、景区化、全域化"的思路,高标准编制秦岭山水乡村建设规划;坚持创新发展,利用旅游聚集人气的优势,以"人流"带动"消费流",实现第三产业带动一二产业融合发展。具体来说,法官庙村充分利用当地的自然景观和文化遗产,如茶文化、荷文化、梯田风貌农耕文化等,打造了集村史馆、文化书吧、研学基地于一体的"邻里中心",以及"法官圣度·乡村艺术沙龙",这些都是生态与文化融合的体现。法官庙村大力发展茶叶、药果等农业特色产业,建立了"莲藕+小龙虾"生态套养基地,以及艾草基地和水产养殖基地,实现了生态与农业的有机结合。法官庙村聚焦文化、产业、旅游三大要素,深挖秦岭原乡农耕文化和民俗文化,促进了一二三产业的融合发展。例如,法官庙村建立了茶旅融合区,以及网红项目如玻璃滑道、时光隧道、紫藤长廊等,形成了独具特色的旅游体验。法官庙村进行了大规模的乡村环境整治和提升工作,包括民居改造、基础设施建设、公共服务设施完善等，使得村庄的环境和居住条件得到了显著改善。法官庙村通过发展特色产业和乡村旅游，实现了村民的稳定增收。例如，法官庙村通过农副产品加工和销售，以及举办各类节庆活动，增加了村民的收入来源。

通过这些措施，法官庙村不仅改善了生态环境，还促进了农业、文化和旅游业的融合发展，实现了乡村振兴和群众增收的目标。

6.3.3 商南县茶旅融合发展

商南县依托茶产业，建设茶旅融合示范园区。该融合示范园区位于富水镇，占地 7.69 平方千米，总投资 8.6 亿元，被评为"全国一村一品（茶叶）示范镇"。该园区规划了新品种高标准茶园 3 万亩，预计在 2024 年年底完成，园区的核心区域由油坊岭、龙窝、马家沟、茶坊、王家庄、洋淇 6 个村组成，现有茶园面积 2.6 万亩，引进了金牡丹、龙井 43、安吉白茶、中黄 2 号等新型茶叶品种。商南县茶旅融合示范园区采取"政府搭台、企业唱戏、群众参与"的模式，大力实施招商引资，引进了商南县茶叶联营公司、七碗茶有限责任公司等 10 家龙头企业。这些企业实行整体规划、分片布局、合力建设，积极培育茶产业链主企业，带动茶产业高质量发展。该项目不仅带动了群众就业、村民增收、企业发展和美丽乡村建设，还通过流转土地收租金、务工挣薪金、入股分"红金"、创业赚资金、兑补得现金的"一地五金"模式，实现了每年户均增收 8 000 元以上。商南县的茶文旅融合以新业态建设为契机，依托茶资源，深度挖掘茶浴、茶膳、茶养、茶艺等茶文化康养要素，开发了"茶旅+民宿""茶旅+研学""茶旅+康养"等茶文旅融合新业态，推动茶产业和旅游、生态、科技、健康等相关产业的融合发展。商南县茶叶联营公司等企业引进了现代化、智能化的茶叶加工技术，并加强"秦岭泉茗"茶叶区域公共品牌建设，进行茶树精油、茶饮品、抹茶等衍生品的研发和生产，提升茶产品附加值。商南县茶旅融合示范园区的建设预计年综合产值 20 亿元，实现税收 2 000 万元左右，同时能带来显著的生态效益、经济效益和社会效益，实现了绿水青山"好颜值"和金山银山"好价值"。

商南县以茶产业为示范，围绕农业特色产业，大力实施"一村一品"工程，积极发展"农业+旅游""农业+康养"等休闲农业新业态，其中，富水镇王家庄村被评为"全国一村一品（蔬菜）示范村"。商南县还依托农业资源和自然禀赋，建成富水茶旅康养融合示范园、试马北茶小镇等休闲农业示范园，以及金丝峡八大农庄等休闲农业示范点，有效促进农业与休闲旅游业的有机融合、协调发展。另外，商南县还创建国家一村一品重点镇、中国美丽休闲乡村、省级休闲农业示范点和市级休闲农业示范点，以及休闲农业经营主体，如农家乐和休闲农庄，这些项目促进了农业与休闲旅游业的有机融合。基于此，商南县对当地经济进行市场化和品牌化运作，建成13个新业态公司，对休闲农业和乡村旅游景点进行统一管理、营销。同时，商南县通过举办兰花节、采茶节、旅游文化节等活动，宣传推介休闲农业精品景点和线路，打造商南休闲农业特色品牌。商南县坚持"生态优先、产业主导、茶旅融合、文化聚力"的发展思路，实施了一系列项目，如建设富水茶海公园、试马农业示范园等有机生态、休闲观光的智慧茶园。此外，商南县还推动了旅游产业由单一的"山水观光型"向"休闲度假型"转型，加快了茶叶采摘体验园等休闲观光农业的建设，并实施了茶产业"百店千点"计划，在北京、上海、广州等一线城市和"一带一路"节点城市开办商南茶实体店、连锁店。

商南县沁园春茶园将南宋农耕文化与观赏荷花、樱桃采摘、休闲垂钓等项目融入茶园，成为网红打卡地，促进了当地旅游业发展。商南县通过制订重点茶企扶持计划，引导企业主攻不同类型的茶叶，如泉茗绿茶、白茶和红茶，错位发展，着力打造一批在全省乃至全国叫得响、受欢迎的商南茶叶知名企业。

通过这些措施，商南县提升了休闲农业的发展水平，促进了农业与旅游业的有机融合，为当地经济注入了活力，增强了当地的经济活力，不仅提升了产业链的发展水平，促进了产业结构优化升级，为县域经济的高质量发展提供了坚实基础，提升了县域经济的竞争力，还实现了生态与经济的良性循环。

6.3.4　丹凤县棣花小镇的文旅产业

丹凤县通过开发和整合人文资源和度假资源，形成了具有县域特色的文旅产业。棣花古镇旅游景区就是一个重要的例子，它通过整合文化资源，发展了15家产业链企业和32个专业合作社，形成了一个具有9.1亿元产值的文旅产业。其中，棣花文创小镇项目规划占地3平方千米，核心区1平方千米。依托棣花文化旅游4A级旅游景区、文化旅游名镇、美丽乡村资源，结合特有的平凹文化、宋金文化、驿站文化以及优美的生态环境，围绕"文化+特色产业+旅游+扶贫"的模式，打造以文艺创作、艺术交流、影视拍摄、研学主创产品开发、实景演绎等文创产业和配套设施于一体的文创小镇。棣花小镇通过举办各种文化活动和节庆活动，提升了景区的知名度和吸引力，提升了旅游产品和服务的质量，成为游客的热门选择，促进了旅游收入的增长。

棣花三产融合示范园项目的建设，为游客提供了更多样化的体验。例如，露营研学基地、葡萄星球国际酒庄等设施的建设，不仅丰富了游客的体验，还延伸了产业链条，推动了当地经济的发展。

丹凤县在棣花小镇的发展中，不仅注重文化旅游，还积极发展康养产业。通过规划引领和产业支撑，丹凤县正在打造一个集康养、旅游、文化于一体的综合性区域，以提升游客的体验和满意度。

丹凤县棣花小镇文旅产业的发展是一个多元化和综合性的过程，它不仅提升了当地的文化旅游吸引力，还促进了经济和社会的全面发展。通过打造精品景区、特色小镇、美丽乡村，丹凤县推进全域旅游发展，做大做强文化旅游产业，完成了"两街、一馆、一荷塘和作家村"等建设项目，恢复了棣花驿、魁星楼等景观，并带动了万湾、陈家沟等一批美丽乡村的发展，实现了历史人文和生态旅游相融合的新格局。棣花景区的发展带动了当地居民的就业增收。例如，景区周边的老百姓通过开店铺、销售农特产品，有1 000多人实现了家门口就业增收。此外，棣花景区的游客越来越多，为当地居民带来了显著的经济效益。

综上所述，丹凤县棣花小镇的文旅产业通过综合性的发展策略和创新的产业融合模式，成功地将文化旅游资源转化为经济增长点，促进了当地经济的多元化和可持续发展。这些经验可以为其他地区的文旅产业发展提供宝贵的参考和借鉴。

6.3.5 镇安县的农旅产业园建设

镇安县针对康养旅游市场的新需求，采取提升基础设施、丰富康养产品供给和举办节会宣传营销等措施，推动康养旅游市场的活跃增长。镇安县建立了生态康养项目储备库，包括兰花产业园、农渔融合生态康养产业园等23个重点康养项目，以及新规划的34个康养项目。镇安县实施了"生态+旅游"和"旅游+康养"的融合发展策略，同时建立了"政企联动"和"市场联动"的双联机制，解决了发展康养产业的资金瓶颈问题，并成功创建了多个4A级和3A级旅游景区、省级乡村旅游示范村、省级森林康养基地，包括对木王山、塔云山等自然景观的开发和保护，以及对云盖寺古镇等历史文化遗产的活化利用。镇安县西口回族自治镇通过发展农旅融合项目，打造现代农业观光园和智慧水产示范园区，形成了集开发生产、加工销售、休闲娱乐、生态康养于一体的现代农业产业集群。该镇还聚焦基础设施，培育特色农业产业群，并推进农业文旅融合，建设生态康养度假区。该镇推进乡村振兴的措施包括：加大基础设施建设，建设包括道路、桥梁、水管网等基础设施，改善了村庄的基础设施条件，打造程家川智慧水产示范园区，发展现代农业观光园，培育特色农业产业群，并对初级农产品进行深加工；推进农文旅融合，建设生态康养度假区，形成了一个集开发生产、加工销售、休闲娱乐、生态康养于一体的现代农业产业集群；增加旅游体验项目，在该镇北阳山建成了原生态登山步道、智慧水产养殖园和复合农业体验园等旅游体验项目。根据规划，到2025年，西口回族自治镇的农业结构将得到根本性改善，生态环境将发生好转，农村人居环境将明显改善。到2035年，预计西口回族自治镇农业农村现代化基本实现，城乡融合发展体制机制会更加完善。

镇安县旬河水乡农旅融合产业园占地3 000亩，总投资5亿元，主要建设油菜、油葵、板栗、烤烟、水上游乐5个千亩产业基地，旨在打造宜居、宜业、宜游的融合型产业园和乡村振兴示范区。

旬河水乡农旅融合产业园是镇安县一个重要的建设项目，位于陕西省商洛市镇安县罗家营村，在木王国家森林公园西边和道教圣地塔云山东边，被汉江支流旬河穿过，拥有优美的山水风光。该项目依托于该地区的区位、生态和资源优势，旨在打造一个集康体养生、休闲度假、户外运动、生态观光和农事体验于一体的综合性产业园区。该项目坚持原生态保护、原始性开发和原特色利用的原则，在提升生态环境的同时，也促进了经济价值的发展。首先，镇安县以党建引领治理，实施了罗家营水电站小水电扶贫工程项目和"旬河水乡"康养旅游景区美化绿化亮化工程，改善了人居环境。其次，镇安县打造绿色产业链，新建了水果园和栽植刺槐，推动烤烟、油葵、中药材、油菜、板栗等产业发展，并引入了"互联网+"等信息技术和物联网等新业态。最后，镇安县投资1.8亿元建设生态休闲地"旬河水乡·罗家营乡村振兴示范区"，发展全域乡村旅游，并统筹推进休闲农业和乡村旅游。目前，镇安县围绕生态农业，建立了烤烟、油菜、油葵、板栗、水域 5 个经济与观赏价值为一体的千亩产业基地；围绕生态工业，建设宜业乡村，依托旬河水资源优势，建设了罗家营水电站，带动了当地农户的经济收益；围绕生态旅游，建设宜游乡村，依托罗家营水电站库区水域，建成了茶园太空舱民宿、乡间茶餐厅、特色农庄、帐篷房车露营地和游乐设施，提供了综合性的旅游服务。通过这些措施，镇安县不仅提升了当地的生态环境，还促进了经济的发展和当地居民的生活水平提升。

6.3.6 洛南县豆腐产业

洛南县的豆腐产业是其特色经济的重要组成部分，近年来发展迅速，对县域经济的提振作用显著。洛南豆腐以其细腻的质地、嫩滑的口感和丰富的营养价值而闻名，被纳入国家地理标志产品保护名录。洛南县委、县政府高度重视豆腐产业，将其作为县域经济发展的重要产业。洛南县成立了专门的工作领导小组和豆腐产业发展办公室，制定了《豆腐产业发展规划》，坚持"传承与开发"并重，不断延长产业链条，开发了鲜豆腐、豆腐干、豆腐皮、腐竹、油豆腐等系列产品，形成了水煮豆腐、砂锅烩豆腐、蘸豆腐、炒豆腐、油炸豆腐等特色美食。此外，洛南县还规划建设了融加工、体验、销售、文旅为一体的豆腐文化产业园，推动豆腐产业标准化、规模化、品牌化发展。

洛南县豆腐产业园的首家入驻企业完成了 6 条生产线的安装调试，豆制品日产能达到 10 吨以上。目前，洛南豆腐产业已遍布全县 16 个乡镇，全县从事生产、销售、餐饮的豆腐制品企业达 800 多家，形成了"百年王家""洛源老刘家""品誉佳源"等 5 个特色豆腐品牌，4 家企业获市级龙头企业称号，5 家企业获"SC"认证，豆腐制品年产量突破 1.2 万吨，综合产值超 2 亿元。

洛南县通过举办豆腐节等经济活动，全面激发豆腐市场消费活力。例如，2023 年国庆期间举办的以"游汉字故里·品洛南豆腐"为主题的首届豆腐节，吸引了大量游客，销售额达 550 万元，实现旅游综合收入 1.17 亿元。洛南县还积极参与各类大型活动，如杨凌农高会、丝绸之路国际博览会陕菜美食文化节等，提升"洛南豆腐"的品牌影响力。

洛南县非常重视"洛南豆腐"的市场推广，在西安、商州等地开设了多家洛南豆腐产品体验店和鲜豆腐直营店，积极推进洛南豆腐进入知名连锁餐饮企业。同时，洛南县还加快推进洛南豆腐地理标志商标注册工作，拓展"线上+线下"营销模式，使洛南豆腐、洛源豆腐干等特色农产品从县城走向全国市场。

洛南县通过培训群众学习制作豆腐技能、扩大就业渠道等方式帮助当地贫困群众增收。豆腐产业的发展不仅带动了就业和农民增收，还有力助推了产业发展、乡村振兴和文化旅游深度融合发展。

与此同时，洛南县基于域内自然资源的特点，在海拔 800 至 1 200 米的区域发展了高山马铃薯产业，并推广了糯玉米等高附加值粮食新品种。此外，洛南县还大力推广地方优良核桃品种，如西洛 3 号，并重点发展红仁核桃、山核桃。同时，洛南县也大力发展烟粮融合发展产业，以及规模化食用菌产业园区。在生猪、肉牛、肉羊和蛋鸡养殖方面，洛南县也建立了多个生产基地，同时依托当地特色资源发展肉兔、奶牛、黑猪、冷水鱼等地方特色产业。

综上所述，洛南县的特色经济产业主要集中在特色农业和豆腐产业，这些产业促进了当地经济的发展，带动了就业和农民增收。

6.3.7 柞水县木耳产业

柞水县将木耳产业作为县域经济高质量发展的首位产业。柞水县通过组织发展木耳种植户，加强科技创新，依托李玉院士团队的技术力量，进行了全球范围内的木耳栽培品种和野生种质资源的收集和鉴定。柞水县通过分子育种技术对柞水本地主栽品种进行了改良，培育出适合本地栽培的高产优质新种质和新品种。柞水县制定了木耳的生产标准和规程，并进行了技术培训，包括黑木耳菌包生产、玉木耳菌包生产、黑木耳大棚吊袋栽培、玉木耳大棚吊袋栽培等技术规程。这些技术规程实现了木耳的工厂化生产和科学化大田管理，有助于木耳的增产和品质提升。

为了提升木耳生产水平，柞水县建立了全国首家"木耳大数据中心"，通过大数据技术实现从生长监测、质量管理、科技咨询到市场销售的全流程数据化和信息化。这有助于提升木耳产业的智能化、轻简化、机械化水平，进一步强化科技扶贫由输血向造血转变。

柞水县还积极开发木耳的深加工产品，如木耳片、木耳冰激凌、木耳超微粉、木耳菌草茶等。这些产品提升了木耳产业的附加值和市场竞争力。

综上，柞水县通过扩大生产规模，延长产业链条，提升品牌质量等措施，实现了木耳产业的快速发展。目前，柞水县已建成多个木耳产业园区，形成了以木耳为主的百亿级绿色食品产业集群，实现了从传统种植到现代化、智能化的转变，成为县域经济的重要支柱。

除此之外，柞水县大力发展林业产业，包括核桃和板栗的种植与深加工，以及林下种植和养殖。通过新建和改造核桃基地、板栗嫁接改造示范园等措施，柞水县实现了林业产业的规模发展。另外，柞水县积极探索林菌、林药、林养等立体高效的"林下经济"发展模式，重点打造了林下养殖、林药和林菌三大示范基地，发展了香菇、木耳等食用菌以及天麻、猪苓等药用苗的仿野生栽培。这些措施初步构建了柞水县立体式林业产业发展模式。

6.4 数字赋能农村高质量发展

6.4.1 商洛山地农产直播联盟和商洛山地农产网络直播月

商洛市依托国家级电子商务进农村综合示范项目，建立了714个镇村电商服务网点，提升电商服务的覆盖范围和质量。商洛市成立了商洛山地农产直播联盟，举办了多场大型直播带货活动，如"商洛山地农产网络直播月"。商洛山地农产网络直播月由商洛市人民政府主办，商洛市商务局和7个县（区）人民政府共同承办，以短视频和直播宣传带货为主要手段销售商洛山地农特产品。商洛山地农产网络直播月成功激活了消费活力，扩大了消费规模，并促进了消费升级。活动期间，商洛市各县（区）商务主管部门紧抓消费节点，整合各类直播资源，充分发挥网红达人、网红打卡地、网红产品的网络聚集效应，积极组织传统商贸企业、电商企业和个人等经营主体开展直播带货，不断扩大直播规模。商洛市优选了柞水木耳、商州蜂蜜、洛南豆腐干、丹凤葡萄酒、山阳核桃、商南茶叶等具有地域特色的产品进行网上销售，这些产品不仅提升了商洛市的知名度，也促进了当地农民的收入增长，有效推动了商洛山地农产品的销售。商洛山地农产直播联盟的成立和商洛山地农产网络直播月的成功举办，是商洛市大力发展电子商务，特别是农村电商的例证。通过这些活动，商洛市有效地推动了农产品的销售，提高了农产品的市场知名度，为当地农民带来了实实在在的经济收益。

商洛市努力完善"最后一公里"物流体系，提高农产品的配送效率，降低物流成本。商洛市制定了《商洛市加快推进农村寄递物流体系建设实施方案》，旨在加快县（区）、镇（办）、村（社区）三级寄递物流体系建设，实现农产品运得出、消费品进得去。截至 2022 年年底，商洛市所有行政村快递服务覆盖率达到 90%；截至 2023 年年底，村（社区）"快递进村"达到 100%。在针对农村邮政基础设施建设方面，商洛市加强构建完善的邮政普遍服务体系，推进乡镇邮政局（所）改造，加快农村普遍服务邮路汽车化，保证每周投递行政村不少于 3 次、乡镇所在地不少于 5 次。同时，商洛市还构建农村寄递物流共同配送体系，通过招投标、政府购买服务等形式，支持企业建设县级寄递公共配送中心和镇级寄递物流综合服务站。商洛市利用村内便民服务站点、村邮站等现有公共设施，因地制宜建设村级寄递物流综合服务点。基于此，商洛市推动农村寄递物流与电商融合发展，支持邮政快递企业参与电子商务进农村综合示范项目建设，通过在农特产品原产地固定设点、季节性设点等方式，提供上门服务，满足农特产品零散寄递需求。并且，为了助力直播带货和电商销售，商洛市依托国家级电子商务进农村综合示范项目，加快镇村电商服务站点建设，提升站点服务水平。通过这些措施，商洛市不仅提升了物流体系的效率，还促进了当地经济的发展和居民生活水平的提升。

6.4.2 柞水县数字乡村建设

柞水县积极抢抓数字时代新机遇，推动数字乡村建设发展。该县在设施新型化、网络覆盖、农村电商等方面取得了显著进展，为农村信息基础设施建设、农村电商步伐的加快和农业农村数字经济的培育壮大作出了贡献。

柞水县作为国家电子商务进农村综合示范县，通过加快基础设施建设，实施了电商补短强基工程，包括电商人才培训、镇村及园区电商站点建设、三级物流体系完善、电子商务营销推广等。柞水县新建了县级农村电子商务物流配送中心，电商站点数量扩大到 82 个，实现了行政村站点全覆盖。此外，柞水县还对多家快递物流企业进行了整合，成立了陕西通村物流快递公司，并开通了多条快递线路。柞水县实施了特色电商主体培育计划，以本土电商企业为引领，带动发展了 473 户电子商务网店和微店。

柞水县制定了电商人才培训管理办法和培训方案，开展了多期电商培训，共计 8 575 人次，带动了 630 余人创业就业。柞水县拓展了特色农产品销售渠道，线上线下齐发力，积极组织县内企业参加各类展销活动，并与多个网销平台对接，开展直播带货活动。

柞水县聚焦核心产业培育、电商物流建设、治理能力升级，加快培育数字经济新产业、新业态、新模式。柞水县建立了县级电子商务中心、快递物流分拣配送中心和多个镇村电商站点，实现了电商站点与物流配送的同频共振。此外，柞水县还强化了人才保障，累计开展培训 4 200 余人次。柞水县通过加快推进设施新型化，实现了宽带网络全覆盖。同时，柞水县推进了产业数字化和服务智能化，如通过物联网、大数据及人工智能技术对木耳产业链进行数字化转型升级，为推行"互联网+政务服务"和发展"互联网+现代农业"提供基础保障。

柞水县以大数据为纽带，以木耳产业为载体，形成了"政府+合作社+农民+电商+网播"的五方联动营销机制，以推进木耳线上销售。柞水县全面推行这种营销机制，着力打造木耳产品电商平台，通过淘宝直播平台，成功实现了大量的木耳销售。例如，在 2020 年 4 月 21 日，柞水木耳在淘宝直播间吸引了 2 000 万网友，三个直播间的 24 吨木耳在短时间内被抢购一空。这一事件展示了柞水木耳在电商直播销售方面的巨大成功。随后，柞水县充分发挥电商作用，通过网络直播带货、组织企业参加产品对接会（展销会）、电商节庆活动等方式，与京东、淘宝、抖音、快手等平台合作，累计开展了 500 余场次的直播带货活动，直接间接销售农产品 2 300 余万元。

柞水县通过网络直播培训累计培育了 220 余户电子商务网店和微店等经营主体，实现了 600 余人创业就业。柞水县依托电商全力打造"柞水木耳"地域公共品牌，助推木耳、核桃、板栗、土鸡蛋、连翘茶等农特产品的网上销售，并通过"引进+培育+传统企业升级"的方式，形成了擎远电子商务、新锐文化传媒公司等一批本土电商企业。其中，新锐文化传媒公司的抖音粉丝量超过 800 万，年营业额超 500 万元。

柞水县与京东集团西北分公司就京东云仓、京东农产、京东直播等相关项目达成了合作意向，并谋划了柞水县电商物流产业园项目。该项目由京东提供技术、资源支持，县内第三方企业承建并运营，预计项目建成后将实现年产值 1 亿元，带动就业 500 余人。柞水县建立了县级快递物流分拣配送中心，整合了 8 家快递物流企业，新建、改建了 67 个镇村电商服务站点，这些举措使得快递物流服务能够覆盖多个电商站点，实现了 3 天内配送到镇村的目标，有效提升了物流效率和电商服务的可及性。此外，柞水县企业孵化中心已孵化了 21 家企业，基本完成了电商 5 大板块的建设任务，形成了集电商运营、产品展销、企业孵化、线上直播、人才培训等为一体的县级公共服务中心。

柞水县通过强化品牌建设和质量控制，实现了生态溢价。柞水木耳获得了国家地理标志证明商标认证和农产品地理标志登记，这些认证有助于提升产品在市场上的认可度和价值。柞水县在木耳产业链上进行了全面的拓展和升级，包括菌种选育、深加工产品开发、产品质量管控等，推动了木耳全产业链的转型升级和提质增效。

通过这些措施，柞水县不仅提升了电商平台的种类和运营水平，还促进了当地经济的发展和居民生活水平的提升。

6.4.3 丹凤县旅游多样化营销

丹凤县依托县内特有的资源，通过一系列创新举措，成功提高了其旅游的知名度和吸引力。

首先，丹凤县科学规划打造县域特色资源，围绕四大龙头项目推动大旅游产业的发展。这些项目包括商於古道文化景区、宋金街区改造提升、农业艺术公园、汽车文化主题公园和葡萄酒文化产业园等，持续提升现有 A 级景区的品质，丰富文旅活县路径，并开发了游客参与和体验性的特色旅游项目。另外，丹凤县还打造了秦岭飞行小镇和马炉党性教育基地等，旨在开发空中旅游和红色旅游市场。

其次，丹凤县基于县内特有资源，通过多种渠道进行旅游宣传。丹凤县制作旅游宣传片、宣传折页广泛投放；投放高速跨线桥广告和公交车体广告，如西商高速投放跨线桥广告、在西安市投放公交车体广告，扩大广告宣传范围；在公共场所 LED 屏滚动播放旅游宣传片等多种方式进行宣传。此外，丹凤县还在中央电视台财经频道进行现场直播，在微信平台发布了 110 篇相关信息，多渠道宣传丹凤文化旅游，有效提升了丹凤旅游的知名度、吸引力和影响力。丹凤县加大了旅游宣传促销活动的力度，积极参与商洛文化旅游网络推介直播活动，并举办了多种文化旅游活动。例如，丹凤县举办棣花古镇赏荷季、丹凤县葡萄酒文化节等，旨在促进旅游市场的复苏。另外，丹凤县还成功举办了 2021 丹凤桃花节暨第三届花朝节，开展了包括花朝节典礼云直播、抖音网红大赛等在内的八大系列活动，增强了丹凤旅游的吸引力。这些活动不仅提升了丹凤旅游的吸引力，还增强了其文化特色。丹凤县致力于丰富旅游业态，如棣花古镇的大型古装特技特效实景演艺《棣花往事》增加演出场次，桃花谷、丹江漂流、凤冠山等重点景区提质升级，以及金山旅游度假区的安森曼葡萄酒庄等新兴旅游产品，都吸引了大量游客。另外，丹凤县通过深入挖掘丹凤文化资源，进行品牌建设，提升宣传质量，举办平凹文学节，打造秦岭文化体验高地。这些活动不仅提升了丹凤县的文化形象，还促进了当地的文化交流和旅游业发展。丹凤县积极推进以"商於古道·丹凤朝阳"为品牌的全域旅游，传统景区加速提质升级，新兴景区不断推向市场。此外，丹凤县还举办了多种文化活动，如陕西省第二届"乡村振兴美丽家园"农歌大赛等，扩大了丹凤对外影响力和旅游吸引力。丹凤县通过挖掘秦岭的文化、历史和运动元素，构筑了"魂系大秦岭"的文化旅游发展主题，并积极融入大西安都市圈，提升文化旅游资源的利用效率。

6.4.4　洛南县农村电商发展

洛南县运用"互联网+"思维，加快推进电子商务进农村示范工作，通过搭建电商平台、建成配送网络、进行电商人才培训等措施，全力推动全县农村电子商务健康快速发展。为了支持农村电子商务的发展，洛南县建立了电商平台和配送网络，建设了 86 个电商服务网点，覆盖全县 16 个镇办，其中贫困村网点 59 个；建立了 500 平方米的电子商务服务中心，对入驻企业提供免费孵化服务。目前，已有 18 家企业签订入驻协议，17 家企业签订孵化协议，完成孵化日志 60 多篇。

洛南县注重电商人才培训，整合了县人社、妇联、职教中心等部门的培训资源，对全县各镇办领导干部、农村青年、返乡大学生、待业群众、贫困群众进行电子商务实用人才培训，提高群众电商发展意识，营造良好的电商经营氛围。

洛南县建立了农产品数据库，制定了《洛南县农产品网络流通体系实施方案》《洛南县农产品流通质量标准体系》，出台了《三品一标及 SC 认证流程》，对县内 3 家电商企业开展三品一标及 SC 认证、品牌建设、开设店铺、供应链体系建设等服务，这些措施有助于推动乡村旅游及服务产品实现产品线上化，同时多渠道、多方式、多层次加大农特产品推介，加快本地农特产品销售。

洛南县建成了县、镇、村三级农村物流配送网络，整合物流资源，缩短配送时间，改善农村流通环境，降低农产品流通成本。目前，洛南县已建成了县、镇、村三级农村物流配送网络，包括1个县级物流配送中心、16个镇级物流配送代办点和70个村级电商物流配送服务点，村级物流快递点覆盖率50%以上，洛南县在全县247个村（社区）建立了快递投递点，形成了县、镇、村三级农村快递网络服务体系。这些快递投递点的建立，极大地便利了农村地区的快递服务，解决了偏远山区群众取快递、寄包裹、销售农特产品的问题。

这些措施共同推动了洛南县农村电商的健康快速发展，并助力乡村振兴。

6.4.5　山阳县致力打造电商品牌助力农产品营销

山阳县依托"药菌果畜茶"等优势产业，大力宣传推广"源味山阳"县域农产品公共品牌，开发网货产品33个，并与各大电商平台深度合作，拓宽网络销售渠道，探索"电商+直播"模式，通过直播带货活动，现场直播农特产品的采收、加工等，有效解决农特产品销售难问题。在探索网络销售模式的同时，山阳县注重培养本土电商人才，开展了电商技能培训，不但为电商销售渠道提供人力资源，而且带动当地农户参与其中实现增收。同时，山阳县实施"农村青年电商培育工程"，支持和指导返乡大学生、青年农民工、大学生村官和农村青年致富带头人通过电商灵活就业创业，建立了电商帮扶服务体系，提供代买代卖、快递收发、金融保险、信息咨询等各种便民服务。山阳县还通过加强交通运输、商贸、供销、邮政等农村物流基础设施，建立了电商县、镇、村三级物流体系，实现了分拣作业自动化操作，提高了电商站点快递配送覆盖率，打通网络销售的"最后一公里"。山阳县全县开发网货产品已有158个，优势网货40余种，电商交易额达12.67亿元，其中农产品销售额达1.3亿元。

综上所述，山阳县通过一系列的措施和策略，成功地推动了电商产业的发展，为乡村振兴和精准扶贫作出了重要贡献。

6.4.6　镇安县提升电商服务能力

镇安县通过建立电子商务体系、发展经营主体、推动农产品的网络销售、开展直播电商活动等措施，有效地推动了电商产业的发展。镇安县制定了国家级电子商务进农村综合示范项目的后续中央专项资金使用方案，旨在推进电子商务示范县项目的实施，着重于完善农产品上行服务体系和农村电商发展公共服务体系，以及提升电商公共服务能力和带贫益贫能力。目前，镇安县已建成电子商务产业园、电子商务物流园、电子商务公共服务中心、农村快递物流分拣中心、农村电商服务站点和镇村快递物流点。这些设施形成了以农村淘宝、邮政、供销为主的县镇村三级电商服务和物流体系。镇安县已经发展了多家电子商务企业和个体工商户，其中一些企业的年交易额已经达到相当高的水平。这些企业不仅促进了电商产业的发展，还带动了当地的就业和经济增长。如手撕腊肉、北阳山牛肉、手工铜酒壶等镇安县的农产品，通过电商平台销售，线上销售占比逐年递增。其中，北阳山牛肉的线上销售占比达到了 20%。

近年来，镇安县积极开展直播电商活动，通过直播销售农产品。2020年和2021年，镇安县的农产品网络直播销售金额分别达到了 184 万元和322 万元，同比增长 75%。

镇安县电子商务和对外经济服务中心开展了电商助农直播活动，邀请网络达人和带货主播宣传当地特色农产品，帮助农民增收致富，促进农旅深度融合。

综上所述，镇安县通过建立电子商务有效地推动了电商产业的发展，对乡村振兴和农民增收作出了重要贡献。

6.5 科技赋能农村高质量发展

6.5.1 丹凤县：科技赋能养殖业发展

丹凤县华茂牧业科技发展有限公司的肉鸡养殖基地是科技赋能养殖业发展的典型代表。该公司集父母代种蛋繁育厂、鸡苗孵化厂、商品代肉鸡养殖基地、肉鸡屠宰厂、饲料厂、万吨禽肉熟食品加工、万吨有机肥加工、冷链物流体系、市场营销体系、产品研发团队十大板块于一体，属于全产业链运行机制的企业。这个基地于 2008 年成立，采用"公司+合作社+基地+农户"的运行机制和"八统一管理"模式，为养殖户提供"保姆式"服务、"订单化"生产、"零风险"养殖。该基地在 2018 年建成投产，专门从事"817"肉鸡养殖。该基地占地 43.41 亩，投资 2 000 万元，建有现代化层叠笼养肉鸡舍 9 栋，建筑面积约 12 960 平方米，年出栏肉鸡 208.4 万只以上。该基地的养殖设施包括自动料线、自动饮水、自动环控、自动清粪、自动通风、湿帘降温等现代养殖设施，实现了高效养殖。通过这些设施和技术，该基地实现了资源节约和效率提高。例如，该基地采用层叠笼养方式，单位面积内饲养密度提升，节约土地效率，同时，该基地采用现代化设施养殖技术，如环控技术，确保鸡群健康，降低兽药成本，提高成活率。此外，该基地还实现了粪污资源化利用，采用密闭发酵罐处理鸡粪，转化为有机肥原料，实现无害化处理和资源化利用。

该基地的"公司+基地"的模式，通过鸡苗、饲料、兽药、收购、销售以及技术指导服务，帮助农户提高收入。例如，公司选派负责人管理基地日常事务，鸡舍由农户家庭承包经营，公司按照分栋分户记账，在统一收购鸡时，扣除生产成本后，按照每只鸡 0.5 元收取固定资产折旧费，剩余利润为农户家庭收入。

总体来说，丹凤县华茂牧业科技发展有限公司的肉鸡养殖基地是一个现代化、高效、环保的农业产业化项目，不仅提高了养殖效率和产品质量，也带动了当地农户增收，实现了企业发展与农民增收的双赢。

6.5.2 镇安县：科技赋能乡村振兴的典型措施

镇安县通过科技赋能，实现了农业总产值的增长和农民人均可支配收入的增加，展示了科技在乡村振兴中的重要作用。镇安县在科技赋能乡村振兴方面采取了多种措施。

首先，镇安县实施了"四个三"工作机制，包括统筹"三方力量"，壮大科技人才队伍，融合"三种方式"，精准乡村产业服务，以及搭建"三个平台"，提升全民科学素质。这些措施旨在推动科学技术与乡村振兴的深度融合。此外，镇安县还大力发展特色产业，如茶叶、蚕桑、烤烟、魔芋、中药材等，以提高农产品附加值。这些措施不仅促进了农村产业的多元化发展，还增强了农业龙头企业的竞争力，为乡村振兴注入了强劲动能。

其次，镇安县通过科技特派员制度，将科技专家与当地企业和合作社结对，提供科技服务和技能培训。这种"组团式"帮扶模式，通过协同联动，推进了农业示范基地建设、地方团队跟学培养、项目合作成果转化等工作，一方面提升了农业科技创新能力，提高了主导产业质量效益，另一方面对本土科技人才专业能力以及农民科学文化素质起到了积极作用。这一制度主要适用于茶叶、板栗等重点产业，成效显著。

再次，镇安县还在工业领域试点推行了科技特派员制度，旨在扩大科技特派员服务领域，稳步提升企业创新能力，强化科技赋能"一都四区"建设。工业科技特派员的工作重点包括指导企业研发投入的填报，帮助企业制定创新发展规划，促成企业与高校、科研院所开展产学研用合作，以及通过技术创新、产品创新促进产品迭代和企业升级。

最后，镇安县还实施了"1234"工作法，以推动科技创新提质增效。"1234"工作法包括建立一个驱动平台、紧扣两个核心要素（科技人才引育和创新主体培育）、强化三条路径支撑（组织领导、科技投入和考核评估），以及发挥四轮驱动作用（项目带动、需求驱动、宣传带动和振兴推动）。这些措施有助于实现科技创新人才由少到多、科技创新服务由点到面、科技成果转化由虚到实、科技创新意识由弱到强的"四个转变"。同时，镇安县建立了多个科普教育和宣传平台，包括科普馆、科普教育基地、科技教育特色学校等，以及线上线下相结合的科普宣传活动，这些措施有效提升了全民的科学素质和科学意识。

综上所述，镇安县通过科技赋能，在乡村振兴方面取得了显著成效，不仅提升了农业产业的质量和效益，也促进了农村经济的全面发展。

6.5.3 山阳县：科技赋能中药材产业发展

山阳县在科技赋能乡村振兴方面的一个典型案例是"药"富民殷项目。该项目以中药材种植为切入点，通过创新模式和科技赋能，成功带动了当地乡村振兴。该项目利用山阳县丰富的野生药材资源优势，为当地百姓开辟了一条致富新路。该项目已成功带动周边种植户60余户，组织开展宣讲活动160余次，培训药农8 300余人次。截至目前，山阳县中药材示范基地已达330亩，全县中药材产量比2022年增长14.3%。此外，该项目还带来了社会和经济的双重效益，总计带动当地350余户农民就业。

山阳县的"药"富民殷项目团队深入农村进行实地调研，了解中药材产业链的发展现状，并为农民增收探寻可行之路。"药"富民殷项目团队采访了大量农民，了解他们的种植习惯、生产技术、市场需求等，同时考察当地的中药材种植基地，参观中药材加工企业，对当地产业链的发展状况有了更深入的认识。"药"富民殷项目团队采用了精细化种植技术，结合科学的生产销售模式，形成了中药材种植的模范基地，每年都邀请技术人员，就中药材栽培、病虫害防治、田间管理等进行技术指导，帮助农民提升种植技术，提高了种植效率。在此基础之上，"药"富民殷项目团队致力于继续扩大种植面积和完善全链条生产线，切实提高中药材产量。同时，为了让中药材增值保效提价，"药"富民殷项目团队建立中药材初加工厂，提高中药材产品的附加值和市场竞争力。

这些实践和技术创新不仅提升了中药材的种植效率和质量，还为当地农民创造了更多的就业机会和收入来源，有效推动了山阳县的乡村振兴。

6.5.4 洛南县：科技合作模式释放农业科技力量

洛南县注重农业科技对当地农业发展的重要作用，与南京市江宁区展开合作，特别是在农业科技领域展开合作，利用江宁区的农业科技力量，引进新的农业品种和技术。这些新品种和技术的引进，不仅提高了农产品的产量和质量，还帮助农民增加了收入。例如：江宁区农业农村局联合南京市农业科学研究所创新培育了新技术，利用洛南凉爽的气候环境，在南京的夏季高温季节之外完成草莓的花芽分化，然后将草莓苗移植回南京进行栽植，实现了草莓提前上市，占得市场先机。洛南县试种江宁区引进的明香粳 813 和徐粳 119 等南方粳稻新品种，这些新品种的成功试种打破了商洛市多年不种水稻的历史，实现了亩产 600 千克的丰收。江宁区引进了横溪小西瓜，并在洛南县建立了种植示范推广基地。这种西瓜在洛南县的试种取得了成功，带动了当地西瓜产业的发展，增加了农民的收入。

当然，洛南县与江宁区的合作还包括农业、旅游、医疗等领域的苏陕协作项目，有力地推动了洛南县经济社会的发展。这些合作项目不仅提高了洛南县农业生产的科技含量和效益，还增加了当地农民的收入，有效地推动了当地的乡村振兴。这些成功的实践案例显示了科技合作在推动区域发展中的重要作用。

6.5.5 商南县：科技提升农产品附加值

商南县围绕发展壮大茶产业的战略部署，充分利用当地的气候、地形、人口分布等优势，科技赋能特色农业产业的发展。商南县利用 5G 网络、大数据和物联网等现代科技手段，在富水镇茶海公园建立了万亩茶叶基地的"智慧茶园"。这个项目实现了茶叶种植、管理、生产的全过程数字化，通过高清全景摄像头和气象数据采集设备，包括视频监控、虫情监测、土壤监测和气象信息等数据的实时监控和分析。通过这些技术手段，农业技术人员可以实时观测山地小气候变化，也可以远程控制茶园的日常管理，如灌溉、施肥、病虫害防治等，大大提高了工作效率和茶叶品质。在本土茶苗品种的培育方面，商南县与国家科技特派团茶叶专家组合作，在全县主要产茶区筛选出 18 个本土茶树品种，并进行无性系扦插繁育，以提升茶产业的质量和效益。此外，商南县还进行了本土茶苗品种选优培育、资源挖掘、良种引进、穴盘育苗技术提升等科技改良工作，这些措施有助于提高茶叶的产量和品质。在绿色防控技术的应用方面，商南县在茶园中引入了窄波 LED 杀虫灯、黄红双色诱虫板等绿色防控技术，以减少化学农药的使用，保护生态环境。这些技术的应用有助于减少病虫害对茶叶产量和品质的影响，同时也促进了茶园的生态平衡。在数字化智能化育苗大棚建设方面，通过自动水帘滑轨、鼓风机、电暖气片、空调以及自动闭合张开的遮阳布和天窗等设备，实现了育苗大棚内温湿度的精确控制，使得一年四季都可以进行育苗工作。

通过这些科技创新，商南县的智慧茶园实现了茶园管理的现代化和智能化，不仅提升了茶产业的科技含量和效益，而且提高了茶叶的产量和品质，提升了茶产业的经济效益，为农民创造了更多的收入，有效推动了当地的乡村振兴。

6.5.6　柞水县：科技加速农业科技成果的转化

柞水县坚持科技是第一生产力、人才是第一资源、创新是第一动力的发展理念，围绕产业链部署创新链，加速农业科技成果转化。第一，柞水县充分发挥科技部和省、市、县科技部门联动机制，共同选派优秀科技干部组成科技帮扶执行团，协同开展创新型县、农业科技园区和科技计划的设计、部署与实施。柞水县聘请专家成立"科技助力柞水可持续发展咨询专家组"，为县域经济发展提供决策建议、科研攻关、技术指导、资源配置等。第二，柞水县通过科技示范镇和示范村建设，创建了科技示范镇 5 个、示范村 30 个、示范户 500 多家，建成省科技资源统筹中心柞水分中心、中医药博览馆等科技创新平台。

最为典型的案例是柞水县科技助力木耳产业的创新发展。柞水县将木耳产业作为乡村振兴的首位产业，通过科技创新，实现了木耳产业的现代化和高效化。例如，柞水县与吉林农业大学合作，致力于研发适宜本地种植的木耳菌种，以提高产量和品质。为此，柞水县制定了生产标准，并开展了技术培训，为木耳工厂化生产和科学化管理提供了技术支持。金米村智慧农业产业园区利用全自动控温和喷淋系统，实现了对木耳菌包生长的实时监测和控制，确保了木耳的质量。柞水县还依托科技部项目，建立了质量安全识别检测技术体系、质量安全追溯技术体系、质量安全控制技术体系和质量安全云数据平台，这些体系率先应用于柞水木耳产业，确保了产品的质量和安全。柞水县还建立了全国首家"木耳大数据中心"，实现了木耳产业从生长监测、质量管理到市场销售全流程的数据化和信息化。这个平台有助于提升木耳产业的现代化管理水平，增强市场竞争力。为了延伸木耳产业链，柞水县建设了木耳深加工产品研发基地，开发了木耳片、木耳冰激凌、木耳超微粉、木耳菌草茶等多种产品，并与企业合作研发木耳露系列饮品，全面提升产品的附加值和市场竞争力。

在科技助力木耳产业过程中，柞水县通过实施科技特派员制度，派遣科技特派员到乡村和企业进行技术指导，促进了科技成果的转化和应用。这些科技特派员在木耳、药材果蔬种植与加工技术引进、企业对接、联合研发等方面发挥了重要作用。

综上，柞水县围绕特色产业科技需求，提高科技自主创新能力，推广农业先进适用技术，促进科技成果有效转化，不仅提升了木耳产业的科技含量和效益，还为当地农民创造了更多的就业机会和收入来源，推动了科技赋能与乡村振兴的有机结合。

6.6 生态经济的典型案例

商洛市实施了"十四五"生态环境保护规划，强调节约资源和保护环境的基本国策，将生态文明建设放在突出的战略位置。同时，商洛市坚持把节约优先、保护优先、自然恢复为主作为基本方针，强调在发展中保护、在保护中发展。商洛市在推动经济发展过程中注重资源高效循环和严格保护生态环境，形成了节约资源和保护环境的空间格局、产业结构、生产方式。因此，商洛市深化制度改革和科技创新，建立系统完整的生态文明制度体系，强化科技创新引领作用，为生态文明建设注入动力。为实现优质生态和高质量发展的相互促进和良性循环，商洛市积极探索生态优势转化为发展优势的有效路径，加快实现生态经济化，推动经济社会发展全面绿色转型。

商洛市积极探索绿色发展新模式，在发挥生态禀赋优势基础上，创新融合多方面资源。例如，商洛市按照"一区三走廊"的全域旅游发展布局，打造了商於古道生态文化旅游走廊、秦岭山水风情休闲走廊、秦风楚韵旅游体验走廊。这些项目不仅增强了商州旅游中心的引领作用，还提升了景区和度假区的建设力度。除此之外，商洛市还发展高质量景区，积极推进景区的科技应用和特色文化挖掘，如牛背梁国家森林公园、金丝峡、木王山国家森林公园等，这些景区不仅提供了丰富的自然景观，还融合了文化体验和现代科技。为了促进产业升级，商洛市实施了休闲农业和乡村旅游精品工程，如引导 4A 级以上景区和省级旅游度假区发展乡村旅游，打造精品民宿村、旅游度假村等。同时，商洛市结合自身特点，大力发展森林康养、气候康养、中医药康养等，如抚龙湖医养结合体、天竺山养生度假小镇等，打造集医、康、养、游、研、居于一体的康养旅游综合体。商洛市还注重开发红色旅游资源，深入挖掘革命历史和红色文化资源，推动红色旅游与民俗旅游、生态旅游等的结合，创新红色旅游发展模式。商洛市采用精品景区点缀、风景廊道联通、田园风光衬托的全域生态旅游发展模式，通过完善城市绿道、慢行系统等，构建了全域旅游发展格局。这些措施共同推动了商洛市生态文旅产业的发展和城乡资源的整合，有助于形成特色县域产业，提升城市和乡村的发展水平。

与此同时，商洛市注重通过科技赋能，提升产业发展的科技含量，延长产业链条。例如，洛南县苗木花卉三产融合示范园与河南省的企业合作，开发杜仲系列产品，并与中国林业科学研究院经济林研究开发中心合作，培育出 26 个杜仲良种，提高了杜仲产果量，同时研发出杜仲雄花茶等专利技术产品。商洛市以秦创原平台为依托，推动科技创新与产业创新的深度融合。该平台通过科技创新，催生了新的业态、模式和经济增长点，促进了工业经济的大突破，并加快建设"中国康养之都"和"美丽中国先行区"。例如，陕西豪德特新材料有限公司利用科技创新实现了生产过程的边角料重复利用，制备成高性能粉末，应用于粉末冶金、注射成型和 3D 打印领域。此外，丹凤丽柏丽威生态智能家居公司在其智能家居产业园采用无尘化生产技术，实现了零污染的家装产品生产，并提供个性化、智能化定制服务。商洛市与西安交通大学、西咸新区等高校和机构建立了全面合作关系，共同推进科技创新。例如，商洛市与陕西科技大学合作，开展镁产业核心关键技术研发，这些合作促进了主导产业结构的转型升级。商洛市通过实施"三百四千"工程，建立了市县联动工作机制，广泛宣传高新技术企业申报条件、流程及扶持方式，着力破解企业长远发展的重大技术瓶颈，激发企业创新活力和内生动力。商洛市聚焦主导产业、重点企业、重大项目的人才需求，通过柔性引才和刚性引才相结合的方式，破除人才流动和技术引进壁垒。例如，商洛市通过秦创原平台引进高层次人才，组建市级科技特派员产业技术服务团，为企业和产业提供技术指导培训等。通过这些措施，商洛市不仅提升了产业发展的科技含量，还促进了产业结构转型升级，为县域经济的高质量发展提供了坚实基础。

商洛市在县域经济发展过程中，注重利用龙头企业带动产业升级。商州区通过聚焦新材料、绿色食品、健康医药、文化旅游、建材家居五大产业，打造了 12 条产业链，以实现产业链的优化升级。商洛市成立成长型产业链提升领导小组，全面推行链长制，并积极吸引和培育链主企业，如陕西湾流文化旅游产业有限公司、森弗公司等，这些企业通过引领产业链发展，促进产业升级和相关产业的协同发展。目前，商洛市发展了 168 家市级以上农业龙头企业，这些企业不仅带动了 24.9 万人的就业，还推动了农业的产业化、绿色化、景区化、品牌化发展。商洛市通过实施项目扶持、贷款贴息、出口退税等措施，全力扶持"链主"企业做大做强，将农户镶嵌到产业链中，实现利益共享。此外，商洛市还推进了"三品一标"提升行动，认证了多个绿色食品和有机农产品，提升了农产品的品牌价值。商洛市的龙头企业不仅促进了产业链的发展，还推动了经济增长和就业创造。例如，2022 年，商洛市新增"五上"企业 230 户，市场主体达到 13.5 万户。这些企业的发展不仅提高了工业增加值，还促进了就业增长，为当地经济注入了活力。

商洛市通过这些措施，在落实乡村振兴战略过程中探索乡村经济发展与生态保护的和谐共生的各种方法，旨在促进可持续发展和生态文明建设。商洛市各县（区）也在生态发展之路上大胆尝试，形成了不少可以被借鉴的典型案例。

6.6.1 丹凤县安森曼葡萄酒庄

安森曼葡萄酒庄是位于陕西省商洛市丹凤县的一个现代化葡萄酒庄园。这个庄园由陕西丹凤龙桥经贸集团全资拥有，并在 2013 年重建，总投资额达到 3.2 亿元。该酒庄的设计遵循国际化和高标准，拥有欧式建筑风格、地下酒窖、进口法国橡木桶、葡萄观光采摘园和葡萄种植基地。此外，安森曼葡萄酒庄还兼具葡萄酒文化传播、产品品鉴、休闲度假、观光旅游等多种功能。该酒庄聘请了安森曼葡萄酒酿造世家的第 19 代传人作为首席酿酒师，致力于提供优质化、个性化、定制化的丹凤葡萄酒风格产品。该酒庄的注册品牌包括"安森曼"和"凤冠山"，这两个品牌已研发生产出二十多个品种的葡萄酒，其中，安森曼传奇干红在 2019 年第五届DSW 国际精品葡萄酒挑战赛上获得银奖，安森曼窖藏干红葡萄酒在 2018年亚洲葡萄酒大赛上获得银奖，并在第九届中国上海高端葡萄酒及烈酒展览会上获得金奖。安森曼葡萄酒庄被命名为"醉美"中国葡萄酒庄，并连续三年举办葡萄酒文化节暨行业高峰论坛，推动了丹凤葡萄酒产区技术交流与品牌宣传。此外，该酒庄还拥有 1 200 亩的葡萄种植基地，集优质酿酒葡萄种植、采摘、酿造、储藏、品鉴、产品定制、葡萄酒文化展示、婚庆摄影、观光等功能为一体，是一个多功能葡萄酒庄。另外，该酒庄还提供高质量的康养床位，促进了康养产业与旅游业的深度融合。

6.6.2 丹凤县寺坪镇的文家谷

丹凤县通过开发、整合人文资源和度假资源，形成了具有县域特色的文旅产业集群，形成了产业链企业，成为县域经济发展的新动能。丹凤县积极推进旅游示范村落的创建，包括马炉国家 3A 级旅游景区和毛坪省级乡村旅游示范区的建设。丹凤县人民政府出台了支持民宿发展的措施，包括资金支持、人员培训、项目补助等，以促进民宿行业的有序发展。丹凤县加快了旅游项目的建设，如鱼岭水寨项目的推进，以及铁峪铺镇黄龙洞资源的全面考察和项目策划。这些项目不仅提升了旅游吸引力，还促进了当地经济的发展。丹凤县推广了 15 个乡村旅游点，每个点都具有独特的康养、人文、生态特色。

丹凤县寺坪镇的文家谷项目是一个集生态旅游、休闲康养于一体的现代化旅游目的地。该项目位于丹凤县城西南约 23 千米处，占地约 50 亩，充分利用了当地丰富的自然资源和生态优势，项目内设有多种休闲娱乐设施，如松果造型组合滑梯、麋鹿攀爬架、飞机造型玩具等，以及霍比特小屋和真人 CS 区等，深受游客喜爱。文家谷项目注重生态康养，包括山茱萸文化馆、药王中医馆等，这些设施的建设旨在提升游客的康养体验，不仅提供休闲娱乐，还结合了农业和旅游元素，如农家乐、生态停车场等，形成了一个农文旅融合的乡村振兴发展新格局。文家谷项目逐步形成了生态化、高端化、品牌化、特色化的产业体系，提供丰富的文旅产品，为游客带来全方位的体验。该项目对促进寺坪镇一二三产业融合发展，加快生态康养小镇建设，推动镇域经济发展具有重要意义。文家谷项目的成功不仅提升了当地的旅游吸引力，还促进了当地经济的发展和居民的生活质量提升，成为丹凤县文旅产业的一个重要组成部分。通过这些措施，丹凤县不仅提升了旅游业的整体水平，还促进了当地经济的发展和居民的生活质量提升。

6.6.3　商南县金丝峡旅游示范镇

金丝峡省级旅游度假区位于商南县金丝峡镇。金丝峡旅游度假区自然气候属亚热带半湿润季风气候向暖温带半湿润气候过渡类型，年平均气温18℃，夏季平均气温22℃，气候温和湿润。区内生态环境优越，动植物资源丰富。商南县将生态立县作为经济社会发展的重要战略，致力于建设天蓝水碧、地绿人和的环境，持续推进生态保护。同时，商南县围绕生态保护这一核心，依托金丝峡的生态自然资源，打造金丝峡生态度假区。生态度假区分为三大片区：金丝峡景区观光和综合服务区、太吉官渡文化体验区、18 千米生态画廊及美丽乡村休闲养生区。区内有金丝峡 5A 级旅游景区 1 个，太子坪和金丝峡丹江漂流 3A 级旅游景区 2 个，太吉官渡特色小镇 1 个，旅游综合体 1 个。此外，区内还有丹江漂流、水上游乐、溶洞漂流、采茶、民歌对唱、篝火晚会、果蔬采摘、生态垂钓、森林探险、射击、滑索、骑行等旅游体验项目 20 余种。

商南县已经将金丝峡旅游度假区打造成为一座综合性的、功能齐全的生态度假区、文化度假区、特色度假区、智能度假区，向国家级旅游度假区目标迈进。

6.6.4　商南县"生态茶城"

商南县发挥生态资源优势，高度重视茶产业的发展，并将其作为农业首位产业来重点发展，已成为商南县的主导产业之一。近年来，商南县以传统茶产业为基础，提升发展"生态茶城"，通过扩大规模、提升品质、强化品牌等方式来提高茶经济的效益，并以茶产业为基础进行旅游、康养、加工等"三延伸"实现产业升级。

商南县每年都认真规划新建和改建茶园的面积和分布，以扩大茶园规模。例如，2022 年新建改建了 1 万亩茶园；2023 年新建茶园 1.3 万亩，改造低效茶园 6 000 亩，茶叶产量达到 8 680 吨，产值 14.68 亿元。同时，商南县还在城关、富水、试马三大片区重点打造茶产业园区，包括新建茶园、茶康养示范园等，以提升亩均效益。商南县不仅扩大茶园规模，还注重提升茶叶的品质和强化品牌。商南县重点培育茶叶联营公司、沁园春、秦岭泉茗等公司作为链主企业，并开发出老白茶、黑茶等品类，以及柠檬红茶、茶多酚等精深加工衍生产品，加快推进茶饮料、茶食品等精深加工衍生品的研发与推广，增强了茶叶的商品化能力和竞争力。同时，强化品牌建设，实施"百店千点"营销计划，逐步形成统一持久稳定的品牌打造与运营体系。

在旅游、康养、加工的延伸方面，商南县将茶产业与旅游、康养、加工等产业相结合，形成茶旅、茶养、茶文、茶体融合发展的模式。例如，商南县规划了茶产业康养示范园、东部茶产业融合发展示范园、西部现代农业产业示范园、南部高山云雾茶产区等"三园一区"，开发养生茶膳食，增加茶文化体验项目，培育茶园游、农庄游、采摘游、康养游等新业态，以推动生态茶产业的高质量发展。

为了打造百亿级茶产业集群，商南县以"生态茶城"为抓手，制定了一系列规范性文件，推动茶产业高质量发展，大力培育生态茶城建设。经过不懈的努力，商南县在茶产业的发展上取得了显著成就，于 2023 年获得了"全国重点产茶县域"称号，显示了其在茶产业领域的领先地位。

这些措施和成就表明，商南县的生态茶产业不仅在规模上迅速扩大，而且在品质提升和品牌建设方面也取得了显著进展，成为推动当地经济发展和乡村振兴的重要力量。

6.6.5 柞水县朱家湾最美小镇

柞水县通过发展牛背梁、终南山寨等景区，实现了旅游综合收入显著增长，并带动了农家乐等生态经济的发展。

朱家湾村位于陕西省商洛市柞水县营盘镇，秦岭山脉东段最高峰牛背梁就位于村内。朱家湾村以其原始森林、潭溪瀑布、峡谷风光等自然景观闻名，森林覆盖率高达93%，拥有丰富的生物多样性，被誉为"养在深闺人未识的天然氧吧"。朱家湾村的成功在于其生态保护与经济发展的完美结合。为了保护这些自然资源，朱家湾村建立了政府主导、村民自发参与的自然环境保护管理体系，通过秦岭生态旅游节等形式进行环保宣传教育，完成了流域治理、生态修复和珍稀动植物保护，实现了人与自然的和谐共生。朱家湾村除了自然资源丰富，同时还拥有丰富的地域文化，包括17处历史遗迹和25余种民俗文化。为了传承这些文化，朱家湾村进行了创新展示展演，建立了非遗传习所和非遗示范基地，开展了传统文化培训，并创意研发了具有地域特色的文化纪念品。在经济发展方面，朱家湾村大力发展乡村旅游，将山村、花海、森林、康养等元素融合，推动了一二三产业的融合发展。朱家湾村结合当地特色，打造了"生态+民宿"的特色产业，形成了以农家餐饮、精品民宿、生态旅游和休闲娱乐等为一体的旅游全产业链。同时，朱家湾村通过吸引社会力量和企业投资，提供了更多就业岗位，并建立了就业创业孵化基地，提升了旅游创新和管理水平。朱家湾村通过宅基地入市、自愿有偿退出等方式，盘活了土地资源，并发展了以阳坡院子、花锦园为代表的康养民宿集群，业态涵盖旅游观光、康养度假、拓展体验等多个产业。这些措施不仅提升了村庄的经济效益，还直接带来了500多个就业岗位，成为柞水县发展村级集体经济的典型。

此外，朱家湾村还依托牛背梁国家级自然保护区和终南山寨等景区，发展了集生态观光、田园采摘、拓展体验、餐饮住宿于一体的"庭院经济"链。2023年10月，朱家湾村荣获联合国世界旅游组织颁发的"最佳旅游乡村"称号，成为陕西省首个获此荣誉的村庄。

朱家湾村通过生态保护、文化传承和旅游发展，实现了生态与经济的双向增值，成为乡村振兴的典范。

6.6.6 柞水县金米村入选全国生态文化村名单

柞水县金米村利用其地理环境，抓住柞水县发展木耳产业的机遇，建设了木耳大棚，并鼓励村民种植木耳。金米村实施了"一对一"的科技帮扶机制，提供专业的技术指导，如打孔、挂袋、采耳、晾晒等。这些措施极大地提高了木耳的产量和质量，成为村民致富的重要途径。

随着木耳产业的发展，金米村开始发展乡村旅游。乡村旅游的发展为金米村带来了新的收入来源。村里建设了健身步道、荷花池等旅游景点，并建立了"木耳馆"，展示木耳的种植历史和文化。游客可以通过参观"木耳馆"来了解木耳种植历史、文化以及相关的加工产品，还可以亲自体验木耳的种植过程，包括打孔、挂袋、采耳、晾晒等环节，了解木耳从种植到收获的全过程。金米村的农业观光活动允许游客漫步在田间地头，观赏木耳种植基地，沉浸式体验农业生产，享受乡村的自然风光。金米村建设了健身步道，游客可以在步道上散步或跑步，享受周围的自然景观。金米村的民宿为游客提供了体验乡村生活的环境，游客还可以选择住在村民家中，体验当地的日常生活和风土人情。金米村通过举办一些与乡村旅游相关的节庆活动，如农产品展销、民俗表演、美食体验等，为游客提供丰富的文化娱乐体验。通过这些特色活动，金米村的乡村旅游不仅为游客提供了休闲娱乐的机会，还让他们更加深入地了解了当地的农业文化和生活方式，增强了乡村旅游的吸引力和体验性。最终，金米村探索出了"农业+旅游+康养"的综合发展模式，将木耳产业与旅游业、康养业相结合，形成了可参与、可体验、可观光、可休闲、可采购的生态农旅文创综合业态，从而提高了村民的经济收入。

为了更好地发展旅游业，金米村改善了基础设施，如修建道路、增设旅游指示牌、建设游客服务中心等，不仅方便了游客，也提升了村民的生活质量。随着旅游业的兴起，金米村创造了更多的就业机会。村民不仅在旅游业直接就业，还在木耳种植、加工等环节，为村民提供了更多的就业选择。旅游业的引入和发展，也改变了金米村的社会结构和生活方式，村民们不再仅仅依赖传统的农业生产，而是开始从事与旅游相关的多元化职业，生活方式也因此变得更加多元化。乡村旅游的发展促进了当地文化的传承和环境保护意识的提升。金米村通过建立"木耳馆"等方式，展示了当地独特的木耳种植文化，增强了村民对自己文化的认同感和自豪感。同时，为了吸引和留住游客，村民们更加重视环境的保护和美化。

通过这些措施，金米村成功实现了从贫困村到富裕村的转变，成为乡村振兴的典范，还被评为中国美丽休闲乡村和全国乡村旅游重点村，并入选全国生态文化村名单。

6.6.7 洛南县"非遗工坊"——洛南草编

洛南县"非遗工坊"案例，即洛南草编，是一个成功的生态经济项目。该项目由洛南县巧手工艺品有限公司运营，依托洛南悠久的草编工艺传统和丰富的原材料资源，如玉米皮和小麦秆，将废弃物转化为有价值的工艺品。这些工艺品包括婴儿摇篮、宠物窝、衣物篓、坐垫和饰包等，共有20多个系列。由于具有环保、低廉、精致美观和轻巧耐用的特点，这些产品深受市场欢迎。

在商业运营方面，洛南草编成功申请了国家注册商标和外观设计专利，提升了洛南草编品牌知名度和保护产品设计，从而在市场上建立了独特的品牌形象。洛南草编不仅限于传统的草编产品，还创新开发了260余种全新草编产品，这些产品兼具实用性、观赏性、收藏性和艺术感，满足了不同市场需求。洛南县通过与外贸企业合作，通过加工摇篮配套布罩、床品、蚊帐、支架、特色鞋服、老虎枕头等，拓展了日本、欧美、中东等国家和地区的国际市场，增加了销售渠道。

洛南草编项目不仅是一个商业成功案例，还具有显著的社会影响。洛南县巧手工艺品公司组织了200余场草编技能培训，累计培训1万余人次，帮助了3 000余名农村剩余劳力、脱贫劳动力及残疾人就近就业，有效带动了当地就业，这不仅提高了当地居民的生活水平，也为草编产品的生产提供了稳定的劳动力支持。特别值得一提的是，这其中包括300多个贫困户和120多位残疾人，他们通过参与草编制作实现了稳定就业和增收。

通过这些策略，洛南草编项目不仅成功地将传统手工艺转化为具有市场竞争力的产品，还为当地经济和社区发展作出了重要贡献。总体来说，洛南草编项目不仅促进了当地经济发展，还显著提升了社会福祉，特别是对弱势群体的帮助，成为一个典型的生态经济成功案例。

6.6.8 山阳县神仙叶产业

山阳县是神仙叶植物的适宜生长区，神仙叶具有较高的药用价值和保健功能。但由于野生神仙叶生长在高山区，其产业价值一直未得到深度开发。近年来，山阳县引进现代化生态农业产业化技术，大规模种植神仙叶植物，充分挖掘神仙叶的生态价值和市场潜力，形成了现代化生态农业康养产业链。

山阳县对神仙叶进行了规模化种植，通过集中连片种植，提高了神仙叶的产量和品质。这不仅有助于保护和利用这一资源，也为当地农民提供了增收的途径。山阳县对神仙叶产品进行了深度研发和创新，分别委托齐鲁工业大学生物工程学院、陕西科技大学、西北农林科技大学等大专院校研发以神仙叶为主的系列产品，包含神仙凉茶、神仙叶维脂速溶茶、神仙叶面膜等系列生态产品，这些产品不仅包括传统的中药材，还包括保健品、食品、化妆品等，满足了不同市场的需求。

目前，山阳县已成功打造国内唯一集研发、食品前沿设计、生产、种植于一体的神仙叶全产业链公司。山阳县神仙叶凉粉等神仙叶产品年产量约 60 吨，货值 1 亿元，带动 328 户群众通过发展神仙叶增收致富，户均年增收 6 500 元，新增就业 850 人。山阳县设置神仙叶产品质量监督员，负责对神仙叶产品公司产品生产、运输和使用过程进行监督，定期抽查神仙叶产品质量，持续健全生产企业的质量保证体系。在生态保护方面，公司已联合农户在山阳县境内依托荒坡地和非耕地种植神仙叶达到 2.3 万亩以上，涵养了地表水土，增加了土壤养分，治理水土流失面积 10 余平方千米。山阳县成功地将神仙叶的资源优势转化为经济优势，实现了生态保护与经济发展的双赢。

神仙叶产业的发展不仅注重经济价值，还注重其文化和生态价值的结合。山阳县将神仙叶相关的制作工艺申报为非物质文化遗产，通过这样的方式，保护和传承神仙叶的文化传统。这不仅提高了神仙叶产品的文化附加值，也增强了公众对神仙叶文化的认识和重视，为这一产业增添了文化内涵，同时也强调了生态保护的重要性。

山阳县神仙叶产品企业 2020—2022 年连续三年被陕西省科技厅评为"科技型中小企业"，2020 年神仙叶产品成为"中国杯"城市定向赛唯一运动员补给品；2021 年神仙叶产品走进全国第十四届运动会会场。2023 年年底，山阳神仙叶凉粉制作工坊成功入选第三批陕西省非遗工坊。

这些成就表明，山阳县通过神仙叶产业的发展，不仅实现了生态产品的价值，还推动了当地经济、生态和文化的发展，为乡村振兴和文化创新提供了新的路径。

6.6.9 镇安县创新生态水产养殖

镇安县程家川地区通过发展智慧水产养殖产业，实现了从传统的单一农业种养产业到农文旅融合的转变，实现了生态环境和经济效益的双重提升。

程家川地区采用了"1+X"稻渔种养模式，这是一种综合性的种养模式，将稻、蟹、虾、鱼等多种养殖方式相结合，实现了种植业和养殖业在稻田水域空间的结合。这种模式不仅改善了稻田生态环境，提高了水资源利用率，还增加了生态产品的产出，实现了稻促渔、稻渔双收的双赢格局。这种模式有效地利用了土地资源，提高了农业产值。

程家川地区在稻渔种养模式中融入智慧农业技术，引进现代农业物联网技术，建立了智慧物联平台。这个平台可以全方位、多维度地采集各类信息，提供环境监测、预警预报、病虫害智能诊断、分析防治等服务，实现了实时监测、定时增氧、智能投料、科学管护。这些技术的应用提高了养殖效率，降低了劳动成本。通过智慧水产养殖产业的发展，程家川地区不仅改善了生态环境，还提升了经济效益。这种模式有助于保护和提升土壤质量，减少化肥和农药的使用，使得当地经济效益显著提升。

程家川地区的智慧水产养殖产业与当地的旅游业和文化活动相结合，形成了农文旅融合的发展模式。当地政府将水产智慧养殖产业园与程家河沿线的自然风光相结合，以农旅融合为切入点，积极打造集生态休闲养生、山水田园风情、鱼虾垂钓、休闲民宿、中医康养馆等于一体的特色农旅康养融合基地。这不仅为游客提供了参观和体验现代农业的机会，还推动了当地文化的传播和旅游业的发展。通过这些措施，程家川地区成功地实现了农业产业的转型升级，促进了当地经济社会的全面发展。

这些案例表明，镇安县通过生态保护和经济发展的有机结合，成功实现了生态价值的转化和提升，为其他地区提供了可供借鉴的经验。

7　结语

农村稳天下安，农业兴基础牢，农民富国家强。实施乡村振兴战略是新时代"三农"工作的总抓手。农业强不强，农村美不美，农民富不富，决定着全面小康社会的成色和社会主义现代化的品质。

商洛牢记习近平总书记的嘱托，牢牢扛起乡村全面振兴的重要政治任务，统筹谋划、勇探新路。商洛市委、市政府与时俱进，根据市情和农情变化随时调整农村工作重点，带领当地农民探索了一条具有当地特色的农村发展之路。

第一，商洛市在落实乡村振兴战略过程中始终坚持党的领导。曾经的商洛市因为地理环境限制，交通不便，基础设施建设难度大，限制了当地经济的发展，加之土地资源的限制和生产方式的落后，农业产出效率较低，农民长期处于贫困状态。随着国家脱贫攻坚战的深入推进，商洛市得到了前所未有的政策支持和资源倾斜，为最终实现脱贫目标奠定了基础。进入新时代，商洛市在落实乡村振兴战略过程中，始终坚持党的领导，突出党的领导核心地位。首先，制定科学规划，例如，商洛市的"十四五"规划不仅涵盖了2021—2025年的具体目标，还提出了2035年的远景目标。其次，贯彻以人民为中心的发展理念，树立正确的政绩观，引导党员干部深入学习和践行党的理论，与时俱进推进乡村建设。再次，加强基层党组织建设，发挥战斗堡垒作用，激发农民群众内生动力，让农民成为乡村振兴的参与者和受益者，提高农民的获得感。最后，强调先富带动后富，统筹城乡发展，形成全社会共同参与乡村振兴的强大合力。这些宝贵经验，为商洛市实施乡村振兴提供了有力保障。

第二，始终坚持尊重农民的主体作用和首创精神，将其视为推动农村发展的核心力量。商洛市通过"归雁计划""乡村CEO"等措施促进了乡村人才的成长，尊重农民意愿，通过积极动员和组织农民群众广泛参与农村改革和发展，凝聚起强大的合力。同时，商洛市始终坚持以农民利益为中心，将保障农民权益作为农村政策的出发点和落脚点，解决农民最关心、最直接、最现实的利益问题。商洛市根据农村发展形势的变化，不断调整和完善农村政策，不断探索农村发展新路径，促进农业全面升级、农村全面进步、农民全面发展。

目前，商洛依托其丰富的自然资源和美丽的山水风光，取得了显著成效。商洛市充分利用其优良的气候资源，发展生态农业和康养产业，被评为"中国气候康养之都"，并被授予"国家森林城市"称号。商洛市积极打造生态休闲佳地、避暑度假胜地和健康养生基地，实施了多个标杆项目和重点康养项目，充分调动当地农民的参与其中，推动了当地经济的高质量发展。例如，商南县和柞水县通过挖掘生态气候资源，发展旅游产业，提升旅游产业的附加值，分别通过打造旅游产品和康养度假区等方式，增强了旅游吸引力，并产生了显著的经济和社会效益。商洛市在特色农产品方面也取得了显著成就，如"柞水木耳""洛南核桃""镇安板栗"等品牌农产品，不仅在国内市场享有盛誉，还远销国际市场。商洛市的食用菌、中药材等产业规模在陕西省位居第一，有效推动了当地农民的收入增长。此外，商洛市还大力发展特色农产品的衍生产品，例如，通过提升核桃品质和开发核桃相关的衍生产品，如核桃壳粉、化妆品用粉等，成功打开了国际市场。

总体来看，商洛市始终坚持以农民利益为中心，结合当地的特点制定符合农民发展需求的好政策，充分调动农民在乡村建设中的创造力，提升农民在乡村建设中的参与度，激发农村的活力，有效促进农业现代化和农村经济的发展。

第三，完善农业产业链，促进农产品商品化。商洛市完整、准确、全面贯彻新发展理念，推进农村一二三产业融合发展，完善现代农业产业体系，依托商洛乡村特色优势资源，重点发展农产品加工、乡村旅游、农村电商等产业。进入新时代，商洛市进一步支持主产区就地加工和精深加工，加强产后分级、包装、营销，促进农产品商品化，推动形成"一县一业"发展格局，全面提高农业综合效益和农民收入。商洛市正在积极推动农产品加工产业的发展，并进行了相关的调研和技术对接，同时，商洛市人民政府发布了关于生态产品价值实现机制试点方案的通知，旨在深化生态产品价值转化体制机制改革，促进商洛高质量发展。2023 年的《商洛市政府工作报告》中提到了农产品加工的一些进展，如 72 个农产品入选全国名特优新农产品名录，可见，商洛市已经在逐步部署提高农产品加工转化的问题，旨在推进农产品产业化的发展。

商洛市在完善现代农业产业体系过程中，注重发展农业生产性服务业，提高农业生产效率；完善贯通生产、分配、消费各环节的流通服务体系；统筹农产品生产地、集散地、销售地市场建设，打造农产品销售公共服务平台，健全产销衔接机制；健全农村金融服务体系，进一步放宽农村金融市场准入政策，健全多层次资本市场，促进农村普惠金融发展，鼓励金融机构创新金融产品和服务模式；完善政策性农业保险制度，支持农业经营主体开展互助合作保险，鼓励开展商业性农业保险业务，加大对乡村振兴的支持力度。

第四，大力发展生态经济，积极推进生态振兴。商洛市不仅从乡村振兴的视域对待生态振兴，还立足于中国式现代化的伟大征程，着眼于中华民族伟大复兴的历史使命，探寻乡村生态振兴的路径。近年来，商洛市依托其地理和生态优势，大力发展绿色农业产业，形成了包括中药材、茶叶、食用菌、干果等在内的绿色农业产业格局。商洛市还成功打造了一系列绿色农业品牌，如商洛核桃、商洛香菇等，这些品牌在国内市场上具有较高的知名度和竞争力。在特色农业发展方面，商洛市通过多种措施，如加强基础设施建设、推广现代农业技术、发展特色产业等，有效促进了农业的高质量发展和农民收入的持续增长。此外，商洛市还大力推进食用菌、茶叶、中药材等特色产业的规模化和全产业链发展，这些产业已成为商洛市农业发展的重要支柱。在生态环境保护方面，商洛市坚持绿水青山就是金山银山理念，大力推进生态文明建设。商洛市通过实施多种环境保护措施，如大气污染防治、水污染治理、生态绿化等，使生态环境质量得到显著提高，为农业的可持续发展提供了良好的生态环境基础。

与此同时，商洛市全面提升农村人居环境质量，目标是建设美丽宜居村庄。2023 年，商洛市实施了一系列针对农村人居环境的整治措施，包括"两改两转三促进"策略，推动了农村人居环境的有效改善和乡村生活品质的明显提升。这些措施包括秦岭山水提档升级、农村公厕规范建设、质量比武活动、问题排查全面彻底、模式范例深入推广、技术培训系统推进等。此外，商洛市还采用智能管护平台、专家调研、现场观摩等方式，进一步提升了农村改厕和人居环境整治工作的质量和效果。

商洛市人民政府也发布了关于全面改善村庄人居环境的意见，强调了治理垃圾、污水的重要性，并提出了全面开展村庄人居环境整治、改善农村基础设施、持续推进美丽宜居乡村建设的目标，旨在实现村庄规划的全面覆盖、生活条件的明显改善、垃圾污水的有效治理和生态环境的明显改善。

总之，经过不懈努力和持续奋斗，商洛市在落实乡村振兴战略过程中形成了以习近平新时代中国特色社会主义思想为指导，以发展乡村特色产业为支撑，以深化农村改革为保障，以生态环境保护为依托，以贯彻全面从严治党为统领的整体发展格局。目前，商洛市正呈现一系列趋势性、关键性变化，向着总书记期待的，全省人民期盼的方向阔步前进。

参考文献

1. 经典著作

［1］马克思，恩格斯. 马克思恩格斯选集：第 1-4 卷［M］. 中共中央编译局，译. 北京：人民出版社，1995.

［2］列宁. 列宁选集：第 1-4 卷［M］. 中共中央编译局，译. 北京：人民出版社，1995.

［3］毛泽东. 毛泽东文集：第 1-8 卷［M］. 北京：人民出版社，1999.

［4］邓小平. 邓小平文选：第 2 卷［M］. 北京：人民出版社，1994.

［5］邓小平. 邓小平文选：第 3 卷［M］. 北京：人民出版社，1993.

［6］江泽民. 江泽民文选：第 1-3 卷［M］. 北京：人民出版社，2006.

［7］习近平. 习近平用典［M］. 北京：人民日报出版社，2015

［8］习近平. 摆脱贫困［M］. 福州：福建人民出版社，2014.

［9］习近平. 干在实处走在前列［M］. 北京：中共中央党校出版社，2014.

［10］中共中央文献研究室. 十七大以来重要文献选编：上［M］. 北京：中央文献出版社，2009.

［11］习近平. 习近平谈治国理政：第一卷［M］. 北京：人民出版社，2018.

［12］习近平. 习近平谈治国理政：第二卷［M］. 北京：人民出版社，2017.

［13］习近平. 习近平谈治国理政：第三卷［M］. 北京：人民出版社，2020.

[14] 中共中央宣传部，中央国家安全委员会办公室.习近平新时代中国特色社会主义思想学习纲要2023年版［M］.北京：学习出版社；北京：人民出版社，2023.

2. 学术专著

［1］李小云.乡村振兴的维度［M］.北京：生活·读书·新知三联书店，2024.

［2］金丹，侯媛媛，吴恝，等.海南乡村振兴之路［M］.北京：中国农业出版社，2024.

［3］胡伟.乡村振兴理论与实践探索［M］.哈尔滨：北方文艺出版社，2024.

［4］丁越峰.中国现代乡村振兴战略与实践研究［M］.北京：中国书籍出版社，2024.

［5］陈高威，温铁军.破局乡村振兴 中国式农业农村现代化的11个思考［M］.重庆：重庆出版社，2023.

［6］王刚.数字技术赋能乡村振兴［M］.西安：西安电子科技大学出版社，2023.

［7］韩立群.2050：国际能源政治新秩序［M］.北京：时事出版社，2022.

［8］舍尔.能源自主：可再生能源的新政治［M］.刘心舟，等译.上海：同济大学出版社，2017.

［9］王仲颖，任东明，秦海岩，等.世界各国可再生能源法规政策汇编［M］.北京：中国经济出版社，2013.

［10］许平.法国农村社会转型研究（19世纪-20世纪初）［M］.北京：北京大学出版社，2001.

［11］陈锡文.中国农村改革40年［M］.北京：人民出版社，2018.

3. 学术期刊

［1］崔慧霞.数字经济与农业经济融合的需求、机制及路径［J］.农业经济，2022（4）：6-8.

［2］孙涧桥.区域农业与物流业的协同互动发展研究［J］.农业经济，2020（1）：143-144.

［3］霍玉璨. 乡村振兴战略背景下农业经济的发展路径探析：以信阳市发展毛尖茶产业为例［J］. 农业经济, 2020 (5)：24-26.

［4］邓玲, 王芳. 乡村振兴背景下农村生态的现代化转型［J］. 甘肃社会科学, 2019 (3)：101-108.

［5］金洪云. 日本的农村振兴政策［J］. 中国党政干部论坛, 2006 (4)：42-44.

［6］谭海燕. 日本农村振兴运动对我国新农村建设的启示［J］. 安徽农业大学学报 (社会科学版), 2014, 23 (5)：25-28, 92.

［7］杨希. 日本乡村振兴中价值观层面的突破：以能登里山里海地区为例［J］. 国际城市规划, 2016, 31 (5)：115-120.

［8］李铜山. 论乡村振兴战略的政策底蕴［J］. 中州学刊, 2017 (12)：1-6.

［9］叶兴庆. 新时代中国乡村振兴战略论纲［J］. 改革, 2018 (1)：65-73.

［10］党国英. 振兴乡村推进农业农村现代化［J］. 理论探讨, 2018 (1)：86-91.

［11］张宇. 未来五年农村振兴的策略与路径［J］. 河南社会科学, 2018, 26 (2)：21-27.

［12］张军. 乡村价值定位与乡村振兴［J］. 中国农村经济, 2018 (1)：2-10.

［13］李国祥. 实现乡村产业兴旺必须正确认识和处理的若干重大关系［J］. 中州学刊, 2018 (1)：32-38.

［14］王侠. 发展"三位一体"综合合作加快打造为农服务大平台［J］. 求是, 2017 (3)：48-50.

［15］曾福生, 蔡保忠. 以产业兴旺促湖南乡村振兴战略的实现［J］. 农业现代化研究, 2018, 39 (2)：179-184.

［16］贾磊, 刘增金, 张莉侠, 等. 日本农村振兴的经验及对我国的启示［J］. 农业现代化研究, 2018, 39 (3)：359-368.

［17］张晋石. 20 世纪荷兰乡村景观发展概述［J］. 风景园林, 2013 (4)：61-66.

［18］虞志淳. 英国乡村发展特色解析［J］. 小城镇建设, 2019, 37 (3)：12-17.

[19] 吕晓荷. 英国新空间规划体系对乡村发展的意义 [J]. 国际城市规划, 2014, 29 (4): 77-83.

[20] 张松. 城市历史环境的可持续保护 [J]. 国际城市规划, 2017, 32 (2): 1-5.

[21] 于立, 那鲲鹏. 英国农村发展政策及乡村规划与管理 [J]. 中国土地科学, 2012, 25 (12): 75-80.

[22] 贺贤华, 毛熙彦, 贺灿飞. 乡村规划的国际经验与实践 [J]. 国际城市规划, 2017, 32 (5): 59-65.

[23] 汪晓春, 张伟. 浅议特色田园乡村内涵、背景及特点 [J]. 小城镇建设, 2018, 36 (10): 5-12.

[24] 白明月. 荷兰: 创意农业的产业链条 [J]. 农经, 2011 (11): 74-76.

[25] 曹金臣. 荷兰现代农业产业化经营及对中国的启示 [J]. 农产品市场周刊, 2013 (5): 115-117.

[26] 段莉. 典型国家建设农业科技创新体系的经验借鉴 [J]. 科技管理研究, 2010, 6 (4): 23-28.

[27] 李远东. 荷兰现代农业发展的经验与启示 [J]. 安徽农学通报, 2009, 15 (5): 34-36.

[28] 刘丽伟. 国内外都市型创意农业比较及其发展价值分析 [J]. 世界农业, 2010 (5): 19-22.

[29] 刘丽伟, 高中理. 国内外农业经济发展方式转变动力结构优化之语境及路径分析 [J]. 世界农业, 2014 (12): 21-28.

[30] 倪景涛, 李建军. 荷兰现代农业发展的成功经验及其对我国的启示 [J]. 学术论坛, 2005 (10): 74-77.

[31] 吴新生. 荷兰现代农业成功经验对黄淮四市的借鉴与启示 [J]. 湖北农业科学, 2011, 50 (10): 2152-2155.

[32] 王琦, 远铜, 何君, 等. 农业 "走出去" 与境外农业园区建设 [J]. 中国农学通报, 2016, 32 (2): 193-198.

[33] 张敏, 卢向虎, 秦富. 借鉴发达国家经验 推进农业产业化跨越式发展 [J]. 农业经济问题, 2011, 32 (4): 4-8, 110.

[34] 张泽义. 新型城镇化视角下农业产业化发展路径探讨: 以四川省为例 [J]. 经营管理者, 2014 (12): 135.

[35] 张玉，赵玉，祁春节. 荷兰高效农业研究及启示 [J]. 农场经济管理，2007（3）：26-28.

[36] 赵文杰，何云峰，张雷. 国外创意农业的发展及本土化借鉴 [J]. 安徽农业科学，2016，44（8）：257-259.

[37] 汪万发. 朔尔茨政府能源转型政策的全球逻辑 [J]. 德国研究，2023，38（5）：76-101，154.

[38] 邹才能，赵群，张国生，等. 能源革命：从化石能源到新能源 [J]. 天然气工业，2016（1）：1-9.

[39] 张立锋，冯红霞. 德国《可再生能源法》的演进及对中国的启示 [J]. 河北法学，2017（10）：119-127.

[40] 谢旭轩，王田，任东明. 美国可再生能源配额制最新进展及对我国的启示 [J]. 中国能源，2012（3）：33-37.

[41] 张永宏，梁益坚，王涛，等. 中非新能源合作的前景、挑战及对策 [J]. 国际经济合作，2013（2）：14-19.

[42] 宗和. 新兴产业成贸易保护主体 [J]. 中国对外贸易，2013（9）：60-62.

[43] 毛金生，程文婷. 战略性新兴产业知识产权政策初探 [J]. 知识产权，2011（9）：63-69.

[44] 龚娜. 新日本国际协力机构与日本国家软实力 [J]. 日本研究，2012（4）：11-15.

[45] 于莎，贠涛，朱晓暄，等. "一带一路"参与国家绿色指数评价 [J]. 全球科技经济瞭望，2019（1）：67-75.

[46] 汤成. 美国、日本和荷兰农业产业化发展特色及启示 [J]. 农村经济与科技，2024，35（4）：248-251.

[47] 陈潇. 美国农业现代化发展的经验及启示 [J]. 经济体制改革，2019（6）：157-162.

[48] 李旭，李雪，宋宝辉. 美国农业合作社发展的特点、经验及启示 [J]. 农业经济，2018（11）：9-11.

[49] 江洪. 日本数字化农业发展对我国的启示 [J]. 南方农业，2018，12（29）：180-183.

[50] 穆月英，赵沛如. 日本农业共济制度及农业收入保险的实施 [J]. 世界农业，2019（3）：4-11.

［51］刘晓丹. 日本农业保险财政补贴机制研究［J］. 中国保险，2018（9）：57-61.

［52］许占伍，杨玉飞，李耀，等. 荷兰农业发展经验及其对国内现代农业的启示［J］. 安徽农学通报，2022，28（7）：13-15.

［53］陈三林. 荷兰农业产业化的发展回顾与未来展望［J］. 世界农业，2017（7）：151-155.

［54］汤文华. 农业产业化联合体合联机制绩效实证研究：基于冀、皖、赣等地的调查数据［J］. 江苏农业科学，2021，49（1）：7-12.

［55］樊蓉. 经济新常态下我国农业政策转型研究［J］. 农业经济，2019（6）：6-8.

［56］李二玲. 中国农业产业集群演化过程及创新发展机制：以"寿光模式"蔬菜产业集群为例［J］. 地理科学，2020，40（4）：617-627.

［57］丁思成. 日本循环经济运作模式的主要特征及对中国的启示［J］. 再生资源与循环经济，2023，16（8）：45-50.

［58］田庆立. 日本循环经济的发展模式及对中国的启示［J］. 未来与发展，2010，31（4）：69-72.

［59］吴真，李天相. 日本循环经济立法借鉴［J］. 现代日本经济，2018，37（4）：59-68.

［60］张艳婧. 日本循环经济模式形成及运作［J］. 现代商贸工业，2016，37（30）：45-47.

［61］胡澎. 日本建设循环型社会的经验与启示［J］. 今日国土，2020，200（12）：25-27.

［62］陈磊，姜海. 城乡融合发展：国外模式、经验借鉴与实现路径［J］. 农业经济问题，2024（2）：52-59.

［63］刘健. 基于城乡统筹的法国乡村开发建设及其规划管理［J］. 国际城市规划，2010，25（2）：4-10.

［64］郭志刚，刘伟. 城乡融合视角下的美国乡村发展借鉴研究：克莱姆森地区城乡体系引介［J］. 上海城市规划，2020（5）：117-123.

［65］孙莹，张尚武. 我国乡村规划研究评述与展望［J］. 城市规划学刊，2017（4）：74-80.

［66］刘彦随. 中国新时代城乡融合与乡村振兴［J］. 地理学报，2018，73（4）：637-650.

［67］张颀，王志刚，解琦. 乡土再造：建筑师设计价值的四个表达［J］. 建筑学报，2016（8）：96-100.

［68］魏书威，王阳，陈恺悦，等. 改革开放以来我国乡村体系规划的演进特征与启示［J］. 规划师，2019（16）：56-61.

［69］李晓军，王锋. 广州乡村治理的变迁、异化与新趋势［J］. 规划师，2019（11）：18-23.

［70］杨贵庆. 城乡共构视角下的乡村振兴多元路径探索［J］. 规划师，2019（11）：5-10.

［71］曹升生. 美国市县合并研究的历史演进［J］. 美国研究，2014（2）：100-114.

［72］周文. 我国现阶段的城市数量与城市规模：与美国比较［J］. 经济体制改革，2017（1）：174-178.

［73］王琳. 党建赋能农民农村共同富裕：核心要义、内生逻辑与实践策略［J］. 甘肃社会科学，2022（5）：10-17.

［74］刘文波，陈爱萍. 我国共同富裕道路上乡村振兴的十大障碍［J］. 农业经济，2023（6）：38-40.

［75］周玉. 创新要素配置驱动共同富裕实现的实证研究［J］. 技术经济与管理研究，2023（7）：124-128.

［76］陈锡文. 充分发挥农村集体经济组织在共同富裕中的作用［J］. 农业经济问题，2022（5）：4-9.

［77］李实，陈基平，滕阳川. 共同富裕路上的乡村振兴：问题、挑战与建议［J］. 兰州大学学报（社会科学版），2021（3）：37-46.

［78］岳春宇. 农村基层党组织组织力提升的实践困境与破解对策［J］. 长江丛刊，2020（10）：180，186.

［79］郝宇青，曹越. 提升基层党组织的组织力：新时代一项重大政治议题［J］. 中国浦东干部学院学报，2021（5）：110-121，69.

［80］叶兴庆. 以提高乡村振兴的包容性促进农民农村共同富裕［J］. 中国农村经济，2022（2）：2-14.

［81］刘儒，郭提超. 新型农村集体经济促进乡村全面振兴的内在逻辑与路径优化［J］. 西北农林科技大学学报（社会科学版），2023（9）：1-13.

［82］庞兆丰，周明. 共同富裕中不同群体的致富能力研究［J］. 西北

大学学报（哲学社会科学版），2022（3）：74-82.

[83] 郭树华，王瑜. 以乡村振兴促进共同富裕的路径探赜 [J]. 当代农村财经，2023（9）：36-39.

[84] 杨远根. 城乡基本公共服务均等化与乡村振兴研究 [J]. 东岳论丛，2020（3）：37-49.

[85] 杜传忠，王亚丽. 数智技术驱动数实融合的演进历程、国际经验与实践路径 [J]. 河北大学学报（哲学社会科学版），2023（6）：119-131.

[86] 王海. 实现共同富裕和人的全面发展的关系论析：以马克思恩格斯相关论述为逻辑起点 [J]. 河北大学学报（哲学社会科学版），2023（2）：124-130.

[87] 马丽. 基于中国式现代化背景的共同富裕实现路径研究 [J]. 开发研究，2023（9）：1-16.

[88] 韩广富，辛远. 乡村振兴背景下农民农村实现共同富裕路径研究 [J]. 贵州师范大学学报（社会科学版），2023（4）：47-57.

[89] 刘建生，郝柯锦. 共同富裕目标下和美乡村建设机制与路径研究 [J]. 南昌大学学报（人文社会科学版），2023（4）：91-99.

[90] 崔慧霞. 数字经济与农业经济融合的需求、机制及路径 [J]. 农业经济，2022（4）：6-8.

[91] 孙涧桥. 区域农业与物流业的协同互动发展研究 [J]. 农业经济，2020（1）：143-144.

[92] 霍玉璨. 乡村振兴战略背景下农业经济的发展路径探析：以信阳市发展毛尖茶产业为例 [J]. 农业经济，2020（5）：24-26.

[93] 邓玲，王芳. 乡村振兴背景下农村生态的现代化转型 [J]. 甘肃社会科学，2019（3）：101-108.

[94] 兰昌贤，张波. 巴西农业支持政策对我国的启示 [J]. 价格理论与实践，2017（12）：74-77.

[95] 王珩. 乡村振兴战略背景下日本新型农村社区建设的经验对我国的启示 [J]. 高等农业教育，2018（6）：123-127.

[96] 齐婧. 蜕变中的乡村：国外新型农村建设的经验及启示 [J]. 中国房地产，2016（10）：27-29.

[97] 陈仁安. 英美农村区域规划经验及对中国乡村振兴的启示 [J]. 世界农业，2018（5）：25-28.

［98］刘影. 城乡统筹视域下农村"空心化"治理策略［J］. 高等农业教育，2017（4）：118-123.

［99］黄蕾. 我国新型农村社区治理研究［D］. 兰州：兰州大学，2017.

［100］朱祄. 乡村振兴背景下生态转型助力文旅融合路径研究：以浙江省安吉县余村为例［J］. 民族艺林，2022（3）：46-52.

［101］胡占光. 乡村治理"余村经验"：价值、扩散与深化［J］. 江南论坛，2020（2）：12-14.

［102］黄祖辉. 准确把握中国乡村振兴战略［J］. 中国农村经济，2018（4）：2-12.

［103］朱祄. 生态文化视域下培育绿色生活方式的路径研究：以湖州市为例［J］. 江南论坛，2020（8）：41-43.

［104］史诗悦. 文旅融合助推乡村振兴：湖州市和孚镇获港村的实践［J］. 上海农村经济，2019（3）：46-48.

［105］邓娜. 乡村振兴战略下美丽乡村、乡村旅游的互动关系研究：以宁夏为例［J］. 民族艺林，2021（4）：26-33.

［106］唐赟. 以人民为中心践行"两山"理念：以安吉县为例［J］. 湖州职业技术学院学报，2019，17（1）：71-74.

［107］郭祖祺，许弟群. 乡村振兴背景下福建省体育特色小镇产业集群高质量发展研究［J］. 佳木斯大学社会科学学报，2024，42（2）：49-51，63.

［108］刘荣. 特色小镇建设的"南京思路"［J］. 江南论坛，2018（7）：30-32.

［109］卫龙宝，史新杰. 浙江特色小镇建设的若干思考与建议［J］. 浙江社会科学，2016（3）：28-32.

［110］张银银，丁元. 国外特色小镇对浙江特色小镇建设的借鉴［J］. 小城镇建设，2016（11）：29-36.

［111］孔祥炎，王玮. 基于三生融合理念下的特色小镇景观设计：以沛县樱花主题小镇为例［J］. 大众文艺，2018（18）：68-69.

［112］南京市统计局课题组，仲玉琪. 产城融合视域下南京特色小镇研究：基于南京未来网络小镇、国瓷小镇的调研分析［J］. 统计科学与实践，2017（10）：36-39.

[113] 骆永亮. 创新构建农业联合体 科技引领乡村振兴：以成都市郫都区为例 [J]. 四川农业科技, 2022 (6)：113-115.

[114] 朱霖. 郫都区：人社工作"六着力"服务乡村振兴战略 [J]. 四川劳动保障, 2018 (3)：51.

[115] 李海燕, 张东强. 基于乡村振兴示范区建设的传统村落活化路径研究 [J]. 城市建筑空间, 2023, 30 (5)：69-70.

[116] 单彦名, 高雅, 宋文杰. "十四五"期间传统村落保护发展技术转移研究 [J]. 城市发展研究, 2021, 28 (5)：18-23.

[117] 方睿荣. 遗产价值保护视角下传统村落分类及活化利用策略研究：以歙县为例 [D]. 合肥：安徽建筑大学, 2021.

[118] 刘大均, 胡静, 陈君子, 等. 中国传统村落的空间分布格局研究 [J]. 中国人口·资源与环境, 2014, 24 (4)：157-162.

[119] 董建义, 张金秀. 冲突与消解：新生代对传统村落的背离 [J]. 哈尔滨师范大学社会科学学报, 2021, 12 (3)：40-44.

[120] 刘馨秋, 王思明. 农业遗产视角下传统村落的类型划分及发展思路探索：基于江苏 28 个传统村落的调查 [J]. 中国农业大学学报（社会科学版）, 2019, 36 (2)：129-136.

[121] 许丽娜. 乡村建设模式探索的四种类型 [J]. 农村经济与科技, 2019, 30 (18)：223-224.

[122] 王唯山, 李忠民, 吴明峰, 等. 在利用中保护与发展传统村落：试析屏南县龙潭村保护与发展的模式与路径 [J]. 中华民居, 2019 (6)：108-113.

[123] 文丽敏. 文化遗产从"开发性保护"到"开发性经营"的价值偏误 [J]. 湖南科技大学学报（社会科学版）, 2020, 23 (4)：142-150.

[124] 杨浏熹. 西南少数民族地区传统村落的"活态化" [J]. 广西民族大学学报（哲学社会科学版）, 2021, 43 (3)：117-123.

[125] 马蓝, 王士勇, 马永贵. 乡村振兴战略下国内产业振兴的研究：文献回顾与未来展望 [J]. 江苏农业科学, 2022, 50 (21)：256-264.

[126] 周立, 李彦岩, 罗建章. 合纵连横：乡村产业振兴的价值增值路径：基于一二三产业融合的多案例分析 [J]. 新疆师范大学学报（哲学社会科学版）, 2020, 41 (1)：63-72, 2.

[127] 胡高强, 孙菲. 新时代乡村产业富民的理论内涵、现实困境及

应对路径 [J]. 山东社会科学, 2021 (9): 93-99.

[128] 朱启臻. 乡村振兴背景下的乡村产业: 产业兴旺的一种社会学解释 [J]. 中国农业大学学报 (社会科学版), 2018, 35 (3): 89-95.

[129] 李国胜. 论乡村振兴中产业兴旺的战略支撑 [J]. 中州学刊, 2020 (3): 47-52.

[130] 商世民. 地理标志集群品牌对农产品产业集聚的影响: 以湖北省为例 [J]. 科技进步与对策, 2016, 33 (23): 40-43.

[131] 董翀. 产业兴旺: 乡村振兴的核心动力 [J]. 华南师范大学学报 (社会科学版), 2021 (5): 137-150, 207.

[132] 张丽君, 李臻. 民族地区乡村振兴的元思考 [J]. 中央民族大学学报 (哲学社会科学版), 2021, 48 (5): 151-160.

[133] 贺雪峰. 关于实施乡村振兴战略的几个问题 [J]. 南京农业大学学报 (社会科学版), 2018, 18 (3): 19-26, 152.

[134] 许源源, 左代华. 乡村治理中的内生秩序: 演进逻辑、运行机制与制度嵌入 [J]. 农业经济问题, 2019, 40 (8): 9-18.

[135] 郭俊华, 卢京宇. 产业兴旺推动乡村振兴的模式选择与路径 [J]. 西北大学学报 (哲学社会科学版), 2021, 51 (6): 42-51.

[136] 刘锐. 农村产业结构与乡村振兴路径研究 [J]. 社会科学战线, 2019 (2): 189-198.

[137] 杨远根. 国内大循环、乡村振兴与财政政策优化 [J]. 改革, 2021 (8): 52-63.

[138] 郭俊华, 卢京宇. 乡村振兴: 一个文献述评 [J]. 西北大学学报 (哲学社会科学版), 2020, 50 (2): 130-138.

[139] 陈玉鑫, 刘冰, 邓祥征, 等. 乡村振兴战略背景下农村产业发展脆弱性评估: 基于农户调研数据的分析 [J]. 农业现代化研究, 2021, 42 (6): 996-1005.

[140] 何龙斌. 脱贫地区从产业扶贫到产业兴旺: 现实难点与实现机制 [J]. 青海社会科学, 2020 (4): 67-72.

[141] 王卓, 胡梦珠. 家庭禀赋、家庭决策与民族地区产业扶贫效果: 兼析乡村振兴战略中产业发展的路径与策略 [J]. 西南民族大学学报 (人文社会科学版), 2019, 40 (9): 124-130.

[142] 刘海洋. 乡村产业振兴路径: 优化升级与三产融合 [J]. 经济

纵横, 2018 (11): 111-116.

[143] 金晓彤, 左晓萌, 赵雨柔. 我国民间资本与农村文化产业融合发展研究: 乡村振兴战略背景下的内在逻辑、现实困境与推进路径 [J]. 延边大学学报（社会科学版）, 2020, 53 (6): 73-79, 141.

[144] 朱文博, 陈永福, 司伟. 基于农业及其关联产业演变规律的乡村振兴与农村一二三产业融合发展路径探讨 [J]. 经济问题探索, 2018 (8): 171-181.

[145] 张颖婕, 许亚萍. 社会发展理论视域下乡村产业发展的运行机理与实践逻辑 [J]. 农业经济, 2021 (10): 59-60.

[146] 仲德涛. 实现脱贫攻坚与乡村振兴有效衔接的路径选择 [J]. 学习论坛, 2021, 37 (2): 119-124.

[147] 李凌汉. 农村合作社驱动农业技术跨区域扩散: 逻辑机理、影响因素与实践探讨 [J]. 湖湘论坛, 2021, 34 (1): 93-106.

[148] 霍玉璨. 乡村振兴战略背景下农业经济的发展路径探析: 以信阳市发展毛尖茶产业为例 [J]. 农业经济, 2020 (5): 24-25, 141.

[149] 韩广富, 叶光宇. 从脱贫攻坚到乡村振兴: 乡村特色优势产业的战略思考 [J]. 西南民族大学学报（人文社会科学版）, 2021, 42 (10): 136-143.

[150] 田海林, 田晓梦. 民族地区脱贫攻坚与乡村振兴有效衔接的现实路径: 以武陵山片区为例 [J]. 中南民族大学学报（人文社会科学版）, 2021, 41 (5): 34-40.

[151] 张信得, 张云彬, 陈浩. 乡村振兴背景下旅游资源型特色小镇发展路径研究: 以巢湖半汤温泉小镇为例 [J]. 江苏农业学报, 2020, 36 (1): 219-226.

[152] 严瑾. 日本的六次产业发展及其对我国乡村振兴的启示 [J]. 华中农业大学学报（社会科学版）, 2021 (5): 128-137, 197.

[153] 肖卫东. 美国日本财政支持乡村振兴的基本经验与有益启示 [J]. 理论学刊, 2019 (5): 55-63.

[154] 夏显力, 赵凯, 王劲荣. 美国农业发展对加快我国现代农业建设的启示与借鉴 [J]. 农业现代化研究, 2007, 28 (4): 467-471.

[155] 王春杨. 我国区域特色优势产业与科技资源空间布局协同关系研究 [J]. 科技进步与对策, 2013, 30 (11): 34-39.

[156] 赵东. 乡村振兴中特色文化产业链构建及其实践 [J]. 学术交流, 2021（7）: 130-140.

[157] 狄琳娜. 中国农村产业振兴体系构建: 难点识别、体系架构与制度保障 [J]. 社会科学家, 2018（8）: 43-48.

[158] 沈宏亮, 张佳, 郝宇彪. 乡村振兴视角下产业扶贫政策的增收效应研究: 基于入户调查的微观证据 [J]. 经济问题探索, 2020（4）: 173-183.

[159] 望超凡. 资本下乡与小农户农业收入稳定性研究: 兼论农村产业振兴的路径选择 [J]. 南京农业大学学报（社会科学版）, 2021, 21（1）: 11-21.

[160] 杨亚东, 罗其友, 伦闰琪, 等. 乡村优势特色产业发展动力机制研究: 基于系统分析的视角 [J]. 农业经济问题, 2020, 41（12）: 61-73.

[161] 张宇, 俞锐康. 桐庐县乡村旅游发展现状及对策思考 [J]. 技术与市场, 2022, 29（11）: 192-193.

[162] 陈海彬. 新农村建设背景下乡村旅游产业发展问题及对策建议 [J]. 中国农业资源与区划, 2016, 37（12）: 220-225.

[163] 雷鸣. 日本乡村旅游的运行机制及其启示 [J]. 农业经济问题, 2008（12）: 99-103.

[164] 周霄. 我国乡村旅游发展的现状、特征与趋势研究 [J]. 武汉工业学院学报, 2012, 31（2）: 98-100, 109.

[165] 潘锋晨. 乡村振兴背景下乡村旅游发展的现状与对策研究: 以浙江桐庐县为例 [J]. 美与时代（城市版）, 2022（9）: 100-102.

[166] 向延平. 乡村旅游驱动乡村振兴内在机理与动力机制研究 [J]. 湖南社会科学, 2021（2）: 41-47.

[167] 王安平, 杨可. 新时代乡村旅游业与乡村振兴融合发展途径研究 [J]. 重庆社会科学, 2020（12）: 99-107.

[168] 王悦骅. 浙江省桐庐县乡村旅游发展研究 [D]. 杭州: 浙江大学, 2018.

[169] 王波. 浙江桐庐发展乡村旅游经验与启示 [J]. 太原城市职业技术学院学报, 2017（6）: 26-28.

[170] 李鸿凯. 乡村旅游服务乡村振兴的内在逻辑与发展策略 [J]. 农业经济, 2023（7）: 138-140.

［171］李俏，赵天予.乡村振兴背景下农村旅居康养的发展逻辑、限制与展望［J］.西北农林科技大学学报（社会科学版），2023，23（6）：115-125.

［172］杨明月，戴学锋.乡村振兴视域下全域旅游促进共同富裕研究［J］.当代经济管理，2023，45（3）：11-16.

［173］耿松涛，张伸阳.乡村振兴视域下乡村旅游高质量发展的理论逻辑与实践路径［J］.南京农业大学学报（社会科学版），2023，23（1）：61-69.

［174］陈晨俣，申雨弦.新乡村主义下旅游导向型乡村社区实践研究：以成都大邑"幸福公社·福村"为例［J］.创意设计源，2022（5）：49-53.

［175］熊润华.乡村振兴战略下乡村旅游新发展模式探析［J］.粮油与饲料科技，2024（1）：112-114.

［176］刘彦随.中国新时代城乡融合与乡村振兴［J］.地理学报，2018，73（4）：637-650.

［177］王伟.乡村振兴视角下乡村精准扶贫的产业路径创新［J］.重庆社会科学，2019（1）：27-34.

［178］彭兆荣.乡村振兴战略中的"乡土性"景观［J］.北方民族大学学报（哲学社会科学版），2018（3）：22-27.

［179］陈慧英.提升乡村旅游经济发展的乡贤文化研究［J］.武汉轻工大学学报，2021，40（4）：77-82

［180］赵洁，陶忆连.乡村振兴中提升农村基层党组织组织力研究［J］.北京航空航天大学学报（社会科学版），2021，34（1）：16-21.

［181］何成军，李晓琴，曾诚.乡村振兴战略下美丽乡村建设与乡村旅游耦合发展机制研究［J］.四川师范大学学报（社会科学版），2019，46（2）：101-109.

［182］赵晓飞.面向国家治理现代化的乡村振兴制度框架构建［J］.中南民族大学学报（人文社会科学版），2020，40（6）：121-128.

［183］唐欣然.乡村旅游助力乡村振兴战略实施的机制探析：评《休闲农业与乡村旅游》［J］.热带作物学报，2020，41（6）：1283.

［184］中央党校调研组.浙江省义乌市新农村建设［J］.科学社会主义，2006（1）：122-125.

[185] 王兆峰，张青松，邱梦真. 乡村振兴目标下乡村旅游高质量发展研究述评与前沿进展 [J]. 中南林业科技大学学报（社会科学版），2023，17（4）：74-84.

[186] 舒伯阳，蒋月华，刘娟. 新时代乡村旅游高质量发展的理论思考及实践路径 [J]. 华中师范大学学报（自然科学版），2022，56（1）：73-82.

[187] 王勇. 高质量发展视角下推动乡村旅游发展的路径思考 [J]. 农村经济，2020（8）：75-82.

[188] 于法稳，黄鑫，岳会. 乡村旅游高质量发展：内涵特征、关键问题及对策建议 [J]. 中国农村经济，2020（8）：27-39.

[189] 耿松涛，张伸阳. 乡村振兴视域下乡村旅游高质量发展的理论逻辑与实践路径 [J]. 南京农业大学学报（社会科学版），2023，23（1）：61-69.

[190] 何艳冰，周明晖，贾豫霖，等. 基于韧性测度的传统村落旅游高质量发展研究：以河南省为例 [J]. 经济地理，2022，42（8）：222-231.

[191] 肖黎明，王彦君，郭瑞雅. 乡愁视域下乡村旅游高质量发展的空间差异及演变：基于黄河流域的检验 [J]. 旅游学刊，2021，36（11）：13-25.

[192] 张雪晶，陈巧媛，李华敏. 从体验对象到体验场域：乡村旅游地高质量发展组态分析 [J]. 旅游学刊，2022，37（5）：33-44.

[193] 许业辉，韩磊，谢双玉，等. 乡村振兴背景下乡村旅游同质化问题解构与评价体系构建 [J]. 中南林业科技大学学报（社会科学版），2021，15（6）：108-114，122.

[194] 张军扩，侯永志，刘培林，等. 高质量发展的目标要求和战略路径 [J]. 管理世界，2019，35（7）：1-7.

[195] 陈悦，陈超美，刘则渊，等. CiteSpace 知识图谱的方法论功能 [J]. 科学学研究，2015，33（2）：242-253.

[196] 孟凡丽，芦雲峰，高霞霞. 政策工具视角下我国乡村旅游政策研究：基于国家政策文本的量化分析 [J]. 贵州民族研究，2023，44（1）：113-122.

[197] 张祝平. 以文旅融合理念推动乡村旅游高质量发展：形成逻辑与路径选择 [J]. 南京社会科学，2021（7）：157-164.

［198］刘红梅. 民族村寨旅游高质量发展引导乡村振兴的机制及路径［J］. 社会科学家，2021（4）：58-63.

［199］李伯华，李雪，窦银娣. 传统村落文化遗产村民感知意向与传承意愿研究：以张谷英村为例［J］. 中南林业科技大学学报（社会科学版），2021，15（2）：90-99.

［200］周鹏飞，沈洋，李爱民. 农旅融合能促进农业高质量发展吗：基于省域面板数据的实证检验［J］. 宏观经济研究，2021（10）：117-130.

［201］纳慧. 宁夏"旅游+农业"融合发展与乡村振兴［J］. 北方民族大学学报（哲学社会科学版），2020（2）：57-62.

［202］王瑞峰. 乡村产业高质量发展的内涵特征、影响因素及实现路径：基于全国乡村产业高质量发展"十大典型"案例研究［J］. 经济体制改革，2022（1）：73-81.

［203］陆梓欣，齐骥. 艺术乡建与乡村文化产业高质量发展［J］. 理论月刊，2022（6）：83-91.

［204］张友，泽仁华珍. 乡村振兴背景下羌族地区民宿产业发展模式：基于阿坝州汶川县的调研［J］. 民族学刊，2023，14（3）：52-59，147.

［205］谢珈，马晋文，朱莉. 乡村振兴背景下我国乡村文化旅游高质量发展的思考［J］. 企业经济，2019，38（11）：88-92.

［206］黄震方，黄睿. 城镇化与旅游发展背景下的乡村文化研究：学术争鸣与研究方向［J］. 地理研究，2018，37（2）：233-249.

［207］吴冠岑，牛星，许恒周. 乡村旅游发展与土地流转问题的文献综述［J］. 经济问题探索，2013（1）：145-151.

［208］蔡克信，杨红，马作珍莫. 乡村旅游：实现乡村振兴战略的一种路径选择［J］. 农村经济，2018（9）：22-27.

［209］张碧星. 促进乡村旅游高质量发展［J］. 人民论坛，2018（32）：82-83.

［210］孙以栋，俞强. 长三角地区乡村文旅融合高质量发展策略［J］. 江苏行政学院学报，2020（5）：36-41，48.

［211］杨春柏. 乡村振兴背景下乡村旅游可持续发展制约研究［J］. 农业经济，2022（1）：65-67.

［212］周丽，蔡张瑶，黄德平. 西部民族地区乡村旅游高质量发展的

现实需求、丰富内涵和实现路径 [J]. 农村经济, 2021 (6): 137-144.

[213] 王彦君, 于法稳, 郭瑞雅. 黄河流域乡村旅游高质量发展空间差异、动态演进与障碍因子分析: 基于"乡土文化-活力-韧性"视角 [J]. 林业经济, 2022, 44 (11): 40-57.

[214] 李文路, 覃建雄. 喀斯特地区生态旅游高质量发展驱动机制: 基于PSR模型的研究 [J]. 中国软科学, 2021 (1): 164-170.

[215] 王新越, 朱文亮. 山东省乡村旅游竞争力评价与障碍因素分析 [J]. 地理科学, 2019, 39 (1): 147-155.

[216] 黄震方, 张圆刚, 贾文通, 等. 中国乡村旅游研究历程与新时代发展趋向 [J]. 自然资源学报, 2021, 36 (10): 2615-2633.

[217] 章锦河, 苏杨, 钟林生, 等. 国家公园科学保护与生态旅游高质量发展: 理论思考与创新实践 [J]. 中国生态旅游, 2022, 12 (2): 189-207.

[218] 徐虹, 王彩彩. 新时代下的乡村旅游研究再思考 [J]. 旅游导刊, 2018, 2 (3): 20-40.

[219] 王兆峰, 李静怡. 黄河流域旅游发展与生态环境耦合协调时空演变及交互胁迫关系验证 [J]. 长江流域资源与环境, 2022, 31 (2): 447-460.

[220] 张毓利, 徐彤. 全域生态旅游建设能否助力区域"绿水青山"与"金山银山"兼得? 基于福建的经验分析 [J]. 干旱区资源与环境, 2023, 37 (1): 185-193.

[221] 尹长丰. 乡村旅游高质量发展与乡村振兴耦合协调研究: 以安徽省为例 [J]. 社会科学家, 2023 (1): 57-64.

[222] 麻学锋, 孙洋. 脱贫地区旅游业、城镇化及就业吸纳关系研究: 以恩施土家族苗族自治州为例 [J]. 中南林业科技大学学报 (社会科学版), 2022, 16 (6): 78-87.

[223] 王婷, 姚旻, 张琦, 等. 高质量发展视角下乡村旅游发展问题与对策 [J]. 中国农业资源与区划, 2021, 42 (8): 140-146.

[224] 何建民, 陈志军. 乡村旅游聚落用地与空间结构模式演变研究: 以婺源篁岭为例 [J]. 江西师范大学学报 (哲学社会科学版), 2023, 56 (3): 58-71.

[225] 张睿, 姬长旭. 民族地区乡村旅游职业农民知识转移演进过程

研究：基于广西龙脊梯田景区的纵向单案例研究［J］. 旅游科学，2022，36（1）：50-72.

［226］丰晓旭. 共同富裕目标下的乡村旅游资源开发逻辑及关键问题分析［J］. 自然资源学报，2023，38（2）：305-317.

［227］吴彦辉. 乡村旅游高质量发展：内涵、动力与路径［J］. 广西大学学报（哲学社会科学版），2021，43（5）：102-107.

［228］龙志，曾绍伦. 生态文明视角下旅游发展质量评估及高质量发展路径实证研究［J］. 生态经济，2020，36（4）：122-128，162.

［229］王兆峰，王金伟，王梓瑛，等. 中国式现代化视域下旅游业高质量发展：理论内涵与科学议题［J］. 旅游导刊，2023，7（1）：1-18.

［230］刘民坤，任莉莉，邓小桂，等. 基于准自然实验的乡村旅游效应评估［J］. 经济地理，2022，42（10）：231-239.

［231］银元. 乡村旅游数字化发展：动力机制、逻辑维度与矛盾纾解［J］. 西安财经大学学报，2023，36（1）：29-40.

［232］何爱，梁锡英. 美丽乡村升级视角下大都市远郊区特色小镇创建探索：以广州市增城区蒙花布特色小镇为例［J］. 上海城市管理，2018，27（3）：43-49.

［233］龚桂颖，杨习铭，董厶菲，等. 新疆冰雪特色小镇发展模式和建设思路：以阿勒泰地区为例［J］. 上海节能，2023（10）：1450-1458.

［234］盛世豪，张伟明. 特色小镇：一种产业空间组织形式［J］. 浙江社会科学，2016（3）：36-38.

［235］周晓虹. 产业转型与文化再造：特色小镇的创建路径［J］. 南京社会科学，2017（4）：12-19.

［236］谭荣华，杜坤伦. 特色小镇"产业+金融"发展模式研究［J］. 西南金融，2018（3）：3-9.

［237］王博雅，张车伟，蔡翼飞. 特色小镇的定位与功能再认识：城乡融合发展的重要载体［J］. 北京师范大学学报（社会科学版），2020（1）：140-147.

［238］柴诗瑶，徐宁伟，汪洋，等. 全域旅游视角下特色小镇发展困境及对策［J］. 合作经济与科技，2021（4）：40-41.

［239］何荞. 基于需求导向的康养旅游特色小镇建设研究［J］. 北京联合大学学报（人文社会科学版），2017，15（2）：41-47.

［240］姜艳.康养特色小镇建设发展分析［J］.智库时代，2018（30）：25-26.

［241］谢晓红，郭倩，吴玉鸣.我国区域性特色小镇康养旅游模式探究［J］.生态经济，2018，34（9）：150-154.

［242］崔炜.打造有特色、可持续发展的康养小镇［J］.中国社会保障，2019（6）：64-65.

［243］毛鲁平.康养小镇的规划要点［J］.城市开发，2019（16）：48-49.

［244］范逸男，陈丽娟.人口老龄化背景下康养小镇发展研究［J］.技术经济与管理研究，2020（10）：112-117.

［245］陈南江.康养旅游产业发展与康养基地建设策略［J］.当代旅游，2021，19（32）：28-30.

［246］顾阳，马嵘.“一带一路”倡议下新疆体育特色小镇建设的可行性分析［J］.武术研究，2018，3（8）：144-146.

［247］王亚菲，瓦哈甫·哈力克，王芳，等.基于耦合模型的新疆旅游业：新型城镇化：生态环境协调关系量化分析［J］.湖南师范大学自然科学学报，2018，41（2）：1-7.

［248］王辉.新疆体育特色小镇建设路径研究［J］.体育研究与教育，2019，34（1）：44-48.

［249］闵雪.康养旅游高质量发展研究：以吐鲁番沙疗为例［J］.边疆经济与文化，2021（12）：58-60.

［250］范江江，王宝庆.“一带一路”倡议下新疆区域优势特色体育产业联动发展研究［J］.新疆职业大学学报，2021，29（3）：61-66.

［251］肖金华.基于乡村振兴视角的农村土地制度改革分析：以晋江市为例［J］.城乡规划，2018（6）：67-73.

［252］杜伟，黄敏.关于乡村振兴战略背景下农村土地制度改革的思考［J］.四川师范大学学报（社会科学版），2018（1）：12-16.

［253］董祚继.“三权分置”：农村宅基地制度的重大创新［J］.中国土地，2018（3）：4-9.

［254］安国强.中德农村土地整理中生态保护问题对比研究［J］.山东师范大学学报（自然科学版），2018，33（2）：182-189.

［255］刘守英.中国城乡二元土地制度的特征、问题与改革［J］.国

际经济评论，2014（3）：9-25.

[256] 朱道林，李瑶瑶. 农村土地制度改革的经济学考察 [J]. 中国土地科学，2018，32（3）：1-4.

[257] 叶红玲. 抒写乡村振兴的新篇章：福建晋江农村土地制度改革试点观察 [J]. 中国土地，2018（6）：4-9.

[258] 柯炳生. 以创新推动乡村振兴 [N]. 光明日报，2018-08-09（06）.

[259] 辜胜阻，吴永斌，李睿. 当前农用地产权与流转制度改革研究 [J]. 经济与管理，2015，8（4）：5-9.

[260] 张占录，赵茜宇，林超. 集体经营性建设用地入市亟须解决的几个问题 [J]. 中国土地，2015（12）：20-21.

[261] 黄贤金，杨红，罗明. 农村土地制度的改革创新模式和绩效 [J]. 中国土地，2018（5）：13-15.

[262] 徐琴. 我国乡村振兴研究：现状、论域与展望：基于CSSCI的文献计量分析 [J]. 南都学坛，2021，41（1）：92-101.

[263] 石洪斌. 谁来振兴乡村：乡村振兴人力资源支撑体系的构建 [J]. 治理研究，2019（6）：115-121.

[264] 杨璐璐. 乡村振兴视野的新型职业农民培育：浙省个案 [J]. 改革，2018（2）：132-145.

[265] 王喜红. 乡村振兴人才队伍建设问题研究：以山东烟台市为例 [J]. 山东行政学院学报，2019（5）：13-18.

后记

　　提笔至此内心感慨万千。两年前，我非常幸运地考取了陕西师范大学马克思主义学院 2022 级马克思主义中国化专业全日制定向就业博士研究生，并在学习过程中选择了乡村振兴这个研究方向。毋庸置疑，这是个非常值得研究的课题，可选的研究角度非常多。在进一步确定具体选题时，乡愁成了一个不可忽视的情感动因，最终，就有了本书的题目——商洛乡村振兴的实证研究。

　　带着这个题目，我继续跟随导师张小军教授学习。学习过程中，我向任晓伟教授、刘力波教授、董辉教授、张琳教授、陈答才教授、阎树群教授、王晓荣教授、张帆教授、王蓓教授、孙云教授、王永和教授、蒋万胜教授、杨平教授、范建刚教授、张兵教授等请教，同时，我也经常向来自全国各地关注乡村振兴的老师、同学和朋友们请教，并和他们充分研讨乡村振兴的相关话题，这为我增加了写作的勇气和底气。

　　在写作本书的过程中，我认真梳理了有关乡村振兴的研究文献，相继到商州区、镇安县、柞水县、洛南县、丹凤县、山阳县、商南县进行了考察，所到之处看到的是优美的乡村生活环境，极具当地特色的乡村产业，以及农民群众油然而生的安全感、幸福感，这增加了我完成本书的动力。

　　本书是我独立完成的第一部专著，在本书的写作和调查研究过程中，我得到了很多领导、师长和朋友的鼎力支持和帮助。第一，感谢我的博士导师们对我的教导和支持，你们在我的研究中给了我很多启发和具体指导，在我的生活中给了我很多关心和爱护，在我的事业发展中给了我很多帮助和扶持。第二，感谢陕西师范大学的各位老师和同学。在我的学习和研究过程中，你们为我提供了很多颇有价值的研究思路和方法。第三，感谢陕西学前师范学院对我的培养。第四，感谢西南财经大学出版社的乔雷老师对本书编辑、校对和出版工作的指导和帮助。第五，感谢我的家人，特别是我的父亲周然伟，您给予了我最无私的爱和奉献，您豁达的心态和高度的自律时刻都在影响着我，使我能克服各种困难完成本书的写作；感谢我的爱人张珺给予我无条件的爱和支持，在我完成本书过程中承担了所有的家务，使我得以专心完成本书写作；感谢我的弟弟周铭、弟妹曹炜炜不断给予我激励；还有我的女儿张周行、儿子张秉德、侄女周楠楠，你们纯真的爱给了我无尽的快乐。最后，把这本书献给我的妈妈，爱您！

非常抱歉的是，由于本人见识浅陋、笔力不逮，所掌握的资料和开展的实际调查也很有限，本书存在部分不当之处，恳请读者朋友批评指正。

周黎

2024 年 6 月于西安